Roland Krischke

Emil Belzner

(1901-1979)
Schriftsteller und Journalist

KURPFÄLZISCHER VERLAG
HEIDELBERG

Die Deutsche Bibliothek – CIP-Einheitsaufnahme

Emil Belzner : (1901–1979) ; Schriftsteller und Journalist ; Begleitbuch zur Ausstellung im Germanistischen Seminar der Universität Heidelberg, Palais Boisserée, Hauptstraße 207-209, 14. März-19. April 2002 / Hrsg. Kulturamt der Stadt Heidelberg. Roland Krischke. Red.: Hans-Martin Mumm. - Heidelberg : Kurpfälzischer Verlag., 2002
ISBN 3-924566-18-6

Fotomechanische Wiedergabe und die Einspeicherung und Verarbeitung in elektronischen Systemen nur mit ausdrücklicher Genehmigung durch den Verlag
Herausgeber: Kulturamt der Stadt Heidelberg, Haspelgasse 12, 69117 Heidelberg
Redaktion: Hans-Martin Mumm

Imprimé en Allemagne. Printed in Germany
Satz: Wolfgang Dopp, Heidelberg
Druck: Brausdruck GmbH, Heidelberg

Der Druck dieses Begleitbuches wurde aus Landesmitteln gefördert durch die Arbeitsstelle für literarische Museen, Marbach am Neckar.

Inhaltsverzeichnis

Vorwort

In der Heidelberger Literaturgeschichte sind immer wieder erstaunliche Entdeckungen zu machen. Die älteren Heidelbergerinnen und Heidelberger werden sich noch an Emil Belzner als Feuilletonchef der Rhein-Neckar-Zeitung erinnern, vielleicht auch an die ungewöhnlichen Umstände seiner Entlassung im Jahre 1969. Aber auf sein umfangreiches literarisches Schaffen stößt man erst durch Nachforschungen im Deutschen Literaturarchiv Marbach, bei seiner Familie und in seinem Nachlass.

Der vorliegende biografische Aufsatz versucht ein literarisches Leben zu rekonstruieren, das mehrere Stationen durchlaufen hat: Kindheit und Jugend in Bruchsal, Studium in Heidelberg, Feuilletonredaktion in Karlsruhe, Mannheim und Heidelberg. Im Jahre 1933 fallen auch die Werke Emil Belzners der Bücherverbrennung zum Opfer, dennoch ist er weiter als Journalist in Stuttgart und Köln tätig. 1941 erhält er die Einberufung. Nach einem Selbstmordversuch und langer Krankheit wird er aus der Wehrmacht entlassen. Von 1946 bis 1969 ist Emil Belzner Feuilletonchef der Rhein-Neckar-Zeitung in Heidelberg, wo er 1979 stirbt und seine letzte Ruhestätte auf dem Bergfriedhof findet.

In all den Jahren veröffentlichte er Romane und Versepen: *Die Hörner des Potiphar* (1924), *Iwan der Pelzhändler* (1929), *Marschieren – nicht träumen. Zerstörte Erinnerung* (1931), *Kolumbus vor der Landung* (1934), *Ich bin der König* (1940) und *Der Safranfresser* (1953). Fast alle seine Werke erlebten bis in die 60er Jahre hinein Neuauflagen und sind doch heute nur wenigen bekannt. Sein Alterswerk *Die Fahrt in die Revolution* (1969) fand als Taschenbuch weite Verbreitung. Das Katzenbuch *Glück mit Fanny* (1973) belegt die Tierliebe des Autors.

Belzners Feuilletonbeiträge zeigen einen hoch gebildeten unabhängigen Kopf, der sich in kein literarisches oder politisches Schema pressen lasst. Auch sein Abschied von der Rhein-Neckar-Zeitung verlief ungewöhnlich: Mit seinem Beitrag *Verba terrent*, Worte erschrecken, hatte er im Jahre 1969 die NS-Vergangenheit eines Kollegen angeprangert. Das war sicherlich mutig und aufrichtig. In aller Konsequenz schlug er daraufhin auch das Angebot der Wiedereinstellung aus.

Der Autor Roland Krischke hat zu seinem Buch *Emil Belzner (1901 – 1979) Schriftsteller und Journalist* eine gleichnamige Ausstellung im Palais Boisserée erarbeitet und betreut. Er ist vielen Heidelbergern bekannt von der Ausstellung "Kurt Wildhagen. Der Weise von Heidelberg", die 1998 im Kurpfälzischen Museum gezeigt wurde. Ihm sei für die gute Zusammenarbeit ebenso herzlich gedankt wie Prof. Kiesel vom Germanistischen Seminar und Dr. Scheuffelen von der Arbeitsstelle für literarische Museen, Archive und Gedenkstätten in Marbach. Der Ausstellung und dem Buch wünsche ich viele interessierte Besucherinnen und Besucher, Leserinnen und Leser.

Beate Weber
Oberbügermeisterin

Einführung

Ein Buch von Emil Belzner hatte ich zum ersten Mal Anfang der 90er Jahre in der Hand. Es war die *Fahrt in die Revolution* in der dtv-Ausgabe von 1988. Der wild gestikulierende Lenin auf dem Umschlag hatte mich in einem Antiquariat auf sich aufmerksam gemacht und zum Kauf gedrängt. Ich studierte damals Russisch und glaubte, da könne auch ein Buch über Lenin nichts schaden. Gelesen habe ich die *Fahrt* dann aber nicht, sondern weiterverschenkt. Es ergab sich so.

Ein paar Jahre später begegnete mir Belzner wieder. Ich hatte gerade begonnen, mich mit dem Kaffeehausliteraten Kurt Wildhagen zu beschäftigen, und Michael Buselmeier hatte mich auf Belzners Nekrolog in der Rhein-Neckar-Zeitung aus dem Februar 1949 aufmerksam gemacht. Der Text faszinierte mich durch seine ausgefeilt-merkwürdigen Wendungen und die treffenden Bilder. Da war zum Beispiel davon die Rede, dass Belzner Anfang der 20er Jahre beobachtet hatte, wie der Philosoph Heinrich Rickert in eine Kutsche stieg: "Der Kutscher wußte wohl, wen er fuhr, und das Pferd vielleicht auch, wen es da zog, denn beide machten nachdenkliche Gesichter." Das gefiel mir genauso gut wie an anderer Stelle eine Bemerkung über den alten Wildhagen: "Man hielt ihn irrtümlicherweise nur für einen Bohemien, der er zwar auch war."[1] Diese Formulierung scheint mir noch heute gleichermaßen geheimnisvoll und geglückt. Von hier aus war es nicht mehr weit zur Idee einer Ausstellung über Emil Belzner, auf die sich Hans-Martin Mumm vom Heidelberger Kulturamt erfreulicherweise sofort einließ.

Wenn man sich näher mit Emil Belzner beschäftigt, wird man schnell feststellen, dass es kaum Literatur über ihn gibt. Abgesehen von Würdigungen zu runden Geburtstagen und meist recht fehlerhaften Lexikoneinträgen wurden bislang nur zwei germanistische Magisterarbeiten geschrieben, von denen die eine von Meinhard Glitsch einen umfassenden Überblick über das schriftstellerische Werk Belzners zu geben versucht.[2] Dies umfasst immerhin zwei Gedichtbände, zwei Versepen, fünf Romane, ein Katzenbuch und das gewaltige publizistische Werk eines Autoren, der die Journalistik zu seinem Broterwerb gemacht hat. Von Belzners Büchern und Artikeln, die vor 1933 immerhin auch im Feuilleton der renommierten *Vossischen Zeitung*, im *Berliner Tageblatt* oder in der *Frankfurter Zeitung* erschienen, ist wenig geblieben. Nur im Antiquariat wird man noch fündig.

Auch zu seinen Lebzeiten war Belzner nie ein wirklich bekannter Autor. Hans Bender verwies darauf in seinem Nekrolog aus dem Jahre 1979:

"Nur eine begrenzte, doch beständige Gruppe kannte und schätzte ihn. ... Einen Außenseiter und einen zornigen alten Mann nennen ihn die Nachrufe. Hat er selber mitgewirkt, daß es so still um ihn geworden war? Wahrscheinlich. Nie ist er öffentlich aufgetreten."[3]

Aber es ist nicht allein die Scheu vor der Öffentlichkeit und ein mangelndes Gespür für Publikumswirksamkeit. Belzner hat einige Bücher geschrieben, die schon am Tag ihres Erscheinens altmodisch wirkten. Das gilt insbesondere für die frühen Gedichte (1918) und die expressionistisch angehauchten Versepen (1924 und 1929). Seine historischen Romane *Kolumbus vor der Landung* (1934), *Ich bin der König* (1940) und *Der Safranfresser* (1953) sind vielfach von einem erdrückenden Sprachgepränge, das nicht jedermanns Sache ist. Belzners Stärke liegt nicht in der Handlungsführung und der Zeichnung diffiziler Psychogramme. Eigenheiten seiner Prosa sind die ironische Brechung eines pathetisch gezeichneten Geschehens und die Erfindung skurriler Gestalten. Diese Bücher sind keine reinen Unterhaltungsromane. Nimmt man sich aber Zeit für die Lektüre, eröffnet sich eine ganz eigene, vielfarbige Welt.

Lesenswert sind vor allem der Antikriegsroman *Marschieren – nicht träumen!* und das Lenin-Buch *Die Fahrt in die Revolution*, die beide autobiografische Züge tragen. Im Hinblick auf den besonderen Erzählstil der *Fahrt in die Revolution* hat Belzner selbst im Roman den Begriff der "Nachrichtenbelletristik" geprägt, ein Hinweis auf seine Stellung zwischen Literatur und Journalismus. Es ist überraschend, dass Belzner sich von seinen für den Tag geschriebenen Texten vollständig distanziert hat. An Bernhard Zeller, den damaligen Leiter des Deutschen Literaturarchivs, schrieb er 1974, dass im Falle einer Überlassung seines Nachlasses

"von meinen journalistischen Arbeiten auch nicht eine wieder erscheinen darf (weder gesammelt noch in Sammlungen), da es sich um Arbeiten und Stellungnahmen zu Tag und Stunde handelt – damals vielfach vielleicht sogar hervorragend, im Zusammenhang eines literarischen Werkes jedoch *nicht nennenswert*."[4]

Das ist sicherlich eine gründliche Fehleinschätzung, denn gerade in diesen Artikeln zeigt Belzner viel von seinem großen Sprachvermögen. Insbesondere die Beiträge in der *Rhein-Neckar-Zeitung*, für die er von 1945 bis 1969 schrieb, verdienten eine ausführlichere Beschäftigung. Hier hat er, seinem Verständnis von einem politischen Feuilleton gemäß, in der unmittelbaren Nachkriegszeit viel zur Aufklärung beigetragen. Seine Stärke und Schwäche war der Hang zur Polemik. Häufig hat er seinen Neigungen, die sich vielfach gegen neue Kunst und Literatur richteten, in undifferenzierter Weise Ausdruck verliehen. Das hat ihm keine Freunde gemacht und vielleicht auch der Rezeption seines schriftstellerischen Werkes geschadet. Zu seinen Gunsten muss gesagt werden, dass er die gleiche Vehemenz auch im schreibenden Kampf gegen Krieg und Faschismus an den Tag legte. Er war, bei aller Konzilianz und Liebenswürdigkeit im persönlichen Gespräch, ein zwiespältiger Mensch, seltsam schlingernd zwischen Mut und Empfindlichkeit.

Diese Zwiespältigkeit offenbart sich auch im Blick auf die Lebensgeschichte. Fragwürdigkeiten ergeben sich insbesondere für die Zeit von 1933 bis 1945. Belzner hatte sich angesichts massiver Unruhen und Straßenschlachten in Mannheim im Januar 1933 noch eindeutig für ein Ende der Weimarer Demokratie ausgesprochen. Vier Monate später wurden seine Bücher verbrannt, und er wurde von der Gestapo heimgesucht. Später diffamierte ihn die NS-Presse, während er gleichzeitig mit einem Verlag "unter dem Patronat Görings" über ein Zeitschriftenprojekt verhandelte. Sein Roman *Ich bin der König* erschien im Jahre 1940 in Berlin, während er in Stuttgart wegen politischer Denunziationen verhaftet wird.

Vieles ist da ungereimt. Belzner lavierte zwischen Zugeständnissen an das System und persönlichem Rückzug, vielleicht ein Kennzeichen der so genannten "Inneren Emigration", von der er sich später allerdings deutlich distanziert hat:

> "Das Wort ‚Innere Emigration' (die es bestimmt gegeben hat) hat mich nie betört. Ich stand innerlich in einem völlig aussichtslosen Widerstand, litt unbeschreiblich – aber nicht an mir! In dem Roman *Ich bin der König!* habe ich mir Luft gemacht: es war ein waghalsiges Stück. Ich will den Leuten von der ‚Inneren Emigration' nichts Unüberlegtes oder Leichtfertiges nachsagen – doch wußte man nie so ganz genau, woran man war, bei manchen wenigstens. Mitunter hatte ich das Gefühl, dass darunter auch Spitzel waren. Und hielt mich, so gut dies ging, abseits von dieser Preislage des Gemüts. Die damalige Situation ließ wenigstens noch Hoffnungen zu: dass ein Ende abzusehen war, wenn man´s nur erlebte!"[5]

Mit diesem Buch soll der Versuch unternommen werden, Emil Belzners Leben weitgehend anhand von Selbstzeugnissen zu erzählen, ein Vorhaben, dass dadurch erschwert wird, dass die Quellenlage hinsichtlich der einzelnen Lebensphasen sehr unterschiedlich ist.

Der umfangreiche Nachlass im Deutschen Literaturarchiv in Marbach umfasst Tausende von Briefen aus der Zeit nach 1945, die vielfältig Auskunft geben über die zweite Lebenshälfte. Während Belzner bis dahin sehr häufig den Wohnort und den Arbeitsplatz wechselte, kehrte nun eine gewisse Stetigkeit in sein Leben ein. Von 1946 bis zu seinem Tod im Jahre 1979 lebte er in Heidelberg. Diese Zeit lässt sich durch den Marbacher Briefnachlass nahezu lückenlos dokumentieren. Nur vereinzelt nimmt Belzner in seiner Korrespondenz mit Literaten, Journalisten, Verlegern, Verwandten und Freunden jedoch auf zurückliegende Ereignisse Bezug. Ein weitgehend lückenloses Bild war für die 20er Jahre immerhin noch zu erhalten.

Belzners Leben in der Zeit von der Mitte der 30er Jahre bis 1945 lässt sich fast nur mit Hilfe des in Privatbesitz befindlichen Briefwechsels mit dem Bruder Alfred rekonstruieren. Es versteht sich von selbst, dass diese Korrespondenz nicht viel mehr hergibt als eine Klarheit über den Ablauf der äußeren Ereignisse. Die damalige Zeit ließ offenherzige schriftliche Mitteilungen nicht zu. "Alles weitere mündlich" lautet nicht selten der letzte Satz eines Briefes. So bleibt vieles unklar. Die Spärlichkeit des brüderlichen Briefwechsels in den Jahren 1942 bis 1945 bedingt zudem eine schmerzliche Lücke. Denn andere Quellen gibt es gerade für diese Jahre sonst leider keine. Alle in Frage kommenden Gerichts- und Gestapoakten sind offenbar in den letzten Kriegsmonaten ein Opfer der Flammen geworden. Auch Akten der Reichsschrifttumskammer, des Propagandaministeriums oder anderer Behörden waren bei den entsprechenden Archiven nicht zu finden.

Eine erhebliche Hilfe für die Rekonstruktion der Ereignisse nicht nur der 30er und 40er Jahre waren die Gespräche mit Belzners Kindern und mit anderen Zeitzeugen, die viele wertvolle Details zu diesem Lebensbild beisteuern konnten.

Belzners Kindheit und Jugend in Bruchsal lässt sich fast ausschließlich durch die autobiografisch gefärbten Romane *Marschieren – nicht träumen!* und *Die Fahrt in die Revolution* rekonstruieren. Nicht selten konnten die dort erwähnten Personen mit leichten Namensveränderungen in den alten Bruchsaler Adressbüchern nachgewiesen werden. Manche Szenen aus seiner Kindheit und Jugend erzählt Belzner auch in späteren Briefen, eine doppelte Erwähnung, die sie vielleicht näher an die Wirklichkeit heranrückt. Letzte Gewissheit über die Authentizität des Geschilderten ist nicht zu erhalten.

Bei der Wiedergabe der Texte Belzners wurden offensichtliche Rechtschreibfehler berichtigt, die Schreibweise behutsam modernisiert. Anmerkungen befinden sich am Ende des Bandes.

Mainz, im Januar 2002
Roland Krischke

"Alles stand mit einem Fuß noch in der Fabel"

Bruchsaler Kindheit und Jugend (1901-1920)

Um 1900 ist das badische Bruchsal ein Städtchen von etwa 15.000 Einwohnern. Die kleine Nachbarin der großherzoglichen Residenz Karlsruhe ist nicht nur eine Kasernenstadt, in der die "Gelben Dragoner" paradieren. Bruchsal hat sich zu einem regionalen Zentrum des Tabak-, Hopfen- und Getreidehandels entwickelt. Gerade zur Jahrhundertwende hat man ein größeres Bahnhofsgebäude errichtet, das dem wachsenden Verkehrsaufkommen Rechnung trägt. Weithin bekannt ist Bruchsal allerdings schon damals vor allem durch das 1848 errichtete Zuchthaus (das nach siebenjähriger Bauzeit pünktlich zur Revolution in Betrieb genommen wurde) und das Schloss, die frühere Residenz der Fürstbischöfe von Speyer und der napoleonresistenten Markgräfin Amalie. Hin und wieder finden sich Touristen ein, die das von Balthasar Neumann erbaute Gebäude mit seinem vielgerühmten Treppenhaus besichtigen wollen. "Prunkräume im zierlichsten Rokokostil" verspricht der Baedeker Süddeutschland von 1906.[6] Weniger zierlich fasst der Schriftsteller Emil Belzner den feudalen Teil der Bruchsaler Geschichte zusammen: "Mittelalterlicher Königshof, Barock, Rokoko, Bistum und Bleibstdumm."[7]

Aller scheinbaren Geringschätzung zum Trotz spielt Bruchsal für Emil Belzner eine wichtige Rolle. Er hat hier nicht nur die ersten zwanzig Jahre seines Lebens verbracht, die Kleinstadt an der Salbach ist Gegenstand mehrerer publizistischer Artikel und vor allem Handlungsort zweier seiner fünf Romane. Sowohl in seinem ersten, 1931 erschienenen Roman *Marschieren – nicht träumen!*, als auch in der *Fahrt in die Revolution* von 1969 trägt der Ich-Erzähler den gleichen Namen wie der Autor und berichtet aus seinem Leben. Man kann nicht alles für bare Münze nehmen, was er da von sich erzählt, vieles ist erfunden. Belzner bewegt sich zwischen Realität und Erfindung und gibt – in der *Fahrt in die Revolution* – auch einen Grund dafür an:

> "Halbfiktives ist schon eher eine Sache, damit kommt man auch besser an die Kunst-Grenzen der Wirklichkeit und an die Wirklichkeits-Grenzen der Kunst heran."[8]

Ungeachtet des "Halbfiktiven" sind die beiden Romane eine unersetzliche Quelle für Belzners erste Lebensjahrzehnte, die ansonsten reichlich im Dunkeln liegen. Nicht immer lässt sich das Fiktive klar vom Realen scheiden, nicht immer untermauern dokumentierbare Fakten das Erzählte. Auf diese Weise tritt das Moment der Wahrscheinlichkeit in die Schilderung der ersten Lebensjahrzehnte Belzners ein. So oder so hätte es sein können. In manchen Fällen lassen sich die Angaben beim besten Willen nicht verifizieren. Belzner behält recht: Die Grenzen der Wirklichkeit sind nicht immer klar konturiert.

1: Bruchsal um 1920

"1901 kam ich in Bruchsal in Baden zur Welt, in der Pfarrgasse hinter der Stadtkirche mit dem mächtigen Bonzen-Turm."[9] Es war der 13. Juni, der Tag, "an dem Alexander der Große in Babylon gestorben ist", wie der junge Emil in der *Fahrt in die Revolution* betont.[10]

Emil Belzner wurde im Hause eines Messerschmieds, in einem "liberal denkenden protestantischen Handwerkerhause" groß.[11] Gerne strich er heraus, dass einige seiner Vorfahren in der badischen Revolution 1848/49 bei Rastatt umgekommen seien. Von diesem Erbe her leitete er eine etwas fragwürdige "angeborene Linksheit" ab.[12] Die Familie seiner Mutter Albertine Amalie, geb. Lentmaier, stammte aus der Weinsberger Gegend und aus Nürtingen, wo die männlichen Familienmitglieder ihr Brot als Küfer, Weingärtner und Landjäger verdienten. Sein Vater, Wilhelm August Belzner, war aus dem Klosterstädtchen Maulbronn, in dem die Belzners seit Generationen als Bauern und Handwerker wirkten.[13] Bereits Großvater Carl Friedrich war Messerschmied, hatte es dann aber als Inhaber eines Stahlwarengeschäfts zu einiger Prosperität gebracht und besaß Häuser, Grundstücke und Gärten.[14] Im Melderegister der Stadt wurde er nicht nur als Messerschmied, sondern auch als Bürger aufgeführt.[15] Es ist unklar, warum August nicht das florierende Geschäft seines Vaters in Maulbronn übernahm. Vielleicht gab es irgendwelche Unstimmigkeiten zwischen Vater und Sohn, oder August hatte ganz einfach den Wunsch, auf eigenen Beinen zu stehen. Jedenfalls zog er im Jahre 1900, als er hörte, dort werde ein tüchtiger Vertreter seines Handwerks gesucht, nach Bruchsal. Wilhelm August Belzner war damals gerade 32 Jahre alt, seine Stuttgarter Heirat mit der um vier Jahre jüngeren Albertine Amalie lag nur wenige Monate zurück. Emil Belzner wurde ein Jahr darauf als erstes Kind dieser Ehe geboren. In *Marschieren – nicht träumen!* erzählt seine Mutter von der ersten Bruchsaler Bleibe in der Pfarrstraße 3:

"Dort haben wir angefangen. Einen schönen Laden gehabt, im ersten Jahr alles verloren. Als unser Sohn zur Welt kam, war Versteigerung. Ich lag todkrank im Bett und mußte zusehen, wie mir mein Weißzeug weggetragen wurde. Mein Mann mußte in die Fabrik, konnte erst nach einem Jahr wieder anfangen. Das Haus hat uns gehört."[16]

Wilhelm August Belzner war ein sehr liebenswerter, vielleicht etwas einfacher Mensch, der sich für seine Familie regelrecht aufopferte. Von seiner Frau, die mit den ärmlichen Verhältnissen nicht zufrieden war, wurde er zur Arbeit gedrängt. "Morgens oft vor vier Uhr"[17] kochte er seine Suppe und begann sein hartes Tagwerk. Emil Belzner warf seiner Mutter später vor, sie habe ihren Mann ausgebeutet und trug ihr das nach. Die finanzielle Lage der Familie wurde sicherlich nicht besser, als 1904 mit Alfred ein zweites Kind geboren wurde. Zu seinem Bruder hatte Emil zeit seines Lebens ein sehr enges und vertrautes Verhältnis. Das Nesthäkchen der Familie war Johanna, die 1913 zur Welt kam und damit zwölf Jahre jünger war als ihr großer Bruder.

2: Die Mutter von Emil Belzner

Das Adressbuch der Stadt Bruchsal belegt zahlreiche Umzüge der Belzners. Von 1900 bis 1932 werden allein neun verschiedene Adressen des Messerschmiedemeisters August Belzner verzeichnet. Von der Pfarrstraße zog man 1904 in die Kaiserstraße, von dort 1907 zum Marktplatz 3 und 1910 auf den Holzmarkt.[18] Wenn man einer Schilderung aus *Marschieren – nicht träumen!* Glauben schenken darf, wohnte die Familie damals im obersten Stockwerk der Herberge *Zum Walfisch*. Die grotesken Zustände, die in diesem Haus herrschten, beschreibt Belzner sehr bildreich:

"Alle Speisereste, Abfälle und Abwasser konnte man aus den hinteren Fenstern in den Bach schütten. Immer schnatterten Enten auf dem Wasser, das an dieser Stelle gestaut war, da weiter unten das Wasserrad einer Kupferschmiede kam. Immer schnatterten Enten, immer streckten sie am jenseitigen Ufer (gegenüber lagen die fetten Hinterhausgärten einer anderen Straßenfront) die Bürzel in die Höhe."[19]

Im Sommer, bei großer Trockenheit und niedrigem Wasserstand der Salbach stank das verunreinigte Wasser des Baches entsetzlich.

"Und Hochwasser führte oft ertrunkene Ferkel mit sich, die aus ihren Ställen in den Dörfern weggeschwemmt worden waren. Von Schönheit keine Spur. ... Im ganzen

3: Bruchsal: Kaiserstraße um 1910

Hause herrschte Not. Nicht nur bei uns; bei allen. In der Herberge *Zum Walfisch* nächtigten Handwerksburschen; sie wurden von der Polizei, die ihren Wanderschein prüfte, mit einem Ausweis geschickt. Oft gab es Raufereien und Krach. Einmal hat ein durchreisender Bürstenbinder die Kellnerin erstochen. Eine bunt zusammengewürfelte Horde jagte ihm nach. Er floh auf den Speicher, aufs Dach, stürzte von dort in den Bach und blieb mit dem Kopf im Schlamm stecken. Die Feuerwehr kam und zog ihn heraus. Der herbeigerufene Leichenbeschauer stellte den Tod fest. Ein Stadtdiener brachte den in eine Kiste gezwängten Bürstenbinder auf dem Handwagen zur Spitalwache."[20]

Vielleicht gerät Belzner in seiner Fabulierlust hier ins Fiktive. Was die ärmlichen Lebensverhältnisse betrifft, so dürfte seine Beschreibung jedoch kaum übertrieben sein. Im Roman wendet er es ins Ironische:

"Wir waren alle verliebt in unsere Armut. Wir wollten aus ihr herauskommen, aber wir konnten uns nie von ihr trennen."[21]

Emil Belzner erlebte aller Armut zum Trotz ganz offensichtlich eine unbeschwerte Jugend, in der zwischen einer Blinddarmoperation (1912) und der Konfirmation (1915) mehr oder weniger amüsante Streiche der beiden unzertrennlichen Brüder an der Tagesordnung waren: ein angesägter Rohrstuhl, in den Vater August einbrach; ein zugeschütteter Brunnen, den Emil und Alfred dann mit Hilfe ihres Vaters wieder reinigen mussten; ein wie von Geisterhand auf und ab schwebendes "ewiges Licht", das den Bruchsaler Kirchgängern ein heiliges Entsetzen einflößte.[22]

Im Roman schildert Belzner die Familiensonntage, an denen sein Vater ein Stück Wellpappe auf den Herd legte und mit seiner Ziehharmonika einen Choral spielte, "meistens *Großer Gott, wir loben Dich*; meine Mutter saß auf dem

Küchenstuhl, hatte mich in den Armen und sang freudig mit. Das waren triumphierende Nachmittage."[23]

Manchmal wurde an diesen Tagen auch ein Ausflug zu Verwandten nach Löwenstein unternommen, "das ich durch viele Besuche von Jugend auf kenne."[24] Häufiger aber verbrachten die Belzners ihre freie Zeit bei den Großeltern im nahen Maulbronn, das Emil Belzner sogar als zweiten Schauplatz meiner Jugend bezeichnete.[25] Der alte Großvater schwärmte dort mitunter von alten Zeiten: "Nichts Schöneres als die Sedansfeiern im Kloster – wenn der Herr Ephorus Haeberle über das Vaterland und Hölderlin sprach."[26]

An den Ephorus, den Vorsteher des Zisterzienserklosters, hatte Emil Belzner ganz eigene Erinnerungen: "Als ich wieder einmal während der Ferien bei den Großeltern in Maulbronn weilte, erhielt ich vom Ephorus (des Kloster-Seminars) einen ge linden Verweis weil ich mit Kinder-Gartengerät am Grab der Caroline (Schlegel/Schelling) spielte, völlig ahnungslos, dass dies ein Grab war. ‚Hier ruht in Gott eine berühmte Frau', sagte er, ‚entfernt euch leise.' Meine erste Begegnung mit der leibhaftigen Theologie! Der Mann war dick wie ein Karpfen, doch rötlichen Gesichts vom Elfinger oder vom Johannesbeerwein."[27]

Die Theologie begegnete dem jungen Emil nicht nur im Kloster Maulbronn. Sogar die Werkstatt seines Vaters, die über die Jahre ebenfalls mehrfach den Ort wechselte und sich meist außerhalb des Wohnhauses befand, konnte zu einem erschreckenden Sinnbild der Höllenmächte werden:

4: Alfred und Emil Belzner (r.) um 1905

"In der Nähe der Bleiche, hinter der Brücke mit dem Gnadenbild, befand sich links vom Bach eine Mühle, rechts vom Bach ein Schuppen, den mein Vater mit einem Dreher zusammen gemietet hatte. Der Dreher und mein Vater mußten sich mit ihrer Arbeit nach dem Gang der Mühle richten. Lief das Wasserrad, so konnte der Dreher Stuhlfüße, Messerhefte und Bettpfosten drehen, konnte mein Vater Maschinenmesser, Kneiper und die langen Papierscheren des Zuchthauses schleifen. Gasmotoren waren damals für kleine Leute noch unerschwinglich.

Brachte ich nun dem Vater das Essen, so nahm er mich jedesmal, nach der Mahlzeit am Schraubstock, auf die Mitte des Steges, der über dem Gefälle des Baches zur Mühle führte. Nach hinten war der Steg frei, man sah das Anwesen des Müllers und zu beiden Seiten die heiteren Bauerngärten mit Zwetschgen-, Pflaumen- und Kirschbäumen, mit Johannisbeerstauden, Stachelbeersträuchern und den üppigen, von unver-

15

5: Die Großeltern, links hinten: Emils Vater

geßlich schönen Blumen eingefaßten fruchtbaren Beeten. Nach vorn war der mit Schindeln gedeckte Steg durch eine Bretterwand abgeschlossen. In der Mitte des Steges hob mich mein Vater jedesmal in die Höhe, öffnete eine Klappe, durch die ich direkt auf das unheimliche moosige Wasserrad schauen konnte, das sich da in einer phantastischen Richtung unter dem Schindeldach drehte, oder wie eine traumhafte Gefahr in dem weiten Holzverschlag still stand, durch dessen Ritzen die Strahlen der Sonne hereinfielen. In der Hölle gäbe es auch so ein großes Rad, erklärte mir einmal mein Vater, auf dessen Schaufeln die Gottlosen gebunden seien und das unaufhörlich von einem Strom siedenden Pechs oder kochenden Öls getrieben werde."[28]

In Bruchsal war man noch buchstabengläubig fromm. Die Existenz der Hölle wurde ebenso wenig in Frage gestellt wie die Wundergeschichten der Bibel, die die Kleinstadtjugend im Kindergottesdienst von einem Gemeindehelfer, dem Bäckermeister Sprenger, erzählt bekam. In der *Fahrt in die Revolution* trägt der Bäcker den bedeutungsschwangeren Vornamen Evangelista und sieht angeblich Lenin etwas ähnlich. Im realen Bruchsal hieß er einfach Anton. Die Bäckerei lag am Holzmarkt, in Bruchsals Klein-Venedig. Belzner schildert, wie Sprenger einmal die Geschichte vom *Gesang im Feuerofen* aus dem Buch Daniel vorträgt und wie die Kinder ein leiser Zweifel an der Glaubwürdigkeit des biblischen Berichts beschleicht:

"Wir wollten der Sache auf freche Weise auf den Grund gehen und dachten uns etwas aus: Da wir an manchen Tagen der Woche in der Bäckerei mithalfen, warteten wir eine Gelegenheit ab, Meister Sprenger auf die Probe zu stellen. Als er einmal in den Ofen hineinkroch, um diesen, auf dem Bauche liegend, von Holzasche und Backresten sauberzufegen, hängten wir uns an die Zuggriffe und zogen den Schieber herunter, so daß er gefangen im Ofen saß. Wir lauschten, was er singen würde. Er sang nicht, sondern brüllte: ,Ihr Gauner, ihr Spitzbuben, rennt sofort zu meiner Frau, sie soll kommen und mich herauslassen!' Wir rannten den langen Gang in den Laden vor und sagten in aller Seelenruhe: ,Frau Sprenger, Ihr Mann hockt im Backofen und kann nicht heraus.' – ,Jessesmarie!' schrie die Bäckersfrau, rannte hinter zum Backofen und ließ ihren Mann heraus, indem sie mit stämmigen Armen den Schieber hochdrückte. Wir standen dabei und schauten zu, wie sie ihn an den Beinen herauszog und wie er schwitzend und rotgesichtig herauskam. ,Ihr Dreckspatzen!', sagte er zu uns, ,flugs hinaus aus meiner Bäckerei mit euch!' Wir plärrten: ,Lieber Herr Sprenger, lieber Herr Evangelista, wir wollten doch nur den Gesang im Feuerofen hören, nachdem Sie uns das alles so schön erklärt hatten. Ist es denn nicht wahr, was in der Bibel steht?' das rührte ihn wieder und er sagte: ,Doch, liebe Kinder, es ist alles wahr, aber der Ofen war nicht mehr heiß genug.'"[29]

Für das einem urtümlichen Aberglauben verhaftete Umfeld, in dem Emil Belzner aufwuchs, ist auch eine andere Geschichte charakteristisch, die er 1960 in einem Brief an seinen Verleger Ernst Rowohlt erzählte:

"In meiner Jugend gab es in den Landstädtchen noch ,Besprecher' und Gesundbeter. Als ich ein ABC-Schütze war, hat einer meine Masern besprochen. Es war der damals erfolgreiche Missionar Latzke, der nur in Versen sprach: ,Weichet von hinnen, Masern und Blattern, Milben und Nattern, lasst uns eins spinnen auf himmlischen Zinnen, frei sei das Linnen von Fiebergeschwür, lobet den Herren für und für.' Mir unvergeßliche Verse, meine erste Bekanntschaft mit der Literatur."[30]

Eine andere Literatur hat es im Handwerkerhaus der Belzners wohl kaum gegeben. Bücher waren neben der Bibel wahrscheinlich nur wenige oder gar keine vorhanden. So kam es, dass Belzners erstes wirkliches Leseerlebnis schon in die Gymnasialzeit fällt. Dank der Unaufmerksamkeit eines Mitschülers, der zwei Bücher im "Zeichen- und Singsaal" liegen ließ, bekam der Quartaner Emil Peter Roseggers *Försterbuben* und Mark Twains *Tom Sawyer* in die Hand. Er las die Bücher und deponierte sie dann unauffällig auf den Saiten des Flügels im Musikzimmer. Er hoffte, dass der Primaner, dem sie gehörten, auf diesem Umweg wieder in ihren Besitz gelangen würde.

6: Bruchsal: Bäckerei Sprenger, ganz rechts Anton Sprenger

"Roseggers *Försterbuben* waren ein Ullstein-Buch; Mark Twains *Tom Sawyer*, ebenfalls ein Band in rotem Leinen, aus einer Jugendbibliothek. Die *Försterbuben* blieben
mir lange in sehr gefühlvoller Erinnerung; über *Tom Sawyer* habe ich auch in späteren Jahren noch oft und mit herzlichem Vergnügen gelacht."[31]

Wenn man sich die ärmlichen Verhältnisse der Anfangsjahre vor Augen hält,
ist es erstaunlich, dass alle Belznerkinder ihrer Begabung gemäß nicht nur die
vierjährige Volksschule, sondern auch eine höhere Schule besuchen konnten.
Vor allem Alfred Belzner war ein hervorragender Schüler. Nachdem er das
Gymnasium verlassen und in die Oberrealschule eingetreten war, konnte er
dort zweimal die Klasse überspringen und die Schule somit vorzeitig been-
den. Emil dagegen fühlte sich in Klassenräumen nicht sonderlich wohl. Über
die Leistungen im Griechischunterricht gibt der Hinweis auf einen Namens-
vetter Auskunft: "Da gibt es einen Belzner, der besser Griechisch kann als
Du", wurde Emil einmal von seinem Griechischlehrer informiert.[32] Der 1886
geborene Homer-Exeget Emil Belzner war mit dem Bruchsaler Pennäler weder
verwandt noch verschwägert. Noch heute findet man in vielen Bibliotheken
die Angaben der Bücher *Homerische Probleme* (1911) und *Land und Heimat
des Odysseus* (1915) vermengt mit den Romanen des Schriftstellers.

Als Belzner 1916 mitten im Jahr die Schule verließ, war er nur bis zur Untertertia gelangt, hatte also nur vier Klassen des Gymnasiums absolviert. Seine Bildung, das erwähnte er später gern, hat er weitgehend autodidaktisch erwor-
ben. Trotzdem hatte er zu einigen Lehrern ein recht gutes Verhältnis. Dr. Wolff,
der Direktor des Gymnasiums,

"kurz *Waudel* genannt, den ich auch einmal mit seinem Spitznamen anredete, ...
hat mich später mehrfach in Karlsruhe auf meinem Redaktionsbüro besucht."[33]
Auch die Verbindung zum Lateinlehrer Leo Wohleb überdauerte die Schulzeit. Der damalige Lehramtspraktikant ging später in die Politik und machte
dort Karriere. 1947 wurde er kurzzeitig Staatspräsident Badens, dann Kultus-
minister von Baden-Württemberg und 1952 schließlich Gesandter der Bundesrepublik Deutschland in Portugal.[34] Wohleb hatte seinen Schülern im
Bruchsaler Gymnasium in der *Philosophischen Vorkunde* wesentliche
poetologische Fingerzeige mit auf den Weg gegeben. "Dichter", erläuterte
er, "die nicht mythenbildend schafften, seien keine richtigen Dichter, darum
gäbe es auch so wenige wahrhafte Poeten." Vielleicht hat Emil Belzner da die
Ohren gespitzt. Im Roman wenigstens bekennt er sich dazu:

"Ja, von diesem schlichten Manne, der winters im Bruchsaler Gymnasium meist
hinter dem Ofenschirm stand, so daß man ihn überhaupt nicht sah, wenn er abhör-
te, der aber sehr wohl durch die Scharniere des Ofenschirms beobachten konnte,
ob wir einsagten oder ‚spickten', dessen Oberleder an den Schuhen kreuz und quer
übernäht und geflickt war, von diesem schlichten Manne war einiges zum Begriff
des Mythischen in mir haften geblieben."[35]

Wohleb war es auch, der dem hochgeschossenen und stets hungrigen Schüler Belzner auf Umwegen zu einem Kartoffelkuchen des Bäckermeisters
Sprenger verhalf:

"Mir hatte einst unser ... Lateinlehrer Wohleb Dantes *Göttliche
Komödie* (broschierte Ausgabe in
Reclams Universal-Bibliothek, nur
die *Hölle* war aufgeschnitten) in
einen vierstündigen Samstags-Ar-
rest mitgegeben. Ich schnitt mit einem Federmesser die *Läuterung*
auf, dann das *Paradies*, guckte da
und dort hinein, ohne von irgend-
einem der Abenteuer festgehalten
zu werden. Für mich war das Ganze eine Hölle. ... Als Wohleb nach
abgesessenem Arrest hereinkam
und den säuberlich aufgeschnitte-

7: Bruchsal: Gymnasium 1930

nen Reclam-Band sah, sagte er: ‚Braver Bub! Behalt's!' Er schenkte mir die Ausgabe. Mir grauste vor diesem Buche. Ich tauschte es noch am gleichen Tag des Jahres
1916 beim Bäckermeister Evangelista Sprenger gegen einen halben, heimlich geba-
ckenen Kartoffelkuchen um."[36]

An den Wochenenden verdienten sich die Gymnasiasten ein Taschengeld, indem
sie die Blasebälge der Bruchsaler Kirchenorgeln jeglicher Konfession traten:

"Wir haben als Buben die Orgeln getreten in protestantischen und katholischen Kirchen und in Synagogen – auf unseren Tret-Treppen und -Bänken hörten wir vom Got-
tesdienst kaum etwas. Alle Konfessionen zahlten den Orgeltretern gleichen (geringen) Lohn. ... Bei langen Predigten (der Organist bekam die Zeit vorher mitgeteilt)
spielten wir im Innern der Orgel Karten und tranken ein Schorle aus mildem Abend-
mahlswein."[37]

In der *Fahrt in die Revolution* weist Belzner darauf hin, dass er in Bruchsal häufig Kontakt mit den Bruchsaler Ostjuden hatte und daher recht gut Jiddisch verstand. Den dort erwähnten Flaschenhändler Scharf weist das Bruchsaler Adressbuch mit einem zweiten f ebenso nach wie die "Hosenhändlerin Genendel Löwenstein" als Karoline Löwenstein, Gemischtes Warengeschäft. Und auch der Synagogendiener Stroh, Lippmann Stroh im Adressbuch, entstammt nicht Belzners Phantasie. Im Roman hatte er Emil, wenn er auf dem Schulweg an seinem Haus vorbeikam, folgendes mit auf den Lebensweg gegeben: "Werd nur kein Zierbengel, kein Jold, kein Gigerl." Und Belzner merkt voller Genugtuung an: "Nun, ein *Zierbengel* bin ich nicht geworden."[38] Schon während seiner Schulzeit stellte er das reichlich unter Beweis, wenn er etwa mit Schulkameraden die Heimatstadt Bruchsal die interessanten Fortschritte der eigenen Körperlichkeit erkundete:

"Die Kaserne lag am Rande der Stadt, dort, wo die Äcker, die Wälder, die Steinbrüche und die sonntäglichen Berge beginnen, dort wo die Frömmigkeit beginnt. In dieser Frömmigkeit haben wir einst Räuberhöhlen errichtet, uns über die Fortschritte unserer Beharrung unterhalten, das Wort Menstruation, das ein überschwänglicher Fanatiker im Lexikon seines Vaters entdeckt hatte, einander ausgelegt, wie eine unerforschliche Weisheit, dort haben wir einst den Bauern die Mohnköpfe abgeerntet, mit Stangen die Nüsse heruntergeschlagen, die am schwersten behangenen Äste der Kirschbäume abgerissen und in unser Versteck unter freiem Himmel getragen. Drohte Gefahr, so formierten wir uns und sangen: *Heil dir im Siegerkranz* oder *Zu Straßburg auf der Schanz*. Nie wurden wir erwischt.[39]

Auch bei den Pfadfindern war Emil Belzner engagiert. In seiner Erinnerung spielte dabei eine Pfadfinderübung im Jahre 1913 eine besondere Rolle, die von Prinz Max von Baden abgenommen wurde:

"Prinz Max von Baden war unser Protector und ich durfte ihm einmal sogar die *Kolonne Bruchsal* bei einem Pfadfinder-Treffen in Stutensee vorstellen. Ich stotterte etwas – aber er stotterte ja auch. Einige lachten. Er und sein Adjutant trugen einen englischen Pfadfinderhut. Der Adjutant sagte: ‚Na, dann wollen wir mal abkochen. Was gibt's denn heute?' Es gab Erbsensuppe, als Nachtisch Krokant, Nusshäufchen mit gebranntem Zucker drüber. Grünwetterbach sah ich ihn dann noch einmal bei einer Übung."[40]

Auch in *Marschieren – nicht träumen!* wird die Begegnung mit dem Prinzen geschildert, hier allerdings ausgeweitet zu einer kleinen Skandalgeschichte, an deren Ende Belzner vom Leiter seiner Pfadfindergruppe von der Übung ausgeschlossen wird:

"In jener Nacht wurde ich mit einer Taschenlampe und mit einer Wegkarte nach Hause geschickt. Vier Stunden hatte ich zu marschieren."[41]

Diese unehrenhafte Entlassung hatte, wenn man dem Roman folgt, dann auch ihre Folgen für das schulische Abschneiden:

"Damals schloß ich mich den Bauernbuben der Vorstadt an. Ich organisierte sie gegen die Pfadfinder, gegen die Mittelschüler. In großen Haufen überfielen wir sie bei ihren Übungen, nahmen ihnen die Zeltstöcke weg, verbeulten die Kessel und zerbröselten die Erbswürste und -würfel in alle Winde. Das hat mir natürlich im Gymnasium keine Sympathien eingetragen. Bei einer Vernehmung im Konferenzzimmer prophezeite mir der Direktor: ‚Du wirst nicht weit über deine Vaterstadt hinauskommen; wenn du so weiter machst, wirst du in der Villa Hau (Spitzname für das Zuchthaus) enden. Du gehörst in kein Gymnasium, du gehörst in die Volksschule.' Ich nahm mir das selbstverständlich sehr zu Herzen, so daß ich nichts mehr lernen konnte, sitzenblieb und repetieren mußte."[42]

Die Jahresberichte des Großherzoglich Badischen Gymnasiums in Bruchsal geben in der Tat darüber Auskunft, dass Emil Belzner im Schuljahr 1913/14 sitzen blieb und die Quarta wiederholen musste.

Das Zuchthaus seiner Heimatstadt hat Belzner wenig später wirklich von innen gesehen, allerdings war dies der Tatsache zuzuschreiben, dass der Gefängnisdirektor der Vater eines Mitschülers war und den Gymnasiasten Zutritt verschaffte:

"Wir durften das Zuchthaus mehrfach besichtigen und auch den Rechtsanwalt Hau sehen, der seine Schwiegermutter in Baden-Baden ermordet haben soll, in einem Indizienprozeß zum Tode verurteilt worden war, da ihm das Verbrechen jedoch nicht hinreichend genug nachgewiesen werden konnte, zu ‚lebenslänglich Bruchsal' begnadigt wurde. Nur wenige glaubten an seine Schuld, selbst der Medizinalrat nicht, der zugleich Zuchthausarzt war. Es gab sonderbare Zusammenhänge zwischen Zuchthaus und Gymnasium. Der Zuchthauslehrer, der an Sonntagen oder bei Todesfällen das Harmonium im Andachtsraum der Landesstrafanstalt spielte, gab vertretungsweise jedes Jahr ein paar Wochen den Sing-Unterricht im Gymnasium und war unser Organist in der Hofkirche, dem wir die Bälge traten. In einem mit vier Sicherheitsschlössern angesperrten Verschlag hinter dem Andachtsraum, von dem die Sträflinge sagten, da wohne Gott, war die in numerierte Bestandteile zerlegte Köpfmaschine untergebracht, die sich irgendwann und irgendwo in der Morgenfrühe leicht und rasch aufmontieren ließ. Alle Schaltjahre machte sie einmal eine Reise ins Land. Das Fallmesser verwahrte der gebietszuständige Scharfrichter bei sich zu Hause in Ladenburg. ... Erst vor einem Monat waren zwei aneinandergefesselte Soldaten, ohne Koppel und Kokarden, vom Bahnhof durch die Stadt unter übertriebener Landwehr-Eskorte nach dem Zuchthaus gebracht worden.. Ihr Vergehen, ihr Verbrechen: Sie hatten sich geweigert, an einem Sandsack- und Stroh-Menschen zu demonstrieren, wie man dem Feind das Bajonett im Leibe vorschriftsmäßig umdreht oder wie man ihm mit dem Gewehrkolben den Schädel einschlägt."[43]

Der Ausbruch des Ersten Weltkrieges im Sommer 1914 beendete Emil Belzners Kindheit auf einen Schlag. Vater August, der als Messerschmied und Säbelschleifer immerhin allen Grund gehabt hätte, sich aus finanzieller Sicht über die Kriegsvorbereitungen zu freuen, stand dem chauvinistischen Spektakel zu Beginn des Krieges ablehnend gegenüber. In *Marschieren – nicht träumen!* schildert Belzner, wie sein Vater die Fahnen, die nach einem Sieg des deutschen Heeres am Hause anzubringen waren, heimlich im Herd verbrannte:

"Am Tage der Mobilmachung bekam mein Vater, der Messerschmied August Belzner, den Auftrag, die Säbel des Regiments zu schleifen. Tag und Nacht klopfte der alte, gebraucht gekaufte Gasmotor in der Schlachthausgasse, in deren hinterstem Winkel die Werkstatt lag. Da mein Vater keinen Gesellen hatte, mußte ich mit einem Lumpen die geschliffenen Säbel abtrocknen und in die Scheide stecken. ... Festgestellt sei nur, daß mein Vater lediglich seine Pflicht als Familienoberhaupt, Bürger und Handwerker tat; den Krieg selbst hielt er für eine Strafe Gottes. Man war damals

8: Bruchsal: Obere Kaiserstraße im 1. Weltkrieg um 1916

noch wenig aufgeklärt und sah nicht weiter. Aber eine Ahnung muß der brave und fleißige Mann doch gehabt haben, denn schon in der ersten Kriegswoche verbrannte er heimlich die Landes- und die Reichsfahne im Herd, auf dem er morgens oft vor vier Uhr, seine Suppe kochte. Ich erinnere mich noch genau, wie wir uns alle mittags über seinen versengten Bart wunderten. ,Ich habe die Fahnen verbrannt', sagte er, ,die Motten waren drin und der Schimmel. Die Leute schauen einen dumm an, wenn man so etwas bei einem Sieg hinaushängt. Fahnen müssen nagelneu sein. Zu Weihnachten gibt's schönere.' Es gab sie nie; es mahnte auch niemand. Wenn ich heute daran denke, kommt mir die Szene vor wie ein historischer Augenblick im trauten Heim."[44]

Die ahnungsvolle Zurückhaltung des Familienvaters stand ganz im Gegensatz zur allgemeinen Kriegsbegeisterung, die in Ansprachen der Offiziellen vom Balkon der *Bruchsaler Zeitung* und im eifrigen Benageln der so genannten Hindenburgsäulen einen Ausdruck fanden. Auch der junge Emil Belzner scheint wenigstens in der ersten Zeit die Kriegseuphorie seiner Mitbürger geteilt zu haben. Dies lassen wenigstens einige von Belzner selbst in *Marschieren – nicht träumen!* überlieferte kriegstrunkene Verse vermuten.

Die übersteigerte Vaterlandsbegeisterung wurde in ganz besonderer Weise in der Schule manifest:
"Alle guten Lehramtspraktikanten und jüngeren Professoren waren eingezogen. Wir wurden von Greisen unterrichtet, die voll patriotischer Lust aus dem Pensions- und Ruhestand auf das Katheder zurückgekehrt waren, oder von begeisterten Militärdienst-Untauglichen. Ein seines unzureichenden Wuchses froher Zwerg gab Französisch und Englisch, ein Buckliger mit einer Hühnerbrust noch vierzehn Tage vor seinem Ende Latein und Griechisch. Den Deutschunterricht spendete ein würdevoller

22

weißhaariger Herr, der noch bei der Kaiserkrönung in Versailles als badischer Fahnen-junker Augenzeuge gewesen war, und kreuz und quer von Deutschen und Slawen sprach und in der Geschichts-Hälfte des Deutschunterrichts auch Bismarck erwähn-te. Das Lehrer-Kollegium unseres Gymnasiums glich mehr und mehr einer Kuriositä-ten-Schau. Auf dem Felde der Ehre waren seit Kriegsbeginn schon zahlreiche Prima-ner gefallen, die sich freiwillig gemeldet hatten. Keiner durfte beim Abitur durchfal-len, der rechtzeitig vorher sich verpflichtet hatte, er würde sofort nach bestandener Reifeprüfung sich freiwillig melden. Um zu fallen. Was dann die beste Note war. Aus Lehramtspraktikanten und Professoren wurden Lenker der Geschicke. Sie produzier-ten Tote mit ungenügendem Wissensstand – Verklärte von Flandern und den Voge-sen bis nach Polen und Rußland hinein. Wir Pennäler machten uns sehr viel daraus, dieser Krüppel-Schule noch für eine weitere Woche entrinnen zu können. Ostern und Auferstehung hatten unser Gemüt längst verlassen. Wir fühlten die Haare auf unse-rem Haupte nicht gezählt, wenn wir die Glatzen der Schieber und Kriegsgewinnler sahen."[45]

Die Kriegsjahre, die ausführlich in der *Fahrt in die Revolution* Erwähnung fin-den, bedeuteten für Emil Belzner in jeder Hinsicht einen Entwicklungsschub und eine Zeit des Erwachens. An erster Stelle stand für die pubertierenden Gymnasiasten zweifelsohne die erotische Erfahrung, die im Schatten der Kriegs-ereignisse besonders reiche Blüten trieb:

"Lediglich die Liebe stand als etwas Neues vor uns, in das wir heimlich von männer-losen Frauen eingeweiht wurden. Cum grano salis: jeweils Odysseus und Kalypso. Odysseus als Jüngling natürlich und Kalypso als Musikstudentin oder als Delikat-eßwarenhändlerin ohne Delikatessen."[46]

Und an anderer Stelle im Roman:

"Kriegsversorgung mit Liebe da und dort, wo Männer fehlten und wo man dann für ein paar Stunden gut aufgehoben war – und selten auch nur Musikstudentin, Land-kind, rundes frisches Knie und Wesen und frühe Anfangs-Lust der Jugend. Zu die-sen der Neugier gewogenen, glücklich und leicht zu habenden Kindern flüchtete man, zu den Schwestern der Freunde, zu den Zimmermädchen, zu den verängsti-ten Karbolmäuschen, zu den Mitschülerinnen, zu den Primanerinnen, die uns an Wis-sen übertrafen, aber mit Begeisterung der Phantasie der Sekundaner unterlagen. Es gab auch Düsteres: die lebenslustigen Muttergottheiten, die sogenannten mittel-jährigen "Matronen" Diese strammeren Weiber waren fast wie bei Aristopha nes: sie besaßen sozusagen ein Staatsrecht auf unsere Ungebärdigkeit, im Rahmen einer ordinären Transzendenz wurden wir gewissermaßen zugeteilt, Frauen untereinander begutachteten dann bei einem Sonntags-Schwätzchen gegenseitig die Söhne. Die attische Komödie läßt gewiß tief blicken. Aber was sich im dritten Kriegsjahr des Er-sten Weltkrieges in den männerarmen Landstädtchen so unter der Hand auf den em-sig und häuslich geflickten Bett-Tüchern, von Raffaels Öldruck-Madonnen oder ei-nem Familienbild des Kaisers oder gar einem Konterfei von Gottvater persönlich über-wacht, abspielte, abspielte wie von der Walze herunter, nachdem auch das letzte Auf-gebot ins Feld und in die Etappe gezogen war und in den Quartieren nur noch Bestrafte lagen, das mag antikische Zügellosigkeiten zwischen Mänaden und (im-merhin eingeweihten) Jünglingen in den Schatten gestellt haben."[47]

Der Krieg machte auch in Bruchsal aus den Knaben junge Skeptiker. Den Pre-digern jeglicher Couleur konnte und wollte schon bald niemand mehr etwas glauben. Nicht erst die grausame Wirklichkeit der Schlachten vor Verdun mit

ihren zahllosen Opfern brachte das blinde Hurrageschrei der ersten Kriegstage und -wochen zum Schweigen.
"Wir Pennäler glaubten nur noch so viel, als man essen, im Arm haben, lieb behalten, aus- und anziehen konnte. Wir lachten über Cäsar und Plutarch, und wir lachten, wenn brave Bürger Kriegsanleihe zeichneten. Und wir wurden Tadler, wenn aus der Bruchsaler Hofkirche unter Orgelklang die Gemeinde gemessen das Gotteshaus verließ und über das Ergebnis der Missions-Kollekte befriedigte Bürger und Bürgerinnen in der Allee des Schloßgartens besorgt dem vom Wind dahergetragenen Donner der Westfront lauschten. Was war das alles noch wert? ‚Deutsches evangelisches reformiertes Volk, halte, was du hast, daß niemand deine Krone raube!' so hatte der Pastor am letzten Reformationsfest, die Predigt abschließend, von der Kanzel herab ausgerufen. Ein paar Tage später ist sein ältester Sohn gefallen. Uns schien das nicht ‚schicksalhaft notwendig', so schicksalhaft und Thron und Altar ergeben das Pfarrhaus es auch trug. Uns erschien es irrsinnig. Dazu die Kriegsgewinnler und die preisgegebenen Weiber. Und die blöden Großherzöge, die dicken Könige und gleich noch zwei Kaiser und ein Sultan, die Bischöfe, Prälaten, Oberkirchenräte, Kardinäle und Superintendenten!"[48]

Auch die jüngeren Gymnasiasten waren verpflichtet, dem Vaterland wenigstens in ihren Ferien Dienste zu leisten. Emil Belzner wurde nach Rastatt geschickt, um dort im Eisenbahnbetriebswerk auszuhelfen. Mit der Eisenbahn war er schon ein wenig vertraut, da der Vater eines Mitschülers "auf den Strecken Bruchsal–Menzingen–Odenheim–Hilsbach" zum Lokpersonal gehörte. Die Schüler hatten mehrfach
"auf der ziemlich engen Maschine mitfahren, heizen und hundert Meter vor Übergängen oder Bahnhöfchen bimmeln dürfen. ... Auch Kastanien haben wir geröstet und einmal sogar Teig von zu Hause mitgenommen und Plätzchen gebacken."[49]
Diese Erfahrungen kamen Belzner bald zugute:
"Ich war dem Eisenbahnbetriebswerk Rastatt als Hilfsdienstfreiwilliger zugeteilt, wo ich schon mehrfach Feriendienst an Kohlenbunkern und Wasserkranen für die Lokomotiven gemacht hatte. Aber auch das Klopfen mit dem langstieligen Hämmerchen an den Achslagern der Waggons (am Tone hörte man es, ob sie sich heißgelaufen hatten) war mir vertraut, ebenso konnte ich Ziehharmonikabälge koppeln und die Plattformteller zwischen den Wagendurchgängen richtig werfen, daß sie im Drehpunkt exakt aufeinanderlagen. Und selbstverständlich kunstgerecht von dem anfahrenden Zug abspringen. Das Wichtigste: wir hatten Vierkantschlüssel für alle Wagen und Abteile, eine schirmlose Eisenbahnermütze und einen Bremser- oder Rangierkittel. Sperren und Barrieren gab es für uns nicht. Bei Nacht hatten wir windgesicherte ehemalige Ölfunzeln umhängen, in denen in diesen Kriegstagen schon sogenannte Hindenburg-Lichter aufs dürftigste brannten. Klassenbuch und Turnhalle des Großherzoglichen Gymnasiums waren versunken und vergessen. Jetzt waren wir wieder bei der Großherzoglichen Eisenbahn."[50]

Hier beginnt nun eines schönen Frühlingstages im April 1917 die abenteuerliche Geschichte, die Belzner mit mehr als fünfzigjährigem Abstand in seinem Erinnerungsbuch Die Fahrt in die Revolution geschildert hat und der man um ihrer Unwahrscheinlichkeit willen kaum Glauben schenken mag. Auf die Glaubwürdigkeit des Berichtes jedoch wird an anderer Stelle noch einzugehen sein.
"Gegen Mittag hieß es, träfe aus der Schweiz – via Konstanz, Singen, Offenburg –

RASTATT. PARTIE AM BAHNHOFSTEG

9: Gleisanlagen am Bahnhof Rastatt um 1916

ein Zug mit entflohenen sibirischen Sträflingen ein, die nach Rußland zurückwollten. Auch die weitere Reisestrecke wurde genannt: Frankfurt, Berlin, Saßnitzer Fähre, Trelleborg, Stockholm, Petrograd. Der russische Zar war gestürzt, der bürgerliche Revolutionär Kerenski an der Macht. So stand es in den Zeitungen. Extrablätter berichteten, daß Kerenski den Krieg weiterführen wolle. Was die ehemaligen sibirischen Sträflinge sollten, war unbekannt. Der Zug kam mit Verspätung. Ein Lazarettzug mußte durchgelassen werden. Der Sonderzug irgendeines Kronprinzen oder Erbprinzen war bereits auf dem Ötigheimer Gleis abgestellt. Auf dieses Gleis, das eine wenig befahrene Strecke versorgte, wurde auch der Schweizer Sonderzug geschoben. Adjutanten aus dem Prinzenzug sprangen gestikulierend und schreiend zwischen den Schottern umher. Es half nichts. Auch eilige Truppentransporter hatten Vorrang. Und für die Schweizer Kombination galt: besondere Dringlichkeit, über allen anderen Dringlichkeitsstufen. Allerhöchster Befehl, gezeichnet von Ludendorff, vom Feldeisenbahnchef, vom Reichskanzler und vom Kaiser. Nun, die mußten ja wissen, was es auf sich hatte. Ein Sträflingszug und ein Hofzug in Richtung der gleichen Nebenstrecke abgestellt, wie sonderbar. Bei den Schweizern mußte ein Schaden behoben werden. Sie verloren am Küchen- und Heizungswagen Wasser. Schlimm für Teetrinker. Außerdem schwelte eine Achse. Spezialarbeiter reparierten die Sache von außen und rückten wieder ab.

… Ich gab einem Karlsruher Gewerbeschüler, der gleichfalls Hilfsdienst machte, jetzt aber zur Kantine mußte, meine leere Schmierkanne mit und ging mit meinem langstieligen Achshämmerchen zu den sibirischen Sträflingen hinüber. Die mußte ich sehen. Entflohene sibirische Sträflinge, das war etwas Ungeheuerliches für einen Sechzehnjährigen, die Phantasie Erregendes wie Neger, Indianer oder australische Eingeborene. An dem einen Wagen waren die Vorhänge zugezogen. Hinter den Vorhängen ging es offenbar lebhaft zu. Stimmen Gelächter, Krach, Befehle, so schien es. Ich klopfte mit dem langen Holzstiel des Hämmerchens an ein Fenster in der Mitte des Wagens. Sofort wurde der Vorhang halb auseinandergezogen. Ein ganz fernes Dämonengesicht, nicht ohne Güte und Sorge, ein mächtiger fremdartiger Schädel blickte auf mich nieder, erst ärgerlich, dann ungeduldig, lächelte kurz und riß den Vorhang wieder zu. Alles dieses ganz energisch, sowohl der Ärger wie das Lächeln. Nebelschauer sprühten. Es war wie eine verregnete Szene aus der Stummfilmzeit. ... Ich sprang kurzerhand auf das Trittbrett des Waggons mit den geschlossenen Vorhängen, der übrigens nicht plombiert, sondern nur abgeschlossen war. Ich öffnete die Tür mit dem Vierkantschlüssel und schlug sie, sobald ich drinnen war, hinter mir zu."[51]

Der 16-jährige Emil Belzner steigt in den Waggon, der Lenin und seine Genossen mit Billigung der Obersten Heeresleitung quer durch Deutschland nach Saßnitz führt, von wo aus die Reise mit der Fähre nach Trelleborg fortgesetzt wird. Am 16. April treffen die Revolutionäre auf dem Finnländischen Bahnhof in Petrograd ein.[52] Die Fahrt in die Revolution endet für Belzner bereits in Frankfurt. Er fährt nur wenige Stunden mit, hat aber Gelegenheit zu Gesprächen mit dem "Dämonengesicht" und seinen Begleitern. Dem Liebreiz der schönen Inès Armand verfällt der junge Emil rettungslos. Die Ereignisse im Waggon, "der übrigens nicht plombiert" war,[53] schildert Belzner ausführlich, immer wieder unterbrochen von Blicken auf seine Bruchsaler Jugend und auf sein späteres Leben.

Folgt man dem zweiten Teil der *Fahrt in die Revolution*, so hat Emil Belzner bald nach seiner Zugfahrt mit Lenin die Schule verlassen und sich nach Leipzig begeben. Belzner stellt diese Fahrt als Flucht vor einer Bestrafung für seinen in Kriegszeiten ganz und gar unzulässigen Ausflug nach Frankfurt dar:
"Als Strafe für meine Eigenmächtigkeit sollte ich in den großen Sommer-Ferien des Jahres 1917 Kriegshilfsdienst in der Munitionsfabrik Karlsruhe leisten, Granaten drehen, Maschinengewehrgurte füllen und so weiter. Zehn Stunden am Tag oder in der Nacht, je nach Schicht. Das war das Richtige, das brachte mich in die richtige Bahn. Ich wurde selbständig, auf Anhieb."[54]

Für die Authentizität der Reise nach Leipzig spricht nicht zuletzt die Tatsache, dass die beiden im letzten Kriegsjahr erschienenen Gedichtbände bei einem Leipziger Verleger herauskamen. Und auch seiner Familie hat Belzner später erzählt, er sei nach dem Ende seiner Schulzeit nach Leipzig zur Buchmesse gefahren, "um dort Zündhölzl zu verkaufen".[55] Eine Anfrage beim Leipziger Stadtarchiv ergab, dass es die im Roman erwähnten Lokalitäten zum großen Teil tatsächlich gab. An den Namen hat der Autor mitunter lediglich kleine Retuschen vorgenommen.[56] Für einen längeren Aufenthalt in Leipzig spricht außerdem ein Stempel, der in den wenigen erhaltenen Büchern dieser Zeit aus seinem Besitz zu finden ist: "Emil Belzner Bruchsal/Leipzig" ist da zu lesen.[57]

Belzner beschloss also, nach Leipzig zu fahren. Das Geld für diese Reise hatte er angeblich einer Maulbronner Tante abluchsen können, der er weismachte, er wolle "in Leipzig, wo Leute gesucht würden, arbeiten, mir etwas Geld verdienen, weiterlernen und am Ende gar bei berühmten Professoren studieren. Sie hoffte immer, daß ich Pfarrer würde, daß sie direkt unter der Kanzel eines Karfreitags oder

Sonntags meiner Predigt lauschen könne und im Hinblick auf meinen Werdegang mit letzter Kraft "Ein feste Burg ist unser Gott" singen dürfe. Und daß dann am Nachmittag der Herr Ephorus von Maulbronn zu Kaffee und Gugelhupf käme. Ich erzählte ihr, daß Martin Luther in Leipzig eine wichtige Disputation gehalten habe, und sie legte noch einen Hunderter zu."[58]

Gleich am Bahnhof begegnete Emil einer Krankenschwester, die bei ihrem Onkel, einem der Hausmeister des Reichsgerichts, wohnte und verbrachte seine "erste Nacht in Leipzig in einem Mädchenbett unter den gewaltigen Türmen und Dächern des mächtigen Deutschen Reichsgerichts."

Nach einigen Tagen zog er in eine Pension um:

"Ich nahm mir ein Zimmer in einer Pension in der Simsonstraße. Abgemeldet hatte ich mich ordnungsgemäß in Bruchsal. Einen Reisepaß hatte ich beantragt und besaß ich. Das war alles wichtig wegen der Lebensmittelkarten.[59]

... Ich muß fremdartig ausgesehen haben inmitten von Fellhändlern, Demonstranten, Polizisten und sonstigen abgemagerten Geschäftsleuten. Ich trug einen Strohhut in Kreissägeform, wie das 1917 Mode war, trug Lackschuhe (meine lang geschonten Sonntagsstiefel) und hatte ein Spazierstöckchen unterm Arm. Ich hatte ein seidenes Hemd an, eine schwarze Lüsterjacke, eine schwarz-weiß-rote Krawatte und gelbe Tennishosen. Teils selbst verdient, teils von den aristophanischen Weibern gestiftet. So sah meine Ausrüstung für die Freiheit aus! Sie war bald durchgetreten und durchgetragen. Ich kaufte mir in einem Militär-Effekten-Geschäft (Königlich Sächsischer Hoflieferant) eine strapazierfeste feldgraue Hose, Maßkonfektion, und einen blusenartigen Soldatenrock, Litewka genannt. Ich zeigte eine kleine Zigarrenpackung vor und die Bezugsscheinfrage war geregelt."[60]

Arbeit fand Belzner zunächst bei einem Antiquariat, für das er Büchernachlässe aufzutreiben hatte, dann beim Leipziger Stadttheater, wo er sich beim Intendanten Max Martersteig vorstellte:

"Am nächsten Tag besuchte ich den Intendanten Martersteig in seinem Büro im Stadttheater. Ich sagte ihm, noch mehr als das Stück imponiere mir sein Name: Martersteig. Für einen Tragödienschreiber sei das doch der einzig wahre Name. Ihm mißfiel das nicht.

... Martersteig fragte mich nach meinen Absichten in Leipzig. Ich sagte: ,Gelegenheitsarbeiter bis Semesterbeginn.' Gegen eine kleine Gebühr wirkte ich gelegentlich in Volks-Szenen mit, im *Demetrius* als Kosak. Es kam immer wieder etwas in die Kasse, das Geld der Tante konnte geschont werden. Ich besuchte Martersteig öfter in seinem Büro, und einmal war auch Georg Witkowski da, der berühmte Leipziger Germanist."[61]

Nach weiteren Beschäftigungen in der Verwaltung des Leipziger Taubstummen-Instituts, als Kulissenschieber am *Neuen Theater* und als Aushilfskassierer eines Vereins zur Erinnerung an die Leipziger Völkerschlacht tritt Belzner im Roman seine weitere Reise auf der Suche nach der geliebten Inès Armand an. So glaubhaft der Ausflug nach Leipzig ist, so wenig wahrscheinlich ist mitten im Kriegssommer 1917 die Reise eines 16-Jährigen über Tilsit, Tharau, Nidden und Insterburg nach Tauroggen. Diesmal also rein Fiktives?

Nach einigen Wochen oder Monaten kehrte er nach Bruchsal zurück, wo er jedoch nicht mehr die Schule besuchte. Vermutlich hat er sich mit Gelegenheitsarbeiten, etwa für die Bruchsaler Lokalzeitung, über Wasser gehalten. Gewohnt hat er weiterhin zu Hause, auch seine Eltern haben ihn sicherlich unterstützt.

Etwa in die Zeit des Schulaustritts fielen auch Belzners erste literarische Versuche. Der erste Zuhörer dieser meist lyrischen Erzeugnisse war Bruder Alfred, mit dem Emil ein Zimmer teilte. Oft weckte Emil seinen Bruder mitten in der Nacht und rezitierte ihm seine Gedichte. Wenn Alfred weiterschlief, schrieb Emil seine Einfälle einfach an die Wand.[62] Die Gunst der Stunde durfte nicht ungenutzt verstreichen. In Bruchsal hatte Belzner vermutlich kaum Gesprächspartner, denen er seine Gedichte hätte anvertrauen können und wollen. Eine hochwillkommene Gelegenheit für eine Aussprache dürfte es daher für ihn gewesen sein, als die mit Rilke befreundete Hertha König, die während des Krieges zeitweise als Krankenschwester in Bruchsal Dienst tat, an mehreren Abenden eigene Lyrik und Rilkes *Cornet* las:

"Im Ersten Weltkrieg war eine kurze Zeit in einem der Bruchsaler Lazarette eine Krankenschwester namens König tätig, die an sogenannten ‚Vaterländischen Abenden' vor genesenden Soldaten und geladenen Gästen eigene Lyrik und jedesmal auch den *Cornet* von Rilke vorlas. Sie soll übrigens mit Rilkes Mutter bekannt gewesen sein. Unter den Gästen waren manchmal auch Gymnasiasten; auch ich. Ich kam ins Gespräch mit ihr und fragte sie, wie das so ginge mit Gedichten, manchmal seien mir auch schon einige eingefallen. Ich war damals vielleicht vierzehn, fünfzehn Jahre alt. Sie sagte, ich sähe ja bereits wie ein Künstler aus. Ich solle einmal ein Heft voll Gedichte niederschreiben und ihr bringen. Als sie das Heft langsam durchgesehen hatte, lächelte sie und sagte: ‚Das bist Du noch gar nicht, das sind halt so Stimmungen.'"[63]

Von diesem Urteil ließ sich Belzner nicht zurückhalten. Er schrieb weiter, zunächst vor allem Verse, die höchstwahrscheinlich zum Teil in der Bruchsaler Lokalzeitung abgedruckt wurden. In *Marschieren – nicht träumen!* karikiert er selbst diese ersten dichterischen Versuche. Ein patriotisches Gedicht, das in der Rubrik *Heimatkunst* abgedruckt worden sein soll wird mit der erläuternden Einführung zitiert:

"Während der großen Schlacht in Flandern verfaßte unser heimatlicher Dichter Emil Belzner folgende, nach Ansicht der unserer Redaktion nahestehenden Kenner bleibenden Verse: Trara, trara, der Sieg ist nah / Die Engel blasen die Posaunen. / Trara, trara, was jetzt geschah / Das werden wir noch lang bestaunen. / Und wer jetzt zittert, wer jetzt bangt, / Sei auf den Umstand hingewiesen: / Daß uns, solang die Sonne prangt, / Die guten Geister nie verließen."

Die erste Strophe mag genügen. Die angebliche Zeitungsnotiz aber wird noch um folgenden (ebenfalls gekürzten) Abspann ergänzt:

"Der Verlag hat der Feierlichkeit der hehren Stunde Rechnung getragen und sich bereit erklärt, jedem Abonnenten, der es wünscht, das Gedicht auf besserem Papier und auf Pappe dauerhaft aufgezogen durch die Trägerinnen gegen ein kleines Trinkgeld nach eigenem Ermessen überreichen zu lassen. Die Handschrift wurde von dem Dichter großmütig der Stadtbibliothek gestiftet, wo sie zu den üblichen Amtsstunden gegen Flaschenpfand eingesehen werden kann."[64]

Das ist zu abstrus, um wahr zu sein, und leider sind im Zweiten Weltkrieg alle

28

Exemplare der *Bruchsaler Zeitung* vernichtet worden, sodass eine Überprüfung nicht möglich ist. Einige Funken Wahrheit werden aber doch in diesem Zitat stecken: Die erste Kriegsbegeisterung des Vierzehn- und Fünfzehnjährigen, die üblen Reimereien und die Drucklegung durch das Provinzblättchen. Daran kann man kaum zweifeln.

Bald wagte sich Belzner an ein Drama, das in Persien spielte und den eindrucksvollen Titel *Gaumata der Magier* trug. 1977 soll hiervon noch ein hektographischer Abzug vorhanden gewesen sein, der aber leider nicht mehr existiert. Von einer *Tragödie in 2 Büchern* mit dem Titel *Vergessene Leiden* hat sich im Nachlass von Alfred Belzner lediglich das Titelblatt erhalten, ein Leitz-Briefordner-Trennblatt, das Emil Belzners Unterschrift und das Datum vom 3. Juli 1917 trägt. In einem Brief an Meinhard Glitsch bezeichnete Belzner seine frühen Produktionen als Ergebnisse von "sentimentalen Pennäler-Jux-Stimmungen, ganz fern aller Literatur", die nur geschrieben worden seien, "um zu zeigen, dass man das auch kann, was Lehramtspraktikanten und Studienräte können." Immerhin konnte Belzner im persönlichen literarhistorischen Rückblick auf *Gaumata, der Magier* feststellen: "In diesem ‚Drama' allerdings ist schon etwas von eigener Sprache zu bemerken."[65]

Dem 16- und 17-jährigen Autor mangelte es an vielem, in keinem Falle jedoch an Selbstbewusstsein. Mit zahlreichen Gedichten und den Manuskripten eines *sizilianischen Weiheliedes* und eines Trauerspieles im Gepäck, wandte er sich an die literarischen Autoritäten der Zeit und bat um Hilfe. Am 16. Oktober 1917 schrieb er an den Stuttgarter Verleger Cotta einen Brief, der keine Spielart der Peinlichkeit auslässt:

"Sehr geehrter, gnädiger Herr, als ein Unbekannter von den Vielen nahe ich Ihnen, ein jugendliches Dichterherz, das sein Werk seiner Zeit geben will. ... Emil Belzner ist mein Name, fast klingt es wie das Pseudonym eines Verschollenen und doch fange ich erst an zu werden und darum wandte ich mich auf den Rat erfahrener Männer hin an Sie, sehr geehrter gnädiger Herr, und Sie gestatten, daß ich ein wenig mit Ihnen plaudere.
Ich habe augenblicklich eine Dichtung unter der Feder ... *Sinkende Dämmerung* – ein sizilianisches Weihelied – Zeit gegen Ende der italienischen Renaissance. Sie ist im Tagebuchstil geschrieben und im Grunde ein Verneinen allen Seins ... Groß ist das Werk nicht – es werden 100 - 120 Buchseiten geben – aber es liegt vor uns wie ein Vergehen des Todes im Leben selbst. ... Und nun komme ich mit meiner Bitte. Ich bin noch jung, 16 Jahre alt und möchte gern einen Mann finden, der mir die Hand reicht, wie ein Vater seinem Kinde. Und da kam ich zu Ihnen und hoffe nicht ungehört von Ihnen gehen zu müssen. Sie gestatten daher wohl, dass ich Ihnen den kühnen Vorschlag mache, mir einen der nächsten Tage zu bestimmen, wo ich Sie in Stuttgart sprechen kann und aus dieser Dichtung vorlesen darf – und hoffe, dass wir uns gefunden haben, um der Menschheit viel zu geben und uns selbst zu sein."[66]
Bedauerlicherweise hat sich die Antwort nicht erhalten.

In einem ganz ähnlichen Ton ist ein Brief gehalten, den Belzner zwölf Tage später an den bewunderten Gerhart Hauptmann abschickt und in dem er darum bittet, dem "Meister" sein im Riesengebirge angesiedeltes Trauerspiel

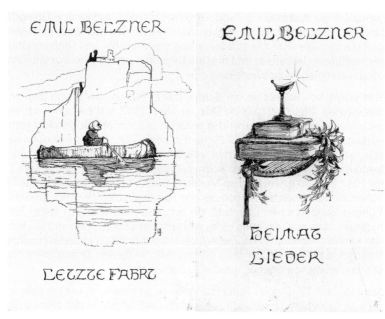

EMIL BELZNER

EMIL BELZNER

HEIMAT
LIEDER

LETZTE FAHRT

10/11: Titelbilder von *Letzte Fahrt* und *Heimatlieder*, Zeichnungen von Alfred Belzner

Bergfeuer zueignen zu dürfen. Der 16-Jährige legt einen undatierten Aus-schnitt aus seiner *Heimatzeitung* bei, in dem auf das erste Werk des "einhei-mischen jugendlichen Dichters" Emil Belzner mit dem Titel *An fernen Ufern* hingewiesen wird. Eine Subskriptionsliste liege "in allen Buchhandlungen" und auch in der Redaktion der Zeitung aus. Der Artikel spart nicht mit Super-lativen und lobt das Werk als "herrliche Dichtung, die in der gesamten Welt-literatur einzig dasteht" oder gar als "geniale Urschöpfung". Fast könnte man glauben, er stamme von Belzner selbst. Der Brief an Hauptmann schließt mit einem devoten Gruß ("Sie der Meister – ich der Diener") des ergebenen Emil Belzner und mit einem Gruß seiner Freundin Maria, als wolle der junge Dich-ter mit diesem dezenten Hinweis auch in anderer Hinsicht seine Frühreife un-ter Beweis gestellt sehen.[67]

Mit 16 Jahren fühlte sich Emil Belzner, der gerade vorzeitig die Schule verlas-sen hatte, als Schriftsteller. Tatsächlich gehörte er bereits zu dieser Zeit einem Autorenverband an, der ihn mit einer "versilberten Krawattennadel in Gestalt einer Gänsekiel-Feder" ausstattete.[68] Sein Selbstwertgefühl konnte sich dar-über hinaus offenbar aus einer breiten Anerkennung der Kleinstadt Bruchsal speisen:

"Seit ich aus einer der unteren Klassen des Gymnasiums weglief, um meine Drohung wahrzumachen, ein Schriftsteller zu werden, seit diesem unüberlegten Entschluß gehörte ich, trotz der Jugend meiner Jahre zu den geachteten Persönlichkeiten der Stadt. Ein Schriftsteller, sagte man sich, das hat es bei uns noch nicht gegeben, das muß man fördern. Man lud mich ein, man bezahlte mir Anzüge und Stiefel, man schickte mich mit der Tochter oder mit der Schwiegermutter auf die Abonnentenplätze im Hoftheater der benachbarten Hauptstadt, im Lokalblatt erschienen Notizen über meine Vorstudien zu einem zehnbändigen Werk: "Das Dampfboot auf dem Mississippi"; man tat sein möglichstes. Obwohl ich zu den schweigsamsten Menschen der Welt gehörte, der nie eine Zeile von sich vorlas, der bis zu einem gewissen Zeitpunkt alle seine literarischen Produktionen vernichtete, obwohl ich demnach nie einen rechten Beweis meiner so übertrieben angekündigten Beschäftigung geliefert hatte: ich war aufgestiegen zum ‚Sohn der Stadt'. Ich überlebte Krieg und Revolution in einer anmaßenden Uniform der Zeitlosigkeit."[69]

Als 1918 dann tatsächlich die ersten gedruckten Ergebnisse der schreibenden Tätigkeit in einem obskuren Leipziger Verlag erschienen, erwies Belzner sich selbst die Ehre, kaufte sich ein Samtbarett, mietete sich eine Kutsche und ließ sich so ausstaffiert durch die staunende Stadt fahren.[70] Genau das erwartete man am Rande des Kraichgaus wahrscheinlich von einem Schriftsteller, den man der Bohème zurechnete. Belzner entsprach diesen Erwartungen nur allzu gern.

Sowohl die *Letzte Fahrt*, als auch die *Heimatlieder* erschienen im Verlag von B. Volger in Leipzig, von dem Belzner ein halbes Jahrhundert später als von einem "Leipziger Hudelbetrieb" spricht.[71] Wenn man eines der sehr seltenen Exemplare dieser Bücher in die Hand bekommt, kann man sich in der Tat davon überzeugen, dass es sich nicht um sehr hochwertige Druckerzeugnisse handelt. Vermutlich musste Belzner für die Druckkosten selbst aufkommen. Die *Letzte Fahrt*, die im Untertitel als *Sicilianisches Weihelied* bezeichnet wird, erschien laut Titelblatt "im Hornung Neunzehnhundertachtzehn". Offensichtlich handelt es sich um das bereits erwähnte Bändchen, das zunächst *An fernen Ufern* heißen sollte. Auf dem Einband befindet sich eine Zeichnung, die wahrscheinlich der künstlerisch begabte vierzehnjährige Alfred Belzner angefertigt hat, in dessen Nachlass sich die Druckvorlage fand. Die Abbildung stellt einen einsamen und nachdenklichen Ruderer auf einem stillen Gewässer dar. Der Band umfasst knapp hundert Seiten und enthält Widmungen "An die Freunde" und "Meiner lieben Wandergefährtin Maria", die schon aus dem Brief an Hauptmann bekannt ist. Das kleine Buch, dessen Handlung in das Jahr 1548 verlegt wird, besteht aus kleinen Stücken poetischer Prosa von zwei bis drei Seiten Länge, die von tiefer Schwermut gezeichnet sind. Belzners jugendliche (und unreife) Werke strotzen geradezu vor Melancholie. Alles ist umweht von schwerfälliger Dekadenz.

Die ebenfalls Maria gewidmeten *Heimatlieder* umfassen fast dreißig kürzere Gedichte, von denen die letzten beiden angeblich "aus der Schatulle eines toten Freundes" stammen. Man würde sich darüber nicht wundern, denn auch in diesen gereimten Versen spielen "Weh", "Einsamkeit", "Herbst" und "Stille" die Hauptrolle. Emil Belzner hat sich später, in jedem Falle nach 1945, völlig von diesen Bändchen distanziert. Sobald ihn jemand brieflich auf seine frühen Werke ansprach, bezeichnete er sie als "Pennäler-Bagatell-Sachen LF & HL".[72] Seine persönliche Bibliografie setzte bei dem 1924 erschienenen Versroman *Die Hörner des Potiphar* ein.

Selbst mit Hilfe der Romanschilderungen ist es kaum möglich, Licht in Belzners Leben zwischen 1916 und 1920 zu bringen. Warum hat er 1916 die Schule verlassen? Wie hat er seinen Lebensunterhalt verdient? Man kann nur Vermutungen anstellen. Aus den Briefen lassen sich für diese Jahre nur Bruchstücke einer Biografie gewinnen. So erzählt Belzner einmal, er sei nach dem Kriegsende, im Spätherbst 1918, mit dem Schriftsteller Theodor Plievier, der erst viel später durch seinen *Stalingrad*-Roman bekannt geworden ist, durch Bruchsal spaziert. Da Plievier eine Matrosenuniform trug, sahen die Bruchsaler in ihm einen Abgesandten des Kieler Matrosenaufstandes und gerieten "in komische Ängste".[73] Plievier diente zwar im Ersten Weltkrieg tatsächlich als Matrose, war aber gar nicht direkt an den Meutereien der Flotte, dem Auftakt zur Novemberrevolution, beteiligt.[74]

In jedem Falle hatte Plievier nun ganz anderes im Sinn, als Bruchsaler Bürger zu beunruhigen. Mit Karl Raichle und Gregor Gog gründete er Ende 1918 in Urach an der Erms eine Kommune. Eine kleine Siedlung, ein schwäbisches Ascona, entstand, getragen von anarchistischen und lebensreformerischen Ideen. Die "Uracher Kolonie" erfreute sich bald einer großen Anziehungskraft. Neugierige Wochenendausflügler bestaunten die in freier Liebe lebenden Vegetarier, die in langen wallenden Gewändern ihre Gärten bestellten oder gar nackt in der Erms badeten. Auch die Münchner und Berliner Bohème gab sich ein Stelldichein. Neben vielen anderen kam auch der mittellose Dichter Johannes R. Becher, angeblich um Raichle gegen freie Kost und Logis Literaturunterricht zu erteilen. Auch wenn sich Plievier nach einem Zwist mit Raichle schon 1920 wieder verabschiedete und nach Berlin zog, bestand die "Uracher Kolonie" unter Raichles Führung noch bis zum Jahre 1931.[75]

Von einem Abstecher nach Urach, kurz nach Gründung der Kolonie, berichtet Belzner 1965 in einem Brief an den Literaturwissenschaftler Rudolf Majut:

"Urach ist natürlich wunderschön. Ich war im Winter 1918/19 dort: mit Plievier, Raichle, Becher. ... Dann war ich zwanzig Jahre später von Stuttgart aus noch einmal kurz (einige Tage) in Urach, um mich von ein paar Vernehmungen zu erholen. Es ist eine herrliche Gegend. Zum Wandern wie geschaffen. Man konnte auch in Bauernhöfen einkehren und, wenn man nicht ins Quartier zurück mochte, auf Heuböden schlafen. Wie es heute aussieht, weiß ich nicht. Aber die urtümliche Landschaft kann kaum wesentlich verschandelt sein."[76]

Kein Wort verliert Belzner über die näheren Umstände des Besuchs, kein Wort auch darüber, wo er Theodor Plievier und Johannes R. Becher kennen gelernt hat. Auch ein weiteres Zeugnis bringt hier keine Klarheit: Im März 1955 verfasste Belzner einen Nekrolog auf Plievier, in dem er sich nicht nur an eine Begegnung im Hause des Verlegers Kurt Desch im Jahr zuvor erinnert, sondern auch an ein Detail der Uracher Begebenheit:

"Wir waren uns vor einigen Jahrzehnten in Bruchsal und Urach begegnet, wo in der ersten Nachkriegszeit (1918/19) seltsame Käuze von ‚Weltverbesserern' zusammenkamen, die ein ‚Schiff der guten Botschaft' ausrüsten und mit Völkerverständigungsgrüßen hinaus in die Welt senden wollten. Junge Künstler, Maler, Schriftsteller und Musiker sollten sozusagen als Beweis-Gut einer neuen Welt mitfahren und den Grundstein einer idealistischeren Menschheit verkörpern! Plievier als Seemann sollte die Führung des Schiffes übernehmen. Aus der so gemütvollen Sache wurde natürlich nichts. Beim Wiedersehen nach so manchen Jahrzehnten, erinnerten wir uns dieser romantischen Angelegenheit und fanden, sie sei trotz allem eigentlich eine köstliche ‚Spitzwegiade' gewesen.[77]

Die nächsten deutlichen Spuren Belzners führen nach Heidelberg.

"Gelegentliche Primitivität"

Studium und erste Stationen als Journalist (1920-1934)

In dem *Lebenslauf* aus dem Jahre 1946, der sich im Marbacher Nachlass erhalten hat, erwähnt Belzner, er habe sich nach der Schule durch Privatunter-
richt und auf autodidaktischem Wege weitergebildet. "Aufgrund besonderer
Begabung" habe er dann durch das Unterrichtsministerium in Karlsruhe die
Erlaubnis zum Besuch der Universität Heidelberg erhalten. In Klammern fügt
er die Jahreszahlen 1920 bis 1923 bei. Im Heidelberger Universitätsarchiv lassen sich lediglich für das Sommersemester 1920 und das Wintersemester 1920/
21 Eintragungen in den Gasthörerverzeichnissen aufspüren. Belzner besuchte
demzufolge vor allem Vorlesungen und Kurse aus den Bereichen Psychologie,
Literatur und Geschichte, zum Beispiel eine Veranstaltung über die *Psychologie des abnormen Seelenlebens* bei Karl Jaspers und eine Vorlesung *Die Be-
gründer der romantischen Schule* bei Friedrich Gundelfinger (Gundolf).

In späteren Semestern war Belzners Universitätsbesuch vermutlich lückenhaf-
ter, was die fehlenden Einträge in der Universitätsregistratur erklären könnte.
In das studentische Kulturleben der Neckarstadt war er jedoch fest eingebun-
den. Er lernte zum Beispiel Carl Zuckmayer und den "kolossalischen Wilhelm
Fraenger mit seinem Riesen-Bauch von Kunst und Literatur" kennen.[78]

Der Kunsthistoriker Wilhelm Fraenger hatte 1917 bei Carl Neumann promoviert, dann aber trotz großer Begabung bewusst auf eine Universitätskarriere
verzichtet. Einen Wirkungskreis eigener Art erschloss er sich u.a. durch die
1919 in Heidelberg gegründete *Gemeinschaft*, ein Kreis von "geistig Interessierten", dessen Ziel es war – wie Fraenger es formulierte – "durch Vorträge,
Besprechungsabende und Ausstellungen die Sinndeutung der Gegenwart im
ganzen Umkreis der Kulturerscheinungen zu bieten."[79] Neben Diavorträgen,
Aufführungen von Theaterstücken und seminarähnlichen Veranstaltungen wurden auch Dichterlesungen von Klabund, Theodor Däubler, Otto Flake oder
Hermann Graf Keyserling organisiert. In seinen Erinnerungen *Als wär's ein
Stück von mir* hat Carl Zuckmayer die bemerkenswerten Aktivitäten der *Ge-
meinschaft* ebenso ausführlich und bildreich geschildert wie ihren Urheber
Fraenger:

> "Nicht groß gewachsen, breit und gedrungen, früh zu einem kleinen Bäuchlein nei-
> gend, mit fränkischem Ochsenschädel und ebenso undurchsichtigen, hintersinnigen
> wie bestrickenden, ja anmutigen Gesichtszügen, wenn er lachte, zur Laute sang, oder
> im erregten Gespräch: ein faunsäugiger, weltlicher Prädikant, ein sensueller
> Anachoret."[80]

Belzners Kontakte zu Fraenger und zur *Gemeinschaft* lassen sich nur einigen Andeutungen in verschiedenen Briefen der Nachkriegszeit entnehmen. So schrieb Belzner beispielsweise im Januar 1962 an Georg Schneider über

"meinen lieben alten Wilhelm Fraenger, der bei [Heinrich] George als ‚Künstlerischer Beirat' am Berliner Schillertheater Unterschlupf fand, nachdem er sehr bald zu Anfang des ‚Dritten Reiches' aus seiner Mannheimer Stellung (Direktor der Schlossbibliothek) wegen ‚geistigen Hochmuts' (so hieß die amtliche Begründung!) entlassen worden war. Fraenger ist einer der besten Hieronymus-Bosch-Kenner und einer der festesten und unbesiegbarsten Trinker der Welt. Er trinkt allerdings Bier. Aber so nach 35-40 Glas hält er Ihnen noch einen kulturgeschichtlich sehr angemessenen und redlichen Vortrag über die Geschichte des Zölibats und warum manche Päpste sogar für Infibulationen bei Mönchen waren."[81]

Als Fraenger, den es unterdessen in die "trostlose Thebais Brandenburg" verschlagen hatte, sich nach dem Krieg um eine leitende Funktion beim Heidelberger Kurpfälzischen Museum bemühte, bat er Belzner um Unterstützung.[82] Diese Bewerbung scheiterte aber ebenso wie Belzners Bemühungen, Fraenger in den 50er Jahren bei der Vergabe der Leitung der Sendestelle Heidelberg/Mannheim des Süddeutschen Rundfunks ins Gespräch zu bringen.[83]

Im Jahre 1920 verdiente sich Belzner seinen Lebensunterhalt unter anderem durch journalistische Arbeiten für die *Badische Post*, deren Redaktion sich in der Hauptstraße 23 befand, wo heute noch die *Rhein-Neckar-Zeitung* ihre Räumlichkeiten hat. Für eine kurze Zeit wohnte er in seinen "Studier-, Lehr und Wanderjahren" sogar im Dachgeschoss dieses Hauses, in einer "sturmfreien Bude bei den Damen Munk, die im zweiten Stock einen angesehenen Modesalon mit großer Schneiderwerkstätte betrieben."[84]

Im Jahre 1922 wechselte Belzner als Volontär zum *Heidelberger Tageblatt* in der Brunnengasse 20-24. Noch heute kann man an diesem Haus deutlich die eingemeißelten Lettern "Heidelberger Tageblatt – Lokal-Anzeiger" lesen.

"Der alte Buchdrucker Carl Pfeffer mit dem gepflegten Gutenberg-Bart schlurfte täglich in seinen Pantoffeln kurz vor Redaktionsschluß durch den Redaktionssaal und stellte, von Tisch zu Tisch gehend, die alte, gutmütige und doch auch rätselhafteste aller Fragen: ‚Was gibt es Neues?' Ja, was gibt es Neues, wenn es einmal nichts Neues gibt? Doch, qualifizierte Journalisten finden gerade im Falle höchster Windstille bei Ämtern und Behörden manchmal recht hübsche Sachen. Ich war damals ganz gelegentlicher Mitarbeiter, schrieb Gerichtsberichte, Rezensionen, Glossen und dann und wann einmal auch einen größeren Artikel."[85]

In der Redaktion begegnete Belzner Rudolf K. Goldschmit, der auf ihn durch seine mittlerweile im *Berliner Tageblatt* und in der *Frankfurter Zeitung* erschienenen Artikel aufmerksam geworden war. "Wir blieben dann lebenslang Freunde. Und als ich längst nicht mehr in Heidelberg war, kam ich doch immer wieder einmal am *Tageblatt* vorbei."[86]

Wenige Jahre vor seinem Tod blickte Belzner in einem Brief an die Witwe des Dichters Emil Alfred Herrmann auf seine frühen Heidelberger Erlebnisse zurück:

"Während meiner Studienzeit in Heidelberg lernte ich durch Rudolf K. Goldschmit

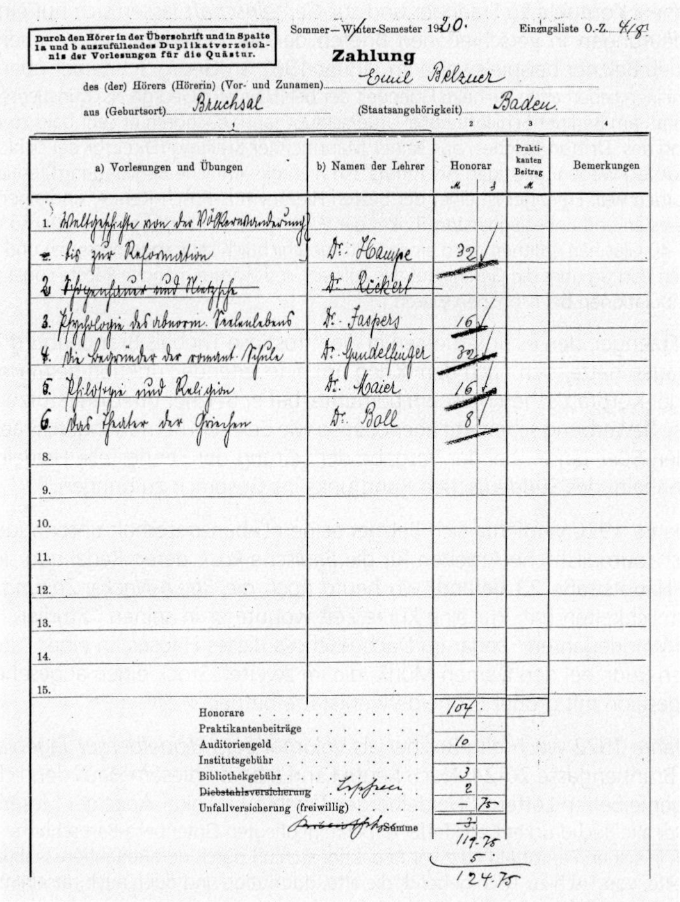

The form image contains:

a) Vorlesungen und Übungen	b) Namen der Lehrer	Honorar ℳ | ₰	Prakti- kanten Beitrag ℳ	Bemerkungen
1. *(handschriftlich)*				
2. *bis zur Reformation*	Dr. Hampe	32		
2. *(handschriftlich)*	Dr. Eckert			
3. *(handschriftlich)*	Dr. Jaspers	16		
4. *(handschriftlich)*	Dr. Gundelfinger	32		
5. *(handschriftlich)*	Dr. Maier	16		
6. *(handschriftlich)*	Dr. Boll	8		
8.				
9.				
10.				
11.				
12.				
13.				
14.				
15.				

Honorare 107
Praktikantenbeiträge . . . . .
Auditoriengeld 10
Institutsgebühr . . . . .
Bibliothekgebühr 3
Diebstahlsversicherung 2
Unfallversicherung (freiwillig) . . . . . –75

Summe 119.75
5
124.75

12: Belegte Veranstaltungen im Sommersemester 1920

und Ernst Leopold Stahl Emil Alfred Herrmann kennen, der damals in einem idylli- schen Gartenhaus in der Häusserstraße 23 wohnte und mich gelegentlich mit Benz und Mombert bekannt machte. Um mir eine Zulage zu meinem Studiengeld zu ver- dienen, war ich halbtags Sekretär in Stahls Theater-Zeitschriften-Redaktion in der Gaisbergstraße."[87]

Bei dieser Zeitschrift handelte es sich zweifellos um die von Stahl seit Herbst 1921 von der Gaisbergstraße 89 aus geleitete *Rheinische Thalia*, eine Wo- chenschrift des Mannheimer Nationaltheaters. Nach dem Geleitwort des Her- ausgebers Adolf Kraetzer im ersten Heft vom 1. September 1921 knüpfte sie an ein gleichnamiges Mannheimer Zeitschriftenprojekt Schillers an, das 1785 über das erste Heft nicht hinausgekommen war. Die Zeitschrift Stahls war

13: Wilhelm Fraenger

etwas beständiger, über den zweiten Jahrgang 1922/23 kam sie aber auch nicht hinaus. Die interessante Kulturzeitschrift begleitete erläuternd den Spielplan des Nationaltheaters, wobei jedes Heft ein besonderes historisches oder aktuelles Thema aufnahm. Schiller, Calderòn, Goldoni, Molière und Euripides wurden besonders in den Blickpunkt gerückt, aber auch Sternheim, Carl Hauptmann, Strindberg oder Emil Alfred Herrmann. Der Sekretär Belzner steuerte insgesamt drei Artikel bei. Er schrieb über Märchen, Wilhelm von Scholz und Franz Werfel.[88]

"Auch an tolle Szenen in Stift Neuburg erinnere ich mich – bevor die Mönche eingezogen waren, als es noch Bernus gehörte", schreibt Belzner weiter in seinem Brief an Friede Herrmann. "Viel Romantik, mit russischen Gästen und ,blauen Reitern' gemischt. Nun ja, es war das Ende einer Zeit." [89] Der Dichter und Alchimist Alexander von Bernus hatte das Stift oberhalb des Neckars, das seit 1825 im Besitz der mit Goethe verwandten Familie Schlosser war, im Jahre 1908 geerbt und es zu einem Treffpunkt der Maler und Dichter gemacht. Es überrascht nicht, dass Belzner insbesondere russische Gäste in Erinnerung behalten hat. Um die Jahrhundertwende beherbergte Heidelberg eine beachtliche russische Kolonie, deren Spuren auch nach dem großen Exodus des Ersten Weltkrieges nicht völlig verweht waren.[90]

Im Sommer 1924 wohnte Klaus Mann für einige Monate im Stift. In seinen Jugenderinnerungen *Kind dieser Zeit* hat er die Atmosphäre beschrieben:

"Der Atem deutscher Romantik mischte sich dort mit einer Luft, die noch ehrwürdi-

RHEINISCHE
THALIA

BLÄTTER FÜR BADISCHE
UND PFÄLZISCHE KULTUR

HERAUSGEGEBEN VON INTENDANT DR. ADOLF KRAETZER

ERSTER JAHRGANG
1921—22

GELEITET VON DR. ERNST LEOPOLD STAHL

Verlag: Max Beck Verlag, Mannheim und Leipzig
Druck: Mannheimer Vereinsdruckerei, Mannheim, Kaiserring 4/6

14: Titelblatt der Rheinischen Thalia

ger und sonderbarer war. Die Geheimnisse mittelalterlicher Wissenschaften und ab-
seitig magischer Lehren schienen in den gewölbten Korridoren, den dunklen Biblio-
thekszimmern zu hangen, wo die Erstausgaben der Romantiker neben den Schrif-
ten des Paracelsus gehütet wurden. Der Ort hatte Zeiten einer großen, geistigen Ge-
selligkeit gekannt."[91]

Über die Jahre hin waren Karl Wolfskehl, Stefan George, Richard Dehmel,
Alfred Kubin, Georg Simmel, Wilhelm Trübner, Alfred Mombert, später auch
Rudolf Steiner und viele andere zu Gast gewesen. An langen Abenden wird

38

Bernus wohl auch seine eigenen Gedichte und Übertragungen vor allem der englischen Romantiker vorgetragen haben. Im Sommer konnte man sich im schönen Garten ergehen. Wegen finanzieller Schwierigkeiten verkaufte Bernus das Kloster 1926 an den Benediktinerorden, der das Kloster um 1130 gegründet hatte.[92]

Ein beliebter Treffpunkt im *Weltdorf Heidelberg* (Camilla Jellinek) der 20er Jahre waren die zahlreich vorhandenen Kaffeehäuser. Vor allem das Café Haeberlein, das von 1881 bis 1932 in der Leopoldstraße (heute Friedrich-Ebert-Anlage) bestand, erfreute sich vieler renommierter Gäste und eines beachtlichen Rufs als Literatencafé. An einem immergleichen Tisch residierte dort der in Moskau geborene Kurt Wildhagen, ein Kaffeehausliterat Wiener Art und Universalgelehrter. Nach seinem Tod im Februar 1949 erinnerte sich Belzner in einem Nekrolog auf Seite 2 der Rhein-Neckar-Zeitung an seine erste Begegnung mit dem *letzten Bohemien*:

> "Abends im Café Haeberlein sah ich zum ersten Mal Kurt Wildhagen. Das heißt, ich hatte ihn in Vorlesungen, Buchhandlungen und auch im Café Haeberlein schon öfter bemerkt, wußte aber nicht, wer er war. ... Für uns junge Menschen war er damals so etwas wie der erste ,geistige Arbeiter', den wir sahen. Wir dachten, er müsse heimlich an einem ungeheuren, bedeutenden Werke schaffen, das eines Tages herauskommen würde. Darin haben wir uns geirrt."[93]

Seine erste "Heidelberger Zeit" betrachtete Belzner im Rückblick der 30er Jahre als den Beginn seiner "eigentlichen dichterischen Tätigkeit und Entwicklung."[94]

Schon während seiner Studienzeit und auch später fuhr Belzner häufiger für einige Tage nach Berlin. Anfang 1922 hat er wahrscheinlich sogar über mehrere Monate dort gelebt, denn als er im Juli 1922 in die Werderstraße 24 in Heidelberg zog, wurde auf der Meldekarte "aus Berlin" vermerkt.[95] In die Hauptstadt war Belzner mit einer Empfehlung von Wilhelm von Scholz gefahren, die ihm Einlass bei Monty Jacobs verschaffte, der seit 1921 das Kulturressort der *Vossischen Zeitung* leitete. 1964 frischte Belzner die Erinnerung daran in einem Geburtstagsbrief an Wilhelm von Scholz auf:

> "Mit einer Visitenkarte von Ihnen, auf der ein paar Zeilen an Monty Jacobs standen, bin ich einst von Heidelberg nach Berlin gefahren, um schon am nächsten Tag bei Ullstein gastweise anzufangen (versehentlich zunächst im Sekretariat der Personalabteilung, was sehr lehrreich war) - um am übernächsten bereits mit Montys Karten ins Theater zu gehen und *Scampolo* zu sehen. Das war ein toller Sprung von unserer Heidelberger Redaktions-Schmiere (Curtius: "Badische Post") mitten in die Berliner Zeitungs- und Thaterwelt. Es war ein entscheidendes Ereignis, auch wenn ich nicht in Berlin geblieben bin. Sie werden vielleicht über diese Erinnerung lächeln, aber mir ist sie irgendwie glückhaft in Erinnerung geblieben."[96]

Als 21-jähriger Literat, aus dessen Taschen zwei kleine Versbücher herausschauten, verkehrte Belzner in den Künstler- und Literatenkneipen, insbesondere im legendären Romanischen Café. Leider geht Belzner in seinen Nachkriegsbriefen nur selten auf seine Berliner Zeit zu Anfang der 20er Jahre und auf die späteren sporadischen Ausflüge ein. Doch wird immerhin deutlich, dass er im Literatenmilieu recht gut beheimatet war. Seine frühe Tragödie "Gaumata der Magier" wurde in dieser Zeit in einem nicht näher bekannten *Zauberer-Club* aufgeführt, eine "hektographierte Rollen-Ausgabe" des Stückes von einem Berliner Theater-Vertrieb verbreitet.[97] Im S. Fischer Verlag begegnete er mehrfach Alfred Döblin.[98] Er lernte Ilja Ehrenburg kennen, Kurt Tucholsky und auch Herbert Ihering, den Theaterkritiker:

> "Ich kannte Herbert Ihering persönlich und habe mehrfach mit ihm … in einem kleinen Café in der Nähe des Berliner Börsen Couriers Tee getrunken. Auch in den Admirals-Palast-Revuen … saßen wir einmal zusammen. Er war schon ein gescheiter Kopf.[99]

In einem Brief an den Londoner Literaturhistoriker Lutz Weltmann erzählt Belzner eine Berliner Episode, in der eine "Initial-Schwester" eine Rolle spielt. Hier handelt es sich mit großer Wahrscheinlichkeit um die Schauspielerin Elisabeth Bergner, die Weltmann als Chefdramaturg des Lessing-Theaters in den 20er Jahren nach Berlin geholt hatte, wo sie als *Heilige Johanna* in G.B. Shaws gleichnamigem Stück ihren ersten sensationellen Erfolg feierte:

> "Grüßen Sie meine Initial-Schwester, wenn Sie sie sehen: sie war eine wundervolle St. Joan. Ich saß einmal nach einer Berliner Aufführung neben ihr am Tisch (mit hochgeschlossener schwarzer Weste wie ich sie damals trug) und sie meinte, da hätten wir ja einen, der unsere Sünden vergeben kann. Ich erhob mich in meiner ganzen französischen Landpfarrerlänge und sprach mit sakralem Gehabe – da mir das absolvo te! in Teufels Namen nicht einfiel – zum Gaudium der ganzen Ecke: Ich absolviere Dich! Es muss bei Lauer oder Schwannecke, jedenfalls in einer der kleinen guten Künstler-Wirtschaften gewesen sein."[100]

Belzner war nicht nach Berlin gekommen, um sesshaft zu werden. Er war viel zu sehr seiner südwestdeutschen Heimat verbunden, steckte seine Nase aber immer wieder gerne in die Berliner Luft. Der unmittelbare Anlass für seine Rückkehr nach Heidelberg aber hieß Emilie Schildecker. Emil Belzner hatte die künstlerisch begabte Frau über eine Zufallsbekanntschaft mit ihrem Vater, dem Volksschullehrer Albert Schildecker, in Heidelberg kennen gelernt. Angesichts der angespannten finanziellen Lage ihrer siebenköpfigen Familie hatte Emilie sich ihren Traum, Bildhauerin zu werden, nicht erfüllen können. Stattdessen hatte sie das Schneiderhandwerk erlernt und fertigte nun hochwertige Einzelstücke, insbesondere für die Damen der Heidelberger Theaterwelt an. Die Schildeckers waren zwar keine wohlhabende, aber eine gut bürgerliche Familie. Um Eindruck zu schinden, erzählte Emil jedoch zu Hause, seit Generationen würde bei den Schildeckers der Beruf des Scharfrichters ausgeübt.[101]

Eine Woche nach der Geburt ihres Sohnes Wolfgang heirateten Emil und Emilie am 29. März 1922 in Karlsruhe. Anfänglich musste sich die junge Familie in Heidelberg sehr behelfsmäßig einrichten. Wolfgang und die ein Jahr später geborene Judith verbrachten viel Zeit bei den Großeltern, da Emilie mit ihren Näharbeiten das nötige Geld verdiente und Emil viel unterwegs war. Erst als Belzner 1924 eine feste Stelle bei der *Badischen Presse* in Karlsruhe fand, gaben sie ihre Heidelberger "Bude" auf und zogen in Karlsruhe in ein möbliertes Zimmer, bald darauf in eine kleine Wohnung in der Moltkestraße.

Die Bewältigung praktischer Lebenserfordernisse fiel Emil Belzner zeitlebens schwer. Er war ein Mensch, der sich von spontanen Neigungen und Gefühlen hinreißen ließ, ohne die Folgen seiner Handlungen abzuwägen. So hätte er seine Familie in den ersten Ehejahren zweifellos nicht ohne die Unterstützung der Eltern und Schwiegereltern ernähren können. In späteren Notlagen half sehr oft sein Bruder Alfred aus der Patsche, der in den 30er Jahren eine Arzneimittelfabrik *Herbaria* in Philippsburg gekauft hatte und mit den guten Einkünften durch die schon damals sehr gefragten Pillen und Pasten auf Kräuterbasis auch seine Geschwister unterstützen konnte.

Ein Familienleben im trauten Heim hat Emil Belzner nur wenige Jahre geführt. Es zog ihn immer fort. Schon durch seinen Journalistenberuf verbrachte er viel Zeit außer Haus. Häufig fuhr er zu den Theatern der näheren Umgebung, nach Heidelberg, Mannheim oder Frankfurt und immer wieder gerne nach Berlin, traf dort Kollegen und Freunde.

Von seinen Kindern wird Emil Belzner als sehr liebevoller Vater geschildert. Er las ihnen schaurige Geschichten aus der Bibel vor, was seiner katholischen Frau gar nicht gefiel. Die Kinder amüsierten sich jedoch königlich. Mit Kasperlepuppen, die Emilie gebastelt hatte, führte er kleine selbsterdachte Theaterstücke auf. Auch als Vater war Belzner unkonventionell. Von seiner vierzehnjährigen Tochter nach Lesestoff befragt, gab er ihr Stendhals *Über die Liebe* und die *Ars amandi* Ovids.

Belzners erste leitende Anstellung als Feuilletonchef der *Badischen Presse* in Karlsruhe bedeutete für den erst 23-Jährigen, der noch über keine große Erfahrung verfügte, eine Auszeichnung, galt er doch als jüngster Feuilletonchef der Weimarer Republik.[102] Die Badische Presse war eines der besseren Blätter Südwestdeutschlands und nach eigenem Bekunden im Titel die "verbreitetste Zeitung Badens". Jede Woche erschienen zwölf Ausgaben, also abgesehen von Montag und Sonntag täglich eine Morgen- und eine Abendausgabe. Die Badische Presse verfügte über eine ganze Reihe von Zusatzblättern, wie zum Beispiel die *Badische Chronik*, eine *Frauenzeitung*, *Wandern und Reisen* (seit 1929 *Reise- und Bäderzeitung*). Außerdem gab es zwei der Kultur verpflichtete Beilagen. Mittwochs erschien *Unterhaltung und Wissen* und an jedem Sonntag *Volk und Heimat*, beide fielen von nun an in das Ressort des Feuilletonchefs Belzner. Vor allem die der badischen Lokalliteratur verpflichtete Beilage *Volk und Heimat* war für ihn eher eine lästige Pflicht. Ihrer "gelegentlichen Primitivität" stellte er nach zähem Kampf mit den Herausgebern der Zeitung eine Wochenbeilage *Literarische Umschau* als "intellektuellen Ausgleich" entgegen.[103] Sie erschien zum ersten Mal am 14. Januar 1925. Die meist zweiseitige Beilage brachte Rezensionen literarischer Neuerscheinungen und Aufsätze über klassische Literatur. In *Marschieren – nicht träumen*! blickte Belzner eher kritisch auf die *Literarische Umschau* zurück:

Morgen-Ausgabe. **Badische Presse** 41. Jahrgang. Nr. 408.

Neue Badische Presse **Handels-Zeitung** Badische Landeszeitung
Verbreitetste Zeitung Badens.
Karlsruhe, Samstag, den 5. September 1925.

15: Badische Presse

"Ich war damals sehr stolz auf die von mir gegründete Beilage, die ich Nummer für Nummer erkämpfen mußte. Ich schmiedete mit meinen Mitarbeitern Pläne, die leider immer mit einem Aufsatz über Eichendorff oder Hölderlin endeten, den ich als guter Freund angedreht bekam. Es war nichts zu wollen. Ich hätte vielleicht auch dem Verlag gegenüber nicht die Courage gehabt, etwas zu machen. So gingen wir Jahr für Jahr freundlich die Weltliteratur durch."[104]

Meist wurden Artikel größerer Blätter nachgedruckt. Die Namen vieler Beiträger sind auch heute nicht unbekannt: Hermann Bahr, Franz Blei, Rudolf Borchardt, Heinrich Mann, Werner Richter, Romain Rolland, Melchior Vischer, Franz Werfel, Stefan Zweig u. a. Zu den am häufigsten vertretenen Autoren des Feuilletons der Badischen Presse gehörte Ludwig Marcuse, den Belzner Mitte der 20er Jahre anlässlich einer Theateraufführung in Heidelberg oder Frankfurt persönlich kennen lernte. Marcuse war in diesen Jahren Redakteur des *Frankfurter Generalanzeigers* und ebenso wie Belzner als Theaterberichterstatter häufig an den Bühnen der Region anzutreffen. In seiner Autobiografie *Mein Zwanzigstes Jahrhundert* erinnert sich Marcuse an den "barocken Poeten" Belzner, "durch dreißig Jahre einer meiner engsten Mitverschworenen":

"Er war der zweite intellektuelle Bauer, den ich traf: ein gewaltig großer Mann, mit einem so großzügig geschnitzten Langschädel, als käme es auf ein bißchen mehr oder weniger Material, auch auf ein bißchen mehr oder weniger Kateridee nicht an; er sah nämlich ganz anders aus wenn er lachte, als wenn er sein Golem-Gesicht trug. Man war oft nicht ganz sicher, ob er sprechen konnte. Wenn er es unternahm, zeigte er einen Baß, der mindestens noch einige Etagen unter meinem lag. Er schritt daher, wenig leichtfüßig, in seinem hochgeschlossenen Rock, die Schulkinder wedelten knicksend herum: ‚Gelobt sei Jesus Christus' – und Belzner antwortete aus unergründlichen Tiefen: ‚In Ewigkeit Amen'.[105]

In der "Nuckelpinne" Marcuses unternahm man gemeinsame Ausflüge an der Bergstraße.[106] Trotz sechzehnjähriger Unterbrechung durch Marcuses Exil in den USA brach diese nicht immer spannungsfreie Beziehung bis zu Marcuses Tod im Jahre 1970 nicht ab.

Karlsruhe war im Jahre 1924 noch eine sehr behäbige Landeshauptstadt. Die 150.000 Einwohner, die gerade die schlimme Inflationszeit überstanden hatten, staunten in diesem Jahr über die erste Tankstelle ihrer Stadt. Erstmals setzte man Polizisten ein, um den zunehmenden Verkehr am Marktplatz zu regeln.[107] Auch die Zeitung gehorchte den Zeichen der Zeit: Von 1924 an

Literarische Umschau

WOCHENSCHRIFT DER BADISCHEN PRESSE

1. Jahrgang　　　　Karlsruhe, 14. Jänner 1925　　　　Nummer 1

16: Erste Ausgabe der Literarischen Umschau am 14.1.1925

brachte die Badische Presse regelmäßig eine *Radio-Rundschau*.

In *Marschieren – nicht träumen*! schildert Belzner gruselige Szenen aus dem Zeitungsalltag, die vielleicht sogar eine gewisse Aktualität beanspruchen dürfen:
"In der Konferenz bekamen wir alle zu hören, wie wacklig unsre Stellungen seien, falls wir nicht schleunigst freundlicher gegen das Publikum würden. Jener Abonnent, jener Kaninchenzuchtverein, jener Zitherklub, jener Militärverein, jene Partei, jener Schauspieler, jene Gesangskünstlerin, jener Maler, jene Innung habe sich beschwert. Ob wir denn eine Zeitung für das Jüngste Gericht hielten! Wir waren ja alle so unendlich brav, wir versprachen aber alle: noch braver zu werden. Jeder streckte den Finger und sagte: ich will der freundlichste sein. ‚Ich baue auf Ihre Vernunft, meine Herren!‘"[108]

In Karlsruhe traf Belzner viele Bekannte, wenn er als Theaterberichterstatter abends im Badischen Landestheater seine angestammten Presseplätze in der dritten Reihe des Parketts einnahm ("Wie oft ging ich in den Pausen durch die schönen Anlagen vor dem Hause")[109]. Etwa den "Kauz" Wilhelm E. Oeftering, der Rabelais übersetzt hatte, den noch aus Heidelberger Tagen bekannten Franz Heinrich Staerk oder
Adolf von Grolmann, "der alte Kleist-Enthusiast und Goethe-Feind. Ein eigenwilliger Germanist. ... An manchen Nachmittagen war er bei uns zum Tee (in der Moltkestrasse 63 ptr.). Ferien von Karlsruhe machte er zumeist in Siena. Er hinkte etwas, war weizenblond und lief bei jeder erregten Diskussion blaurot an. Ein Mann, dessen großes Wissen eigentlich ein bedeutendes Werk hätte hervorbringen können. Ein schöpferischer Funke war schon in ihm. Schade, dass er sich in essayistischer Gelegenheitsarbeit verzettelte."[110]

Zu den Freunden und aktiven Förderern Belzners in den 20er Jahren zählte auch Otto Flake, dem Emil Belzner erstmals im Februar 1927 begegnete:
"Der erste Eindruck war der einer noblen Einsamkeit. Ein friesischer Grandseigneur, falls es das gibt: groß, blond, weißblond fast, sehr selbstbewusst, weltbezogen und doch in sich abgeschlossen, ja verschlossen, aber sehr um Herzlichkeit bemüht, was etwas Rührendes hatte. Die weltmännische Geste fehlte trotzdem nie. Sie lag im Zug der Zeit."[111]

Der um mehr als zwanzig Jahre ältere Flake hatte sich schon vor dem ersten Kennenlernen des jungen Schriftstellers angenommen. 1926 hatte er Belzners Versepos *Die Hörner des Potiphar* fast überschwänglich in der *Weltbühne* rezensiert. Flake kritisierte zwar das "etwas abgelegene Thema" der Versdichtung, traute ihrem Schöpfer jedoch zu, in einem neuen Werk zum "Ge-

17: Karlsruhe: Marktplatz um 1935

stalter eines modernen Epos" zu werden. Seine Rezension schloss hoffnungsfroh: "ein deutscher Byron wäre keine kleine Sache."[112] Belzner entsann sich
dessen später dankbar:

"Die Besprechung schloss mit einer in jenen allzuexpressionistischen Zeiten enorm
anspornenden Andeutung. ... Nun, es ist vieles anders gekommen – aber es war eine
Ermutigung, die lange nachwirkte und mich zu mir selber brachte."[113]

Die Hörner des Potiphar, im Untertitel als *Groteskes Mysterium* bezeichnet,
erschienen 1924 im Paul-Steegemann-Verlag in Hannover. Der junge Verleger Paul Steegemann war vor allem durch die zwischen 1919 und 1922 pu-
blizierte Buchreihe Die *Silbergäule* bekannt geworden, die in kurzer Zeit ein
auflagenstarkes Forum der politisch-aktivistischen Richtung des Spät-
expressionismus geworden war. Belzner hatte Steegemann, wie er in einem
Brief an Jochen Meyer bekannte, "über einen Heilbronner Holzhändler ken-
nengelernt, einen Verwandten des Schauspielers Eugen Klöpfer."[114] Auf die
einem Vers von Christian Morgenstern entstammenden *Silbergäule* nahm
Belzner in seinem Versepos direkt Bezug:
"Wir sind nur Staub, der seine schiefen Säulen
Im Sturm gen Himmel legt, an Deine Brust.
Wir reiten nachts auf hohen Silbergäulen
Durch alle Schauer Deiner großen Lust."[115]

Einen kuriosen Besuch bei seinem Verleger beschrieb Belzner in der *Fahrt in die Revolution.* In dieser Szene spielt auch Dési Stinnes, eine Verwandte des Großindustriellen Hugo Stinnes und Autorin des Steegemann-Verlages, eine Rolle:

"Ich war damals in der Gretchenstraße in Hannover bei meinem ersten Verleger Paul Steegemann, der während einer Diskussion mit einer radikalen Autoren-Gruppe zusammengehauen worden war und mit verbundenem Kopf auf dem Kanapee lag. Daisy [sic!] Stinnes, eine 1923 nicht nur in Kreisen der Hochfinanz geschätzte lyrische Prosaistin, stellte die auf dem Boden verstreuten Briefordner in die Regale zurück, füllte die geplünderte Kasse wieder auf und telefonierte mit einer Druckerei. Meine Vers-Erzählung *Die Hörner des Potiphar* sollte in Satz gehen. Bei der Rauferei war ein halber Satz in Fetzen gegangen. Wohl oder übel mußte ich ihn nachdichten. Ich dichtete ihn laut und skandierte dabei, während der Verleger auf dem Kanapee lag und stöhnte. Die verwöhnte Daisy Stinnes hat sich über dieses Genre-Bildchen aus der Intimsphäre der Produktion sehr amüsiert."[116]

18: Karlsruhe: Badisches Landestheater

Die Versdichtung, die einem *sehr geehrten Freunde Henry G. de László in London* gewidmet ist, hat die alttestamentarische Josephsgeschichte zum Thema, die jedoch in einem entscheidenden Punkt von ihrer Vorlage abweicht. Zwischen Joseph und Frau Potiphar entspinnt sich ein sehr einträchtiges Liebesverhältnis, Potiphar ist ein Greis "auf schlotternden Gebeinen"[117], der seine Hörner voller Gelassenheit trägt. In diesem *Grotesken Mysterium* sind Belzner zwar einige witzige Passagen und ein paar schöne Bilder gelungen ("Obeliske häkeln in der Sternenschnur")[118], die ganze Geschichte aber ist doch recht schwerfällig. Die Freude über eine originale Stelle wird meist unverzüglich mit einem holprigen Vers bestraft. Belzners Beschreibung seiner Nachdichtung in Steegemanns Verlagsbüro spricht Bände. Das Buch erschien

19: Otto Flake, 1928

in der kleinen Auflage von nur 200 Stück, hiervon wurden zehn Exemplare auf Bütten abgezogen und vom Autor handschriftlich signiert. Belzner schrieb die kleine Stückzahl im Nachhinein der galoppierenden Inflation zu.[119]

Die Kritik nahm das Buch im allgemeinen sehr positiv auf, was auch ein Grund dafür gewesen sein dürfte, dass Belzner in späteren Jahren dieses Werk als seine erste Buchveröffentlichung angab. Oskar Loerke blickte vor allem in die Zukunft: "Ein starkes Talent wacht auf und reibt sich mit unbeholfenen Bewegungen den Schlaf aus den Augen." Unbeholfenheit sieht Loerke in erster Linie bei dem "zuweilen sehr ungeschickten Reimschmied", der es aber doch wie ein Zauberer verstehe, dem Leser abstrakte Gedanken "sinnlich greifbar, hörbar und riechbar in die Hände zu legen". "Selten bin ich vor einem neuen Talente so gespannt gewesen, wohin die weitere Reise gehen wird", schließt die Besprechung im *Berliner Börsen-Courier*.[120]

Diese Rezension nahm Belzner zum Anlass, in Kontakt mit Loerke zu treten, der über viele Jahre als Lektor im Verlag von S. Fischer tätig war und in dieser Position zahlreiche junge Talente entdeckt hat. Loerke schickte Belzner Rezensionen zum Zweitabdruck für die *Badische Presse* oder die Beilage *Literarische Umschau*. Die Briefe, welche die beiden in diesem Zusammenhang wechselten, haben sich leider nicht erhalten. Von Loerkes Seite gibt es einige Tagebuchnotizen, die auf die Bekanntschaft mit Belzner verweisen. So notiert er am 9. September 1926: "Langer Besuch des sehr sympathischen Emil Belzner."[121]

In einem Beitrag für den Katalog zur Marbacher Loerke-Ausstellung im Jahre 1964 hat sich Belzner an diesen einzigen Besuch bei seinem wohlwollenden Kritiker zurückerinnert:

"Im Herbst 1926 besuchte ich Oskar Loerke in Charlottenburg. Er wohnte in der dritten Etage eines ruhigen Gartenhauses. Das Vorderhaus stand an einer sehr belebten Straße. Aber hier hinten war es still, geradezu wunderbar still, und auch etwas grün, das heißt die Blätter gilbten schon. Loerke öffnete selbst. Er rauchte eine Zigarre und brachte gleich den Kaffee. ... Das Gespräch bewegte sich um vielerlei Gegenstände, nachmittäglich – frühherbstlich. Es war ein heller sonniger, etwas müder Tag. Das Fenster stand offen. Man hörte in der Gartenhausnachbarschaft Papageiengekreisch."[122]

Das Gespräch dürfte sich auch um Belzners neuestes Werk gedreht haben, das er – nicht zuletzt weil er es Loerke widmen wollte – im Frühjahr nach Berlin geschickt hatte. Auch hierzu findet sich am 26. Mai 1926 eine Notiz in Loerkes Tagebüchern: "Das vielfach großartige Werk Belzners, Iwan der Pelzhändler, gelesen. Leider Wiederholungen."[123] Das Datum dieser Bemerkung gibt Aufschluss darüber, dass Belzner sein zweites Versepos bereits zwei Jahre nach dem *Potiphar* fertiggestellt hat. Erschienen ist es jedoch erst Ende 1928. Wie Otto Flake in seinen Erinnerungen bemerkt, hatte Belzner, "trotz ausgezeichneter Gutachten von Loerke, [Stefan] Zweig und anderen", große Schwierigkeiten, das Buch bei einem Verlag unterzubringen.[124]

Trotz der "Wiederholungen" hielt Loerke das Buch für gut genug, um es Wilhelm von Scholz in einem Brief vom 2. April 1929 neben Werken von Marieluise Fleißer, Wolfgang Weyrauch, oder Manfred Hausmann als Kandidaten für den Kleist-Preis ans Herz zu legen.[125] Diesen von 1912 bis 1932 verliehenen Förderpreis für junge deutsche Dichter erhielten dann allerdings Alfred Brust und Eduard Reinacher.

EMIL BELZNER

DIE
HÖRNER
DES
POTIPHAR

GROTESKES
MYSTERIUM

PAUL STEEGEMANN VERLAG

20: Titelblatt der *Hörner des Potiphar*

Iwan der Pelzhändler oder Die Melancholie der Liebe erschien letztendlich bei
Rütten & Loening in Frankfurt am Main:

"Ein Brief Claire Golls ... erinnerte mich daran, dass meine Verleger Neumann und
Oswalt (Ruetten & Loening Verlag Frankfurt a.M.) Ende der Zwanziger Jahre den
Plan hatten, nach Berlin zu [Herwarth Walden] zu fahren, um den damals dort wei-
lenden Chagall zu fragen, ob er Lust hätte, Belzners "Iwan" zu illustrieren. Aber
Herwarth Walden scheint dann alles verschlampt oder versiebt zu haben; ich weiß
es nicht mehr genau."[126]

Obwohl das Buch bereits im Herbst 1928 in den Buchhandlungen auslag, war
die Jahreszahl 1929 eingedruckt. Wie im "Potiphar" stand auch diesmal die

Erotik im Vordergrund. In 40 Gesängen wird die Liebe des Kaufmannes Iwan zu Anna erzählt:
"Ihr Atem roch nach Duft von Pfeffernüssen,
nach Zimt und Nelken und nach Nebelschnee
und nach dem Wasserdunst von breiten Flüssen,
nach Hochzeit, Tod und Taufe und nach Tee."[127]

Der *Iwan*, den Karlheinz Deschner in einer großen Belzner-Eloge 1964 als "einen Detektivroman des Herzens in Versen" und als "kurios-genialisches Gedicht" pries, ist zweifelsohne wesentlich lebendiger und unterhaltsamer als Belzners erstes Versepos.[128] Auch wenn das Genre an sich heute anachronistisch erscheint, lohnt es sich, *Iwan der Pelzhändler* einmal zur Hand zu nehmen.

Die Eingangszeilen "Wieso soll einer nicht in Moskau wohnen, Pelzhändler sein und etwas Liebes tun ..." scheinen im damaligen Berlin in vieler Munde gewesen zu sein. In einem Brief an den Journalisten und Schriftsteller Bruno E. Werner erzählte Belzner später, dass diese Verse von Bertolt Brecht in der skandalträchtigen Oper *Aufstieg und Fall der Stadt Mahagonny* parodiert worden seien:

"Ich weiß nicht, ob Sie sich noch an *Iwan den Pelzhändler* erinnern, den Brecht schon im Manuskript gelesen hatte, als dieses noch bei einem Berliner Verleger lag. ,Warum soll einer nicht nach Georgia fahren', ,Warum soll einer nicht seinen Hut aufessen' (Mahagonny) sind bewußte, freundschaftlich gedachte Parodien auf den Anfang des Pelzhändlers."[129]

Ähnlich wie 1924 Oskar Loerke war es diesmal Erich Kästner, der dem jungen Autoren eine aufmunternde Besprechung zuteil werden ließ. Kästner lobt das "eigenwillige und temperamentvolle Buch" des "lyrischen Erotikers" Belzner und schließt: "Man wird bei wenigen anderen Autoren so darauf gespannt sein dürfen, wie sie sich weiter entwickeln, wie gerade bei Emil Belzner."[130] Das Buch wurde in vielen angesehenen Literaturzeitschriften positiv besprochen, so z. B. in der *Literarischen Welt*, in der *Neuen Rundschau*, in den *Horen* und im *Querschnitt*.[131]

Zum 1. Oktober zog die Familie Belzner nach Mannheim-Neuostheim, Böcklinstraße 32/III. Emil Belzner hatte die Stelle des Feuilletonchefs bei der angesehenen *Neuen Badischen Landes-Zeitung* in Mannheim angeboten bekommen und gerne zugesagt. Bereits in den zurückliegenden Jahren waren hin und wieder Beiträge von ihm bei der badischen Konkurrenzzeitung erschienen, die auf rege Kontakte hindeuten. Das Feuilleton der Neuen Badischen Landes-Zeitung wurde in den 20er Jahren wechselweise von den Schriftstellerbrüdern Anton und Friedrich Schnack geleitet, zwischenzeitlich (1926/27) von Alfred Kantorowicz. Besonders mit "Kanto" verband Emil Belzner mehr als nur eine kollegiale Bekanntschaft. Als Kantorowicz nach langen Jahren der Emigration im Jahre 1948 zum ersten Mal nach Deutschland

I.

Warum soll einer nicht in Moskau wohnen,
Pelzhändler sein und etwas Liebes tun
im Frondienst unterirdischer Dämonen
und selig doch in seinem Schicksal ruhn? –
Iwan – er könnte auch in Deutschland leben,
in Peking, in Paris, in Mexiko,
als Neger traurig durch die Wildnis schweben
und vor dem Mond sich fürchten nackt und roh.
Warum soll einer nicht in Moskau liegen,
in einem warmen Bett und durch die Nacht
sich blutig träumend an die Sterne schmiegen,
im Schlaf zu Wundertaten auferwacht?
Zu Wundertaten grauenvoller Schwere,
die nie ein Heldenlied mit süßem Mut
umspannen wird in göttlich reiner Ehre –
o ausgestoßene in Fleisch und Blut!
O Taten wunderbar ergraut in Liebe,
wie schmückt mein Herz sich! wie ist es erfreut,
euch nah und ganz zu fühlen, eurer Triebe
ewigen Hauch zu spüren, der zerstreut
in allen Winkeln schwebt, die wir beleben,
in Mord und Frömmigkeit, in Schmach und Glück,
den Hauch, in dem die Hände leblos beben,
den Hauch zu spüren, der sie wirft zurück!
O wonnigliche Zeit, o Tag der Milde!

9

21: Die erste Seite von *Iwan der Pelzhändler*

kam, war ein Besuch bei Emil Belzner selbstverständlich. In seinem *Deutschen Tagebuch* würdigte er den Freund Jahre später als "einen der wahrhaft vornehmen Männer unserer Zeit".[132]

Häufig traf Belzner in seinen Mannheimer Jahren mit dem Schriftsteller und Lehrer Carl Mumm zusammen, der eine Zeit lang an Paul Geheebs Odenwaldschule unterrichtet hatte. Mumm war seit seiner Studienzeit mit Ernst Kreuder befreundet, sodass es nahe liegt, dass er die beiden miteinander bekannt gemacht hat. Nach Kreuders Zeugnis war Mumm ("Carlos") "ein überaus intelligenter, aber menschlich sehr schwieriger, sehr unzugänglicher Mann". Er gehörte einem nicht näher bekannten Kreis von Literaten an, dem Belzner offenbar lose verbunden war. In seinen Briefen an Mumm lässt er immer wieder Grüße an "die Freunde" bestellen, entschuldigt sich aber meist für sein Fernbleiben. Eine finanzielle Angelegenheit führte Ende 1937 zu ernsten Verstimmungen zwischen Mumm und Belzner. Über mehrere Jahre hinweg hatten sie keinerlei Kontakt mehr.

Um 1930 gab es in Mannheim (mit Vorort- und Stadtteilzeitungen) vierzehn Tageszeitungen, von denen die Neue Badische Landes-Zeitung nicht nur die älteste (1856) war, sondern mit einer Auflage von 30.000 Exemplaren auch die größte Verbreitung hatte. In Anlehnung an die Ideale der 1848er Revolution gegründet, galt sie auch 1929 als angesehenste bürgerlich-liberale Zeitung Mannheims und darüber hinaus als eine der besten deutschen Provinzzeitungen. Nicht ohne Grund wurde die Hälfte der Auflage außerhalb der Stadtgrenzen abgesetzt.[133] Belzners Redaktionskollege, der Musikkritiker Karl Laux, erinnert sich, dass die Neue Badische Landes-Zeitung in Anspielung auf die Frankfurter Zeitung auch als *Badische Frankfurter* bezeichnet wurde.[134] Wegen der blauen Lettern des Namenszuges wurde sie im Volksmund dagegen einfach *der blaue Aff* genannt.[135]

Mit vielen seiner NBL-Kollegen hatte Emil Belzner offenbar ein enges Verhältnis und traf mit ihnen auch außerhalb der Redaktion zusammen. Außer mit den Brüdern Schnack, die auch nach ihrem Ausscheiden aus der Redaktion viel für das Feuilleton schrieben, war er auch mit dem Chef vom Dienst, Dr. Egon Cohn, in einer den Krieg überdauernden Bekanntschaft verbunden. Als er im Oktober 1966 von Cohns Tod erfuhr, erinnerte sich Belzner:

"Vielleicht hat er zum Abschied seinen alten Schabbes-Gruss geflüstert *Gut Jomtow!* – Wie wir es alle am Freitag-Abend auf der NBL sagten, oder nach dem Kegeln in unserem Mannheimer Bierkeller."[136]

Es ist nicht wenig aufschlussreich, dass es im Mannheim der ausgehenden 20er Jahre noch ganz selbstverständlich sein konnte, sich in der Redaktion einer Zeitung vor dem Wochenende mit einer jüdischen Grußformel zu verabschieden. Die Zeiten sollten sich sehr schnell ändern.

Der Lebensweg von Egon Cohn, der von der Vossischen Zeitung aus Berlin nach Mannheim gekommen war, ist ein ungewöhnliches Beispiel für das Schicksal eines Mannheimer Juden. Nach dem unfreiwilligen Ende der Neuen Badischen Landeszeitung im Frühjahr 1934 konnte Cohn noch rechtzeitig emigrieren. Es verschlug ihn bis nach Schanghai, von wo aus er nach dem Krieg brieflich mit Belzner Kontakt aufnahm und sogar Pakete nach Heidelberg schickte. Obwohl er erst 1951 nach Brasilien übersiedelt war, kehrte Cohn im Laufe der 50er Jahre nach Deutschland zurück und arbeitete für verschiedene süddeutsche Zeitungen. Wegen seines unverkennbar jüdischen Namens war er offenbar so starken Anfeindungen ausgesetzt, dass er beschloss, seinen

Namen in Conrad umändern zu lassen. Aus seinen Briefen an Belzner klingt häufig eine wehmütige Erinnerung an die idyllischen Zeiten in der Mannheimer Redaktion.[137]

Die Neue Badische Landezeitung erschien zweimal täglich. Kurz vor Mitternacht war das Morgenblatt fertig gedruckt und wurde sofort verkauft. Das bedeutete für die Theaterkritiker, dass sie schon während der Vorstellung einen kurzen Vorbericht verfassen mussten, der in der Pause per Telefon diktiert wurde. Wenn nach der Pause die Qualität des Stückes nachließ oder die Gunst des Publikums umschwenkte, hatte der Kritiker schlechte Karten. Man musste eben "einen Riecher" haben, wie Karl Laux in seinen lebendigen Erinnerungen an Mannheim und den Alltag der NBL-Redakteure schreibt:

"Aber darin lag der große Erfolg der Zeitung. Wir selbst saßen dann oft gegen Mitternacht mit vielen Mannheimer Bürgern im Kaffeehaus und warteten darauf, daß die Zeitungsfrau kam: ‚Die nei Badisch' mit Vorbericht!' Sie wurde ihr aus den Händen gerissen, der Vorbericht gelesen, Blicke fielen auf den Verfasser, Bekannte grüßten: ‚Na, wir wollen einmal sehen, was der Hauptbericht bringen wird.' Dieser erschien im Abendblatt, das am Mittag fertig und gegen drei Uhr bereits in den Häusern der Abonnenten war, mußte also in der Nacht geschrieben werden."[138]

Emil Belzner, der gerne und häufig über die Aufführungen des Nationaltheaters schrieb, war zweifelsohne zu einer ähnlichen Tageseinteilung gezwungen. Man kann es sich aber nicht recht vorstellen, dass ein Schriftsteller, der später für seine Zurückgezogenheit bekannt war, allabendlich mit Kollegen im legendären Café *Rumpelmeyer* oder im *Lederer* saß und auf das Abendblatt mit dem selbst verfassten Vorbericht wartete. Dagegen sprechen schon allein seine zwei in den frühen 30er Jahren veröffentlichten Bücher, die auf eine intensive schriftstellerische Arbeit hindeuten.

1931 erschien Belzners erster Roman *Marschieren – nicht träumen!* im Gebrüder-Enoch-Verlag in Hamburg. Der in Bruchsal und Karlsruhe spielende Roman, aus dem bereits mehrfach zitiert wurde, ist nicht nur um seiner Originalität willen ein ungemein fesselndes Buch. Im Vordergrund steht das Schicksal des Hauptmanns a. D. Ritchard, der mit seinen schrecklichen Kriegserinnerungen nicht fertig wird. Um die ihn stets aufs neue bedrängenden Bilder des Grauens zu bändigen, versucht er, seine Erinnerungen niederzuschreiben. Da er hierbei nicht recht vorankommt, bittet er den ihm von Kindesbeinen an bekannten Schriftsteller und Redakteur Emil Belzner um Hilfe, der gerade seine erste Stelle bei einer Karlsruher Zeitung angetreten hat. Mit dem Ergebnis von Belzners Bemühungen, eben dem langsam entstehenden Roman *Marschieren – nicht träumen!*, ist Ritchard aber nicht zufrieden. Er versucht daher auf andere Weise seiner Gesichte Herr zu werden: In seiner Wohnung hebt er Schützengräben aus, verkleidet Schaufensterpuppen als Soldaten und stellt mit ihnen seine Erlebnisse nach. Linderung verschaffen ihm auch diese Bemühungen nicht. Die *Zerstörte Erinnerung*, so der Untertitel des Buches, führt in die Ausweglosigkeit. In voller Kriegsmontur geht Ritchard ins Moor, das ihn gnädig verschlingt.

22: Carl Mumm

Belzners Antikriegsroman wurde reichlich diskutiert. Die von Martin Raschke in Dresden herausgegebene Zeitschrift *Die Kolonne* widmete der "Diskussion um Emil Belzner" gleich mehrere Seiten, die – wie es in einer Einleitung heißt – "auch in den negativen Äußerungen des einen oder anderen spüren [lassen], dass dieses Buch die übliche Produktion an Romanen weit überragt."[139] Irritationen und Bewunderung rief vor allem die eigenartige Erzähltechnik hervor, die nicht einen einzigen Erzählstrang verfolgt, sondern Ritchards Kampf um die Erinnerung mit dem autobiografischen Entwicklungsroman eines Dichters verknüpft.

Hermann Kasack hatte *Marschieren – nicht träumen!* bereits in seiner Rezension in der *Literarischen Welt* als "großen und reifen Roman" und "zweifellos eines der ungewöhnlichsten Bücher, die in letzter Zeit erschienen sind" her-

23: Neue Badische Landeszeitung, Kaiserring 4-6

vorgehoben. Er sah das Buch insbesondere als eine "Abrechnung mit aller modernen Kriegsbücherliteratur".[140] Dabei spielte er zweifellos auf Erich Maria Remarques Erfolgsbuch *Im Westen nichts Neues* (1929) oder Ludwig Renns *Krieg* (1928) an, die die Schrecken des Ersten Weltkrieges in ganz anderer Weise thematisiert hatten. Weitere zum Teil ausführliche Rezensionen erschienen u.a. im *Tagebuch*, in der *Neuen Rundschau* und in den *Schlesischen Monatsheften*.[141]

Bereits Ende 1933 (im Buch wurde allerdings das Datum von 1934 eingeprägt) erschien bei Rütten & Loening in Frankfurt am Main Belzners zweiter Roman *Kolumbus vor der Landung*. Im Mittelpunkt der Handlung steht der italienische Seefahrer, der sich, die vermeintliche indische Küste vor Augen, nach entbehrungsreichen Jahren am Ziel seiner Reise wähnt. In einem kurzen Augenblick der Erinnerung ("Diese Sekunde soll hier aufgezeichnet werden")[142] sieht er noch einmal Stationen seines Leben an sich vorüberziehen. Eingerahmt von einem Prolog und einem Epilog sind es insgesamt zwölf Gesichte bzw. Kapitel, deren eindrucksvolle Bilder haften bleiben: Etwa der wagemutige Besuch des Knaben Kolumbus in einem Leprosorium, die unheimliche Winternacht im Chausseehaus, auf dessen Dach ein Jahr zuvor ein Astronom beim Sternegucken zu Eis erstarrte oder das irrwitzige Autodafé in Lissabon, bei dem ein wildgewordener Elefant den Inquisitor dem Feuer überantwortet. Mitunter geht es in diesem Buch recht wunderlich zu. Es ist eben kein historischer Roman, sondern eine Legende, wie Belzner das Buch im Untertitel nennt. *Kolumbus vor der Landung* wird gemeinhin als Belzners Hauptwerk angesehen. Hierfür dürfte vor allem die große Verbreitung eine Rolle spielen, die das Buch nach dem Krieg in verschiedenen Verlagen erlebte. Allein die

24: Emil Belzner

Buchgemeinschafts-Ausgabe (*Welt im Buch*) im Verlag von Kurt Desch aus dem Jahre 1956 hatte eine Auflage von 100.000 Stück.[143] Der *Kolumbus* ist das einzige von Belzners Büchern, das in das Literaturlexikon des Kindler-Verlages aufgenommen wurde.[144]

Es überrascht, dass Walther Oschilewski seine Besprechung des *Kolumbus* in der *Literarischen Welt* noch zu Beginn des Jahres 1934 mit einem Verweis auf das Versepos *Iwan, der Pelzhändler* einleiten konnte, nachdem das Buch ein Dreivierteljahr zuvor schon auf den nationalsozialistischen Scheiterhaufen gelegen hatte. Oschilewski lobte Belzners Buch überschwänglich und fragte sich und den Leser, "wo auch nur ähnliches an Phantasiereichtum und geheimnis-

Soeben erschien

Marschieren – nicht träumen

Roman von

EMIL BELZNER

Leinen RM. 5.50

In diesem Werk wird ein höchst eigenartiges Problem behandelt: Der verzweifelte, tragikomische Kampf eines Menschen um seine Erinnerung. Der Major a. D. Ritchard will seine Kriegserlebnisse aufzeichnen. Es gelingt ihm nicht: die Wahrheit entgleitet ihm immer wieder ins Märchen, ins Überreale, und er bemüht sich vergebens, sie im Irdischen festzuhalten.

Ein ungewöhnliches Buch, nicht nur durch die interessante Problemstellung, sondern auch durch eine mit seltener Offenheit und Unabhängigkeit geführte Auseinandersetzung mit den geistigen Problemen unserer Zeit.

Ein Zeitroman, der über der Zeit steht.

GEBRUDER ENOCH VERLAG HAMBURG I

25: Verlagswerbung in der Neuen Badische Landeszeitung

voller Magie, an visionärer Szenerie und Wortschöpfung in der deutschen Literatur der Gegenwart zu finden ist."[145] Auch die *Frankfurter Zeitung* strich Belzners "außerordentliche dichterische Fähigkeit" heraus.[146]

Erhebliche Bedenken gegen ein Kapitel des Buches erhob dagegen bereits vor Erscheinen Hilda Westphal, die Lektorin von *Rütten & Loening*, in Abstimmung mit dem Verleger Wilhelm E. Oswalt. In *Daniel auf dem Tisch* hatte Belzner einen getauften Juden dargestellt, einen Schneider und Wucherer, dessen Äußeres einer Karikatur nahe kam. Daniel träumt den vergeblichen Traum, mit einem Schiff voll armer Juden nach Jerusalem zu segeln. Sein Zinsentanz auf dem Tisch seiner Schneiderei, sein Hinken und seine Erbarmungslosigkeit gegenüber seinen Schuldnern mochten im Zusammenhang des Romans einen anderen Sinn haben, in der politischen Landschaft des Jahres 1933/ 34 nahmen sie sich unheilvoll aus. "Die Aktualität der Judenfrage, das Geschehen um uns her ist es, was so schwer wiegt in diesen Dingen", mahnte

56

26: Umschlaggestaltung von Willi Harwerth

Hilda Westphal.[147] In seiner Entgegnung ließ sich Belzner nicht auf diese Argumentation ein, sondern verwies auf den "Geist und die Gesamthaltung des Buches", die eine antisemitische Deutung nicht zuließen. Er räumte ein, dass man mit "Zitaten Missbrauch treiben" könne, davor aber sei man "nie geschützt".[148] Es mag sein, dass Belzner den verhinderten Seefahrer Daniel angesichts der Skrupellosigkeit eines Kolumbus gerechtfertigt sah. Ein fader Nachgeschmack bleibt. – In den Rezensionen der Nachkriegsausgaben wurde das fragwürdige Kapitel nicht thematisiert. Gustav Radbruch wies 1949 vielmehr darauf hin, dass "dieses Buch bald nach 1933 geschrieben worden sein muß". Insbesondere in dem in Deutschland angesiedelten anspielungsreichen Kapitel *Das Hamburger Christophorusgebet* sah er "eine Vision des Kommenden".[149]

Belzners Mannheimer Jahre fallen mit den letzten Jahren der Weimarer Republik zusammen. 1929 bildete die Weltwirtschaftskrise den Endpunkt der "Goldenen 20er". Die Arbeitslosigkeit in Deutschland stieg unaufhaltsam. Die angespannte wirtschaftliche Lage von großen Teilen der Bevölkerung bereitete vielerorts den Boden für die schlichten Parolen und Rezepte der Hitler-Partei. In der Arbeiterstadt Mannheim hatte es die NSDAP jedoch schwer. Nicht einmal bei den Wahlen vom 5. März 1933 erreichte sie die demokratische Legitimation für eine Übernahme der Regierungsgewalt. Während die NSDAP ihre Stimmen aus den Kreisen des ehemals liberal wählenden Bürgertums und von früheren Nichtwählern erhielt, konnten die SPD und vor allem die KPD ihren

27: Emil Belzner

Stimmenanteil gegenüber den vorangegangenen Wahlen ebenso halten wie das katholische Zentrum. Erst die gewaltsame Ausschaltung der Linken ebnete den Nationalsozialisten den Weg zur Macht im "roten" Mannheim.[150] Die Neue Badische Landeszeitung war nicht erst mit dem Januar 1933 zu einem missliebigen Blatt geworden. Schon im Juni 1932 hatte man ein mehrtägiges Verbot ausgesprochen. Eine neue Zeit warf bereits damals deutlich ihre braunen Schatten voraus. Belzner berichtete 1971 in der Frankfurter Rundschau von dieser letzten "Probe für die Intelligenz der Weimarer Republik", die nicht bestanden worden sei:

"Am 1. Juni 1932 war Franz von Papen (geb. 1879) als Nachfolger Brünings von Hindenburg zum Reichskanzler ernannt worden. Unser Blatt, die nach der Deutschen Staatspartei hin orientierte *Neue Badische Landes-Zeitung* (NBL), brachte in Schlagzeile und Kommentar eine empörte staatstreue Auffassung zum Ausdruck: Ein Witz: ‚Franz von Papen Reichskanzler.' Gewiß keine schmeichelhafte Begrüßung. Das Schiller-Zitat ‚Franz heißt die Kanaille' lag einem in der Räuber-Schiller-Stadt auf den Lippen. Indessen ließ man es bei der obigen Formulierung bewenden, die nicht minder saß. Es war die Zeit der Saalschlachten und des politischen Totschlags. ... Der Reichskanzler Franz von Papen verlangte von der damaligen badischen Regierung ‚wegen Verächtlichmachung der Staatseinrichtung und Gefährdung seiner Grundlagen' ein einwöchiges Verbot der NBL. In Karlsruhe amtierte eine schwarzrote Koalition ... Zunächst versuchte die badische Regierung Papens Ansinnen abzulehnen. Der jedoch drohte sofort mit einer (verfassungswidrigen) Reichsexekutive gegen Baden. Man einigte sich schließlich auf ein dreitägiges Verbot."[151]

Bereits im August 1949 hatte Belzner in einem RNZ-Artikel einen Blick zurück auf die "geistige Situation der Weimarer Republik" geworfen und beklagt, dass es zwar "in den Jahren 1919-1929 ein reges geistiges Leben gegeben habe, an dem die Nation [jedoch] nur peripherisch und sehr oft nur aus sensationellem Interesse teilnahm." Brecht, Döblin; Feuchtwanger und andere Vertreter "jenes einfallreichen und pointierten, durch geniale Publizistik außerordentlich profilierten Jahrzehnts ... – sie alle befanden sich irgendwie in der Rolle von Spaßmachern, die eine neue Art des Zeitvertreibs und der Unterhaltung brachten, die man schätzen konnte oder nicht und die im gesellschaftlichen und öffentlichen Leben nicht viel mehr als Petersilie oder Zierzwiebel waren, die man anstandshalber liegen läßt und die nur unkultivierte Menschen mitverzehren."

Das geistige Leben blieb "ohne erzieherische Folgen." Der Staat blieb wohlwollend neutral und die Rechte inszenierte "von langer Hand das Massaker des Geistes." Und bei Massakern des Geistes blieb es nicht:

"Die Politiker und Staatsmänner der Republik waren zu gewissen Zeiten fast vogelfrei, während es von vornherein nicht unriskant war, Männer des vergangenen Regimes und ihre Strohmänner und Platzhalter in der Republik aufklärend zu analysieren. Wie schnell war man da mit dem Wörtchen ‚Verrat' bei der Hand, während vom Verrat an der Weimarer Republik, der so (und so offen!) gesponnen wurde, nicht die Rede sein durfte."[152]

Angesichts solch teilnahmsvoller Worte zum gewaltsamen Ende der Weimarer Republik ist es doch sehr überraschend, dass Emil Belzner dieses Ende 16 Jahre zuvor noch einhellig begrüßt hat. Es mag vielleicht an den schlimmen wirtschaftlichen Zuständen gelegen haben, die in Mannheim besonders spürbar waren, Belzner war einem politischen Umschwung nach rechts anfangs nicht abgeneigt. Hierfür gibt es allerdings nur zwei Belege, von denen der eine in seiner Deutlichkeit allerdings keinen Zweifel offen lässt.

Anfang 1933 soll Belzner in der Neuen Badischen Landeszeitung einen Artikel mit dem Titel *Laßt frischen Wind herein!* veröffentlicht haben, der gegen die instabilen politischen Verhältnisse der späten Weimarer Republik polemisierte und sich für einen Machtwechsel aussprach.[153] Belzner hatte bei diesem Plädoyer die massiven Ausschreitungen zwischen Rechten und Linken vor Augen, die in Mannheim 1932 und 1933 ein alltägliches Bild geworden waren.

Aufmärsche der NSDAP-Organisationen und Gegenkundgebungen der Arbeiter eskalierten häufig in Straßenschlachten.[154] Schilderungen von Judith und Wolfgang Belzner zufolge ging es mitunter so schlimm zu, dass man sich nicht auf die Straße traute. Für alle Fälle trug der vorsichtige Emil Belzner seine Taschenuhr in einer Hemdtasche überm Herzen. Wie viele andere glaubte Belzner zu diesem Zeitpunkt, dass die Nationalsozialisten in der Lage wären, "Recht und Ordnung" wieder herzustellen. Da die Neue Badische Landeszeitung nur sehr lückenhaft erhalten ist (gerade die Ausgaben der Jahrgänge 1933/34 fehlen meist), ist der Wortlaut des Artikels nicht überprüfbar.

Zusätzlich offenbart dann ein Brief Belzners an den Schriftsteller Will Vesper, den Herausgeber der ganz den nationalsozialistischen Vorstellungen einer völkischen Kultur folgenden Zeitschrift *Die neue Literatur* eine unverhüllt antisemitische Note. Der Brief wurde am 17. Februar 1933 geschrieben, gut zwei Wochen nach der nationalsozialistischen "Machtergreifung":

"Sehr geehrter Herr Vesper, ich danke Ihnen vielmals für Ihren freundlichen Brief. Sie haben vollkommen Recht: wir müssen die Gefahr abschütteln, wenn wir uns nicht selbst aufgeben wollen. Ich habe einen lehrreichen Blick in das Cliquenwesen und in die Organisation der jüdischen Geistigkeit getan. Die Juden, im Grunde das nationalistischste Volk das es gibt, hintertreiben und unterminieren das Volkstum der Deutschen. Mit unglaublichen Ränken und sophistischen Gespinsten. Das ist kein Märchen, das ist eine furchtbare Wahrheit, die zum Handeln zwingt. Ich achte das jüdische Volk in seinem Zusammenhalt über alle Erdstriche hin, ich habe tiefes Verständnis für die Tragik seines Weges – aber ich lehne jeden Einfluss der Juden auf das Deutsche Schicksal als bewußt zersetzend und bewußt schwächend ab. Das schreibt Ihnen der Redakteur eines jüdischen Blattes, der die Hintertreppentaktik und die Winkelzüge dieser nach außenhin so ängstlichen und humanitären 'Volksgenossen' bis zum Überdruß kennen gelernt hat. ... Ich trage mich sogar mit dem Gedanken, noch vor den Wahlen mit einem Artikel *Her zur Nation!* an die Öffentlichkeit zu treten und mich entschlossen auch nach außenhin an die Seite des Jungen Deutschland zu stellen. Da ich merkwürdigerweise als linksgerichteter Schriftsteller gelte, dürfte dieser Schritt seinen moralischen Eindruck nicht verfehlen. Diese Demokratie, die jetzt wieder Süddeutschland gegen den Norden aufzuwiegeln und die Mainlinie zu ziehen sucht, widert mich an. Der Tag ihres endgültigen Todes wird ein guter Tag für Deutschland sein. Ergebenst Ihr Emil Belzner."[155]

Klarer geht es wirklich nicht. Es ist heute unverständlich, dass der Autor eines Buches wie *Marschieren – nicht träumen!,* das gerade einmal zwei Jahre zuvor erschienen war, zu solchen Ansichten gelangen konnte. Geradezu schizophren wirken die antisemitischen Parolen, wenn man sich Belzners zahlreiche Bekanntschaften und Freundschaften mit Juden vor Augen hält. Wenn man von seiner antimilitaristischen Einstellung aber einmal absieht, war Belzner tatsächlich nie "ein linksgerichteter Schriftsteller" gewesen – auch wenn er sich später auf eine "angeborene Linksheit" berief.[156] Er war stets ein Mensch wertkonservativer Grundüberzeugungen. Seine politische Einstellung zu jener Zeit ist vielleicht annähernd mit der der nationalkonservativen *Deutschen Allgemeinen Zeitung* zu vergleichen, die ab Sommer 1932 vehement eine Regierungsbeteiligung Hitlers forderte, später aber, aus einem ähnlichen "grundkonservativen Selbstverständnis" heraus, gegen Hitler opponierte.[157] Man hatte etwas anderes erwartet.

Trotz dieser scheinbar klaren Meinungsäußerung gehörte Belzner zweifelsohne nicht zu den Parteigängern der NSDAP, wenngleich bei ihm nach der Wahl vom Januar 1933 ein Gefühl der Erleichterung vorherrschte. Er hoffte auf eine Konsolidierung der Verhältnisse und auf ein Ende der anarchischen Zustände auf den Straßen.

Es ist nicht klar, wann Belzner in der Folge zur Besinnung gekommen ist und was zum unmittelbaren Anlass für seinen Gesinnungsumschwung wurde. Vielleicht genügten schon die ersten Maßnahmen der neuen Machthaber, um ihm die Augen zu öffnen. In jedem Falle war Belzner sehr bald kuriert und wandelte sich in kürzester Zeit von einem Sympathisanten zu einem bestimmten, aber meist schweigenden Gegner des Systems. Belzner hat seine zeitweilige Zustimmung für das "Junge Deutschland" erfolgreich verdrängt. In keinem seiner Briefe nach 1945 geht er je auf seinen Artikel in der NBL oder auf seine im Brief an Vesper deutlich aufflackernden antisemitischen und antidemokratischen Gefühle ein. Belzner verurteilte jede Form der geistigen Teilhabe am nationalsozialistischen Gedankengut stets in aller Schärfe. Spätestens seit Mai 1933 sah er sich offenbar ausschließlich in der Rolle eines Opfers des NS-Regimes.

Die als "Aktion wider den undeutschen Geist" deklarierten Bücherverbrennungen mussten Belzner endgültig davon überzeugen, dass das neue Regime nicht gewillt war, ihn zu den seinen zu zählen. Es ist eine Ironie der Geschichte, dass die Mannheimer Bücherverbrennung am 19. Mai 1933 ausgerechnet auf dem Platz hinter der Hauptfeuerwache stattfand.[158] Nach Belzners eigenen Angaben lagen *Die Hörner des Potiphar*, *Iwan der Pelzhändler* und *Marschieren – nicht träumen!* auf dem Scheiterhaufen.[159] In der "Liste 1 des schädlichen und unerwünschten Schrifttums" vom Oktober 1935 wurde mit *Iwan der Pelzhändler* nur ein Werk Belzners aufgeführt. Die in Russland spielende erotische Handlung um einen positiv gezeichneten russischen Helden prädestinierten das Buch geradezu für ein Verbot durch die Nationalsozialisten. Einer vom Verlag geplanten zweiten Auflage des *Kolumbus* wurde kein Papier mehr bewilligt.[160] Mit Blick auf *Marschieren – nicht träumen!* beschrieb Belzner in einem Brief an Kurt Pinthus seine Lage im Jahre 1933:

"Damals haben mir Stahlhelm und SA das Leben (wegen Soldaten- und Heldenverspottung) recht schwer gemacht. Und ein Teil der Sortimenter hat das Buch begeistert den beschlagnahmenden Rollkommandos ausgehändigt. Da ich ja auch noch den *Iwan* ... geschrieben hatte, galt ich gemeinhin als *Bolschewik*."[161]

Auch in der Redaktion spürte Belzner schnell, dass der "frische Wind" aus der Gegenrichtung blies. Kaum jemandem war mehr zu trauen. Kurz nachdem sich Belzner und einige Kollegen in der Redaktion in abschätziger Weise über die neuen Machthaber geäußert hatten, wurden zwei Gestapobeamte vorstellig, die ihn verhörten.[162]

28: Mannheim: Die Planken Mitte der 30er Jahre

Die Gleichschaltung wurde auf dem gesamten Zeitungssektor in Windeseile vollzogen. Von den einstmals vierzehn Zeitungen in Mannheim blieben am Ende nur zwei übrig, das *Hakenkreuzbanner* und die ins gleiche Horn blasende Neue *Mannheimer Zeitung*. Nachdem bereits im März 1933 die sozialdemokratischen und kommunistischen Blätter ausgeschaltet waren, wurde der Kampf gegen die Neue Badische Landeszeitung intensiviert.[163] Vielleicht hätte die NBL nach ihrer nationalsozialistischen Gleichschaltung sogar eine Überlebenschance gehabt, wenn sich ihr jüdischer Besitzer Heinrich Gütermann früher zu einem Verkauf entschlossen hätte. So wurde die als "Judenblatt" diffamierte Zeitung durch ständige Hetze und einen Anzeigenboykott in den Ruin getrieben. Gütermann musste am Ende zu einem Spottpreis an die NSDAP verkaufen, konnte aber immerhin noch emigrieren.[164]

Einschüchterungsversuche durch Verhöre und diffamierende Artikel in der aggressiven NS-Presse erstreckten sich nicht nur auf die Redakteure. In einem Tageblatt-Artikel aus dem Jahre 1972 erwähnte Belzner, dass "auch Leser bespitzelt und bedroht und sogar vorübergehend (bis sie das Blatt abbestellten) verhaftet wurden."[165]

Am 28. Februar 1934 erschien mit der Nummer 107 des 79. Jahrgangs die "Abschiedsausgabe" der Neuen Badischen Landeszeitung. An den Berliner Redakteur Walther G. Oschilewski schrieb Belzner am gleichen Tag: "Heute ist eine etwas traurige Stimmung: die "Neue Badische-Landeszeitung" stellt mit dem heutigen Tage ihr Erscheinen ein."[166] In der letzten Nummer der NBL, die sich durch einen glücklichen Zufall erhalten hat, finden sich viele Grußadressen, ein Rückblick auf die Geschichte, aber auch "an Stelle einer Besprechung" ein ausführlicher Blick auf die Pressestimmen zu Belzners *Kolumbus vor der Landung*. Belzner nimmt darüber hinaus seinen "Abschied vom Theater" und hilft sich dabei mit der deutschen Klassik über die trübe Stunde hinweg:

> "In Goethes *Braut von Korinth* stehen die folgenden Verse, die sich in diesem Augenblick auf die Lippen drängen: ,Keimt ein Glaube neu, wird oft Lieb und Treu wie ein böses Unkraut ausgerauft.' Mit gnadenloser Schicksalhaftigkeit ist hier etwas ausgesprochen, was man wohl in einer solchen Stunde des Scheidens empfinden mag."[167]

Das Jahr 1934 brachte Belzner noch einen weiteren Abschied. Seine Ehe zerbrach an einer neuen Bindung, um deretwillen er schließlich Mannheim verließ und nach Stuttgart zog. Dort mietete er sich ein Zimmer, verbrachte aber die meiste Zeit in Korntal bei Stuttgart, wo seine ebenfalls verheiratete Freundin mit einem Kind lebte. Belzner war nur noch selten in Mannheim, um die Angelegenheiten seiner Familie zu regeln und seine Kinder zu sehen. Auf der Suche nach einer neuen Anstellung hielt er sich in Stuttgart mit Gelegenheitsarbeiten über Wasser.

"Ich wollte ja nicht einem verhaßten Regime dienen."

Jahre des Unheils (1934-1945)

Erst nach anderthalb Jahren Arbeitslosigkeit fand Emil Belzner im Herbst 1935 wieder eine Anstellung. Als Feuilletonchef trat er in die Redaktion des ehemals liberal ausgerichteten *Stuttgarter Neuen Tagblatts* ein. Die auflagenstärkste Stuttgarter Tageszeitung war seit dem Frühjahr 1935 (das Jahr, in dem die Hakenkreuzfahne als einzige Flagge des Reiches eingeführt wurde) ganz in den Händen der NSDAP.[168] Es ist nicht überliefert, auf welche Weise der keineswegs als linientreu geltende Belzner diese Stelle erhalten hat. Man kann bloß vermuten, dass Erich Pfeiffer-Belli, Belzners Vorgänger als Leiter des Kulturressorts, vor seinem Wechsel zum Berliner Tageblatt eine derartige Empfehlung ausgesprochen hat. In seinen Erinnerungen erwähnt Pfeiffer-Belli die Bekanntschaft mit Emil Belzner als "Gewinn" seiner Stuttgarter Zeit: "Wir haben uns ein Leben lang nicht aus den Augen verloren."[169]

Spätestens mit der Übernahme des Stuttgarter Schriftleiterpostens musste Belzner in die Reichspressekammer eintreten.[170] Mit dem Erlass des Reichskulturkammergesetzes vom 1. November 1933 war die Zugehörigkeit zu dieser Kammer Voraussetzung für die journalistische Tätigkeit geworden. An das Amt des Schriftleiters wurden nunmehr besondere Anforderungen gestellt, da es nach Goebbels´ Worten in einem Brief an die Reichskanzlei die "wichtigsten und höchsten Lehr- und Erziehungsaufgaben" beinhaltete. "Meinungsäußerung durch den Druck als private Betätigung und die Befugnis zu ihr als ein Grundrecht individueller Freiheit gegenüber dem Staat" hatte gegenüber der "Aufgabe der politischen Erziehung der Nation" zurückzutreten.[171]

Um keine größeren Konfrontationen heraufzubeschwören, versuchte Belzner wohl, sich bei seiner Redaktionsarbeit weitgehend ans Unverfängliche zu halten. Er schrieb über das Theatergeschehen, veröffentlichte einen Auszug aus dem Kolumbus-Roman, gab an Weihnachten 1935 eine *Unterweisung in der Liebe* oder schrieb zum 1. Mai 1936 ein Gedicht *Zug der Arbeitenden*.[172] Gerade die beiden letzteren Beiträge sind ihrem extrem apolitischen Charakter nach und in ihrem Bekenntnis zur Liebe als dem wesentlichen Agens menschlichen Daseins nicht gerade zeitgemäß. Eine herbe und gewollte Abwendung vom Alltagsgeschehen schien das einzig Mögliche.

Belzners Büro befand sich in dem 1928 erbauten Tagblatt-Turm (das erste Hochhaus der Stadt), der eine schöne Aussicht auf Stuttgart bot.[173] Die politischen Aussichten wurden dagegen immer trüber. Die Repressionen gegen Belzner, die in Mannheim ihren Anfang genommen hatten, fanden in Stuttgart eine Fortsetzung. Eine Stuttgarter Zeitung, "ein völkisches Blatt, das sich *Süddeutsche Zeitung* nannte", versuchte ihn durch die Behauptung zu diffamieren, er stamme aus dem galizischen Örtchen Belz und sei der Sohn eines Synagogenlehrers.[174] Ganz selbstverständlich wurde so von der als verwerflich eingeschätzten literarischen Produktion auf eine ostjüdische Abstammung geschlossen. Nach Belzners eigenen Aussagen wurde er häufiger von der Gestapo einbestellt, vermutlich in deren Stuttgarter Zentrale im ehemaligen Nobelhotel Silber in der Dorotheenstraße 10.[175] Anlass waren meist Denunziationen bezüglich seiner angeblichen politischen Unzuverlässigkeit. Oftmals ging es wahrscheinlich einfach nur darum, ihn einzuschüchtern. Leider ist das Schriftgut der württembergischen Gestapo im Verlauf des Krieges restlos vernichtet worden[176], sodass allein Belzners Briefe ein wenig Licht in die Vorgänge bringen können.

Eher kurios verlief ein "Gespräch" mit einem Stuttgarter Gestapobeamten, das Belzner seinem Freund Marcuse fast 30 Jahre später wiedergab:

"Im ‚Dritten Reich' wurde ich einmal in ein abgründiges Abstammungsverhör verwickelt. ‚Sie haben ein Buch über Russland geschrieben?', so begann der wackere Gestapobeamte. ‚Nein', sagte ich. ‚Doch', sagte er, ‚über Iwan den Schrecklichen'. ‚Nein', erwiderte ich, ‚über Iwan den Pelzhändler'. ‚Das ist doch dasselbe', warnte er mich, ‚mit diesen Finten können Sie uns nicht kommen. – Überhaupt Sie sind ein Russe!' ‚So?', sagte ich, ‚seit wann?' – ‚Seit 1901: Ihr Vater heißt Rasputin und Ihre Mutter ist eine russische Hofdame. Sie wurden über Darmstadt nach Bruchsal in Pflege gegeben. Der richtige Emil Belzner ist 1901 bereits gestorben.' – Ich nahm an, es mit einem Spaßvogel zu tun zu haben und lachte vorsichtig: ‚Sie geben sich zuviel Mühe mit mir, Herr Inspektor: Mein Vater ist der Messerschmied August Belzner.' Dann folgte ein absurder Disput über Literatur und Waffentechnik. Und sehr beherzt, und dreist, ja triumphierend stieß ich hervor: ‚Auch der Vater des Sophokles war Messerschmied' – Ja, früher haben die Juden noch Handwerke ausgeübt, aber heute ...' – Sophokles war kein Jude, er war ein Grieche.' ‚Also Sophokles war kein Jude? Na, dann haben Sie diesmal aber Glück gehabt. Sie sehen, wir machen uns Gedanken über Sie. Es sind verschiedene Anzeigen eingelaufen.' – ‚Aber das mit Rasputin ist doch lächerlich!' – ‚Sagen Sie das nicht, sagen Sie das nicht', warnte er mich, unterschrieb einen Zettel und reichte ihn mir. Es war ein Ausweis, daß ich berechtigt war, das Gebäude zu verlassen."[177]

Für die groteske Note, die Belzner in diesem Bericht anklingen lässt, hatte er zum Zeitpunkt des Verhörs wahrscheinlich wenig Sinn. Nicht nur für sich selbst musste Belzner Schlimmes befürchten. In einem Brief an den Verleger Georg Kurt Schauer erinnerte er sich an das Jahr 1935:

"Alte Zeiten ziehn vorbei, unsere Begegnungen in Frankfurt und Berlin. Als ich einmal Gast in Ihrer Berliner Wohnung war (1935), brausten die ersten Staffeln der Luftwaffe Görings über Berlin, ungeheurer Jubel auf den Strassen, Marschmusik im Rundfunk (Volksempfänger) – wir erschraken, denn wir wußten: das ist der Anfang."[178]

Belzner stürzte sich auf seine Arbeit und begann gleich nach dem Erscheinen von *Kolumbus vor der Landung* mit einer neuen Arbeit. Sein dritter, in Irland spielender Roman sollte im Verlag von Samuel Fischer erscheinen und war unter dem Titel *Katharina im Feuer* bereits im Verlagsalmanach von 1935 angezeigt worden. Belzners Briefwechsel mit Carl Mumm gibt ein wenig Auskunft über das wechselvolle Geschick dieses Buches. Am 3. April 1936 schreibt er an Mumm:

"Die *Katharina* ist längst ausgesetzt und umbrochen. Es ist jedoch möglich, dass ich aus schwerwiegenden Gründen im letzten Augenblick noch einmal den Verlag wechseln muss. Habent sua fata libelli."[179]

Die Zusammenarbeit mit dem Fischer-Verlag, die sich vermutlich durch Belzners Bekanntschaft mit Oskar Loerke und eine langjährige Mitarbeit an der Neuen Rundschau ergeben hatte, endete zum Zeitpunkt der Übergabe des Verlages an Peter Suhrkamp im Frühjahr 1936. Näheres ist nicht überliefert. Bereits am 8. April 1936 schreibt Belzner neuerlich an Mumm:

"Mit der *Katharina* wird es noch ganz besondere Veränderungen geben. Aber die Verzögerung hat, wenn man es richtig betrachtet, doch auch ihr Gutes gehabt. Ich werde voraussichtlich mit meiner gesamten Produktion in einen Verlag übergehen. Das Buch hat wirklich seine Schicksale gehabt.[180]

Im Mai erfährt Mumm, dass es sich bei dem an Belzners Gesamtwerk interessierten Verlag um Rütten & Loening in Frankfurt handelt und dass sich das Erscheinen des Romans weiter verzögern wird. Im August spricht Belzner dann schon von der Arbeit an einem neuen Werk und bemerkt:

"Von der *Katharina* kann ich Ihnen leider noch nichts Neues berichten. Sie treibt noch auf dem stürmischen Meer der Zufälle umher."[181]

29: Stuttgarter Neues Tagblatt, Turmhaus in den 30er Jahren

Nachdem er Mumm im Januar 1937 noch hoffnungsfroh mitteilt: "Mit *Katharina* wird es bald klappen"[182], verschwindet der Roman danach für lange Zeit in der Schublade. Im *Lebenslauf* aus dem Jahre 1946 erfährt man, dass der Roman unter dem Titel *Irisches Liebesbrevier* auch noch im Berliner Holle-Verlag erscheinen sollte, der dann allerdings "infolge der Angriffe der Partei gegen mich vom Vertrag zurücktrat."

Im Jahre 1958 erwägt Belzner im Briefwechsel mit Ernst Kreuder dann für kurze Zeit eine Veröffentlichung im Rahmen der *Mainzer Reihe* der Akademie der Wissenschaften und der Literatur, lässt diesen Plan dann aber wieder fallen. Merkwürdigerweise ist auch dieses Buch, dessen Druckfahnen sich in den 50er Jahren noch in einer von Belzners Kisten befanden[183], im Nachlass nicht enthalten. Zwei Vorabdrucke im *Berliner Tageblatt* und in einer Anthologie lassen keine endgültige Aussage über den Inhalt des Romans zu.[184]

In Stuttgart erfreute sich Belzner – ungeachtet seiner festen Beziehung – eines beachtlichen Rufs als Schürzenjäger. Affären gab es offenbar einige. Nach dem Zeugnis von Belzners Tochter Judith pflegten Freunde und Bekannte Ende der 30er Jahre beim Erscheinen des "schönen Emils" eine Melodie aus Willi Forsts Verfilmung des Maupassant-Romans *Bel ami* zu pfeifen. Den beliebten Schlager *Du hast Glück bei den Fraun* hatte Theo Mackeben komponiert.

Eine Liebesaffäre war es schließlich auch, die Ende August 1937 Belzners Engagement beim Stuttgarter Neuen Tagblatt ein Ende setzte:

"Mein lieber Alfred, ich möchte Dich von Folgendem gebührend in Kenntnis setzen: Infolge einer mehr als tragisch verwickelten Liebesgeschichte habe ich meinen Dienst quittiert. Ich habe einen längeren Urlaub genommen, nach dessen Ablauf ich voraussichtlich in die Redaktion eines großen Blattes, mit dem ich schon länger in Verbindung stand, eintreten werde."[185]

Über die näheren Hintergründe der "Liebesgeschichte" ist nichts bekannt. Bei dem großen Blatt handelte es sich um die *Kölnische Zeitung*, damals eine der großen deutschen Zeitungen ehemals bürgerlich-liberalen Zuschnitts. Zu dem Zeitpunkt, als Belzner seinen Stuttgarter Redaktionsdienst quittierte, stand er bereits in intensiven Verhandlungen mit dem Verleger:

"Heute vor einer Woche hatte ich in München im Palais Lenbach eine Besprechung mit dem Verleger der *Kölnischen Zeitung* (Dr. Kurt Neven DuMont ist mit einer Tochter aus Lenbachs zweiter Ehe verheiratet – auch Frau von Lenbach selbst, die reizende alte Dame lernte ich bei dieser Gelegenheit kennen.). In wenigen Tagen werden die Besprechungen in Köln fortgesetzt werden. Voraussichtlich werde ich sehr bald in einer besonderen Position in die Redaktion der *Kölnischen Zeitung* eintreten. Zwar läuft mein Stuttgarter Vertrag zunächst noch, aber da ich offiziell bereits meinen Dienst quittiert habe und die Demission unter vorläufiger Weiterzahlung des Gehalts (Vertrag geht bis 31. Dezember 1937) angenommen wurde, stünde einer Übersiedelung nach Köln nichts im Wege. ... So ungern ich von der schönen Stadt Stuttgart scheide – so winkt mir in Köln doch eine Position, die sich mit der hiesigen kaum vergleichen läßt."[186]

In die Redaktion der Kölnischen Zeitung trat Belzner endgültig am 1. November 1937 ein. Seine vordringlichste Aufgabe war offenbar die Gestaltung einer neuen Wochenendbeilage, als deren Schriftleiter er eingestellt worden war. Am 13. Dezember konnte er seinen Bruder davon in Kenntnis setzen, dass die von ihm "neu gegründete illustrierte Beilage *Mensch, Werk und Leben*" am darauffolgenden Wochenende zum ersten Mal erscheinen würde. "Wenn Du Dir also am Sonntag die Reichsausgabe der *Kölnischen Zeitung* kaufst, wirst Du die Sache finden."[187] Belzners Tätigkeit war nicht nur auf diese Beilage begrenzt. Auch für den politischen Teil und das Feuilleton schrieb er Beiträge. Wenigstens einmal verfasste er einen Leitartikel.[188]

Obwohl Belzner bei der Kölnischen Zeitung offenbar rasch Fuß fassen konnte, verspürte er keine große Lust, in Köln zu bleiben. Von Anfang an war er gar nicht um eine feste Bleibe bemüht, sondern hatte ein Zimmer im Hotel

Richmodishof bezogen. Er war in Stuttgart heimisch geworden, arbeitete intensiv an einem neuen Buch und war gesundheitlich nicht auf der Höhe. Er litt unter den "ungeklärten Familienverhältnissen" und machte sich Sorgen wegen seiner nicht unbeträchtlichen Schulden. Immer wieder war er depressiven Stimmungen ausgesetzt.[189] Das waren keine guten Voraussetzungen für einen beruflichen Neuanfang an einem fremden Ort in einer schwierigen Zeit. Ohne Frage zog es ihn wieder in die Nähe von Stuttgart. Bereits zwei Wochen nach der Aufnahme der Arbeit deuten sich diese Abwanderungsgedanken zaghaft in einem Brief an Alfred an: "Auf der Zeitung gefällt es mir ausgezeichnet – nur zu der Stadt kann ich kein Verhältnis finden."[190] Im Januar ist dann explizit von einem Ortswechsel die Rede:

"In Köln ... und im Rheinland werde ich mich n i e heimisch fühlen. Ich werde in absehbarer Zeit nach Süddeutschland zurückkehren – über den Main gehe ich nicht mehr hinaus."[191]

Die Mainlinie hatte Belzner bei dieser Ankündigung vermutlich ganz bewusst anvisiert, denn er stand zu dieser Zeit bereits in Kontakt mit der Frankfurter Zeitung, für die er schon seit Jahren immer wieder einzelne Beiträge geschrieben hatte. Jetzt lag ihm ein Angebot vor, "in die Schriftleitung der *Frankfurter Zeitung* einzutreten."[192]

Wahrscheinlich hatte Belzner die Kölner Stelle in erster Linie aus finanziellen Erwägungen angenommen. Er hatte immer noch Schulden aus der Zeit seiner Arbeitslosigkeit in den Jahren 1934/35 und musste weiterhin für seine Frau und die Kinder sorgen. Auch für seine Freundin und den gemeinsamen Sohn Veit, der 1936 geboren wurde, musste er Geld aufbringen. Die Gläubiger saßen ihm allseits im Nacken. Er kam auf keinen grünen Zweig und ging seine Freunde und insbesondere seinen Bruder, der nach der Übernahme der Philippsburger Pflanzenfabrik *Herbaria* selbst nicht sehr liquide war, ständig um Unterstützung an. Eine "blamable" Gehaltspfändung vor Augen, versuchte er Alfred mit allen (moralischen) Mitteln zu einer telegrafischen Geldüberweisung in letzter Minute zu bewegen:

"Wenn morgen kein 'Wunder' geschieht, dann bin ich ein erledigter Mann: ich vertrage sowieso keine Aufregungen mehr. Ich habe erst im Sommer diese Schwindelgeschichten gehabt und habe sie jetzt gerade etwas überwunden, ein neuer Schlag würde mich völlig ungewappnet und widerstandslos finden. Meine schwermütigen Anfälle nehmen in den letzten Tagen bedenklich zu. Ich mag nicht mehr, wenn das so weiter geht."[193]

Und obwohl sich Alfred über ein regelrechtes "Bombardement mit Postkarten, Briefen, Eilbriefen und Telegrammen elendiglich" ärgerte, half er trotz eigener Geldsorgen aus, so gut er konnte.[194] Nicht nur dieses eine Mal.

Nachdem weitere Vorgespräche mit der Frankfurter Zeitung positiv verlaufen waren und auch ein Vertragsabschluss für einen neuen Roman bevorstand[195], kündigte Belzner kurzerhand seinen Vertrag mit der Kölnischen Zeitung, um zunächst in aller Ruhe das Buch fertig zu schreiben. Bereits am 27. Februar berichtete er seinem Bruder von den vollendeten Tatsachen:

> "Lieber Alfred, meine Anschrift lautet während der nächsten 14 Tage, bzw. vier Wochen: Stuttgart, Hauptpostlagernd. Ich habe mich zurückgezogen, da ich eine größere Arbeit fertig zu machen habe."

Belzner nahm sich zwar wieder ein Zimmer in Stuttgart (Etzelstraße 20), hielt sich aber meist in Korntal auf.

Während die Verhandlungen mit der Frankfurter Zeitung konkrete Fortschritte machten und Belzner zunächst im April und dann im Mai "in den Redaktionsstab geholt" werden sollte, erhielt er von unerwarteter Seite ein weiteres Angebot.[196] Die Stuttgarter Franckhsche Verlagshandlung unterbreitete ihm den Vorschlag, die Schriftleitung und Neuorganisation der Zeitschrift *Kosmos* zu übernehmen.

> "Die Bedingungen sind nicht ungünstig, sodaß ich mir die Sache sehr ernsthaft überlege. Morgen oder übermorgen wird man mir den Vertragsentwurf zustellen. Dienstantritt spätestens 1. Juli. ... Die Stellung in Stuttgart wäre eine Lebensstellung. Ich könnte mir dann hier sogar ein Häuschen bauen![197]

Angesichts eines respektablen Gehalts von RM 1.000 und der verlockenden Aussicht, in Stuttgart zu bleiben, gab er seine Frankfurter Pläne auf.

In anderen Zeiten wäre ihm dieser Schritt sicherlich schwerer gefallen. Die Frankfurter Zeitung galt im In- und Ausland als eines der angesehensten Blätter deutscher Sprache. Für jeden Journalisten musste es eine besondere Auszeichnung sein, in ihren Redaktionsstab aufgenommen zu werden. Gerade das ausländische Renommee sicherte der Zeitung, die Hitler bereits in *Mein Kampf* aufs schärfste angegriffen hatte, das Überleben. Die nationalsozialistischen Kontrollbehörden hielten es für taktisch klug, den Anschein einer Pressefreiheit zu wahren. Hierfür war das Fortbestehen der FZ ein bedeutendes Aushängeschild. Angesichts weitreichender Vorgaben, die im Einzelfall bis zum Gebot des buchstabengenauen Abdrucks gingen, waren die Möglichkeiten einer eigenständigen Berichterstattung äußerst eingeschränkt. Von freier Meinungsäußerung konnte keine Rede sein, doch hielt sich die Redaktion an gewisse Prinzipien. Wenn beispielsweise geflissentlich die Bezeichnung *Führer* vermieden wurde und man stattdessen vom Reichskanzler Adolf Hitler sprach, so war das nur eine geduldete Provokation. Wesentlicher war die Entwicklung einer so genannten "Sklavensprache", deren Handhabung es nicht nur den Journalisten der Frankfurter Zeitung ermöglichte, das Eigentliche ungesagt zwischen den Zeilen mitzuteilen.[198] Historische Anspielungen boten da ein beliebtes Betätigungsfeld. Geübte Leser verstanden sofort, was gemeint war. Am 31. August 1943 ereilte schließlich auch die Frankfurter Zeitung ihr Schicksal. Die Mitarbeiter wurden gegen ihren Willen auf linientreue Blätter verteilt.[199]

Mitte der 30er Jahre musste die FZ den nicht nur zahlenmäßig beträchtlichen Verlust der geschassten jüdischen Mitarbeiter ausgleichen. In diesem Zusammenhang dürfte man auch an Belzner herangetreten sein. Wahrscheinlich spielten bei seiner Entscheidung für Stuttgart nicht nur finanzielle Kriterien eine Rolle. Belzner scheute den Schritt auf ein spiegelglattes Parkett, auf dem

30: Köln: Rheinpartie mit Blick auf die Brücken

jeder gedruckte Satz ein Abgleiten ins Ungewisse nach sich ziehen konnte. Die Schriftleitung einer naturwissenschaftlichen Zeitschrift schien demgegenüber eine gewisse Distanz zur Politik und demgemäß etwas Unabhängigkeit zu gewährleisten. Im Rückblick zweifelte Belzner den Sinn des journalistischen Lavierens der FZ überhaupt an:

"Wohl konnte hin und wieder einiges zwischen den Zeilen, bei der Erklärung von Sprichwörtern usw. gesagt werden, aber als Ganzes blieb die Kircher'sche *Frankfurter Zeitung* doch ein Malheur, für die heimliche Opposition kein getarntes Verständigungs-Organ mehr, sondern nur noch ein Ärgernis."[200]

Theodor Heuss, wie Belzner selbst langjähriger freier Mitarbeiter der FZ, beurteilte die letzten Jahre des einstigen Vorzeigeblattes des deutschen Liberalismus weit positiver: "Vielleicht war dieser Schlusskampf die großartigste Zeit der Frankfurter Zeitung, sicher die quälendste."[201]

In Stuttgart hatte sich Belzner recht bald "wieder sehr gut eingelebt". Zum 1. Mai war er in ein neues Zimmer in der Villa Hauff in der Gerokstraße umgezogen, seine neue Stelle bei der Zeitschrift *Kosmos* behagte ihm:

"Geschäftlich bin ich soweit gut in Fahrt. Mit dem beginnenden Jahrgang (Januar 1939) wird der Kosmos ein etwas moderneres Gesicht bekommen. Ich fungiere zunächst als Chef vom Dienst."[202]

Das erste Gehalt hatte die beträchtlichen Schulden aus der Vergangenheit nicht tilgen können und so drohten wieder Pfändungen, die Belzner wiederholt dazu zwangen, seinen Bruder um Hilfe zu bitten:

"Ich muss jede Aufregung vermeiden. Gehaltspfändungen im Geschäft würden meine Stellung und meine Nerven gleichzeitig untergraben. Chef vom Dienst und solche Sachen – als Betriebsführer weißt Du selbst, wie so etwas rein psychologisch

Kölnische Zeitung

AUSG. A: STADT-ANZEIGER / AUSG. B: KÖLNISCHE ZEITUNG MIT HANDELSBLATT U. STADT-ANZEIGER / AUSG. C: KÖLNISCHE ZEITUNG MIT HANDELSBLATT

```
KÖLN, BREITE STRASSE 64
SAMMELRUF: 210251
TELEGRAMME: DUMONT KÖLN
                                               17-XI.37
SCHRIFTLEITUNG

    PRIVAT!

        Herrn Alfred Belzner,
        Herbaria-Kräuter-Paradies,
        Philippsburg (Baden).
        -------------------------

        Mein lieber Alfred,
        seit einer Woche bin ich nun hier in Köln. Auf der
        Zeitung gefällt es mir ausgezeichnet - nur zu der
        Stadt kann ich kaum ein Verhältnis finden.
        Dazu kommen durch die ganzen verzwickten Familien-
        verhältnisse noch schwierige wirtschaftliche Sorgen,
        gerade das Rechte für meinen augenblicklichen Gesund-
        heitszustand.-Ich möchte hier nicht mit Vorschuss an-
        fangen und hätte drum eine grosse und dringende Bitte
        an Dich: Kannst Du mir (evtl. über eine Bank) bis zum
        1.April 1938 dreihundert Mark pumpen? Ich müsste das
        Geld allerdings im Lauf einer Woche hier haben. Wegen
        der Rückzahlung brauchst Du Dich nicht zu ängstigen:
        ich gebe Dir jede erdenkliche Sicherheit dafür.
        Schreibe gleich.

                        Herzl. Gruss
                        Dein Emil
```

31: Brief Emil Belzners an seinen Bruder Alfred, 17.11.1937

eben wirkt. Ich möchte mich nach einer solchen Blamage nicht mehr in einem Hause sehen lassen, wo ich als sogen. ‚großes Tier' gelte." [203]

Im November wurden erneut verschiedene Wechsel fällig, die Belzner nicht begleichen konnte. Er fürchtete um seine berufliche Zukunft, falls seine Insolvenz ruchbar würde:

"Ich brauche unbedingt noch einmal ein Vierteljahr Frist. [Sonst] habe ich Schwierigkeiten mit meiner Berufsorganisation und automatisch damit auch mit meiner Stellung. Mit dem Prädikat *ungeeignet* für einen leitenden Posten ist man dann sofort bei der Hand." [204]

Auch diesmal bereinigte Alfred die Angelegenheit.

In dem umfangreichen Briefwechsel zwischen den beiden Brüdern werden fast ausschließlich private Angelegenheiten besprochen. Politisches wurde selten und wenn, dann nur ganz zaghaft thematisiert. Im Herbst 1938 etwa erwähnte Emil seine ernsten Sorgen um einen drohenden Kriegsausbruch, denen Alfred seine feste Überzeugung, "daß nunmehr ein europäischer Krieg so gut wie ausgeschlossen ist" entgegenhielt. [205] Kommentare zu innenpolitischen Ereignissen (etwa der 9. November 1938!) verkniffen sich beide aus gutem Grund. Als Platzhalter seines Schweigens setzte Emil Belzner häufig eine stets gleichbleibende Formel: "Alles andere mündlich." [206]

71

32: Emil Belzner

Kurz nach dem Jahreswechsel schmiedete Belzner überraschenderweise schon wieder neue Pläne. Keine Rede war mehr von der "Lebensstellung" bei der Franckhschen Verlagshandlung:

"In Stuttgart werde ich voraussichtlich nicht bleiben. Es sind inzwischen Möglichkeiten am Horizont aufgetaucht, die mir den Abschied von Schwaben sehr leicht machen werden."[207]

Der Abschied aus der Kosmos-Redaktion kam schneller als erwartet. Anfang Februar 1939 machte Emil Belzner seinem Bruder die folgende Mitteilung:

"Inzwischen hat sich hier mancherlei getan. Durch die Schuld des Hauptschriftleiters und Mitverlegers Konsul Euchar Nehmann haben wir in jedem Heft bis zum Dezember 1938 (!) noch Beiträge von Juden gebracht. Ich habe den Rücktritt des 74jährigen Hauptschriftleiters wegen völliger geistiger Unfähigkeit und persönlicher Ungeeignetheit gefordert und gekündigt. Bis zur Regelung der völlig untragbaren Verhältnisse durch den Reichsverband der Deutschen Presse bin ich gleichzeitig in Urlaub gegangen. – Eine für den *Kosmos* sehr unerfreuliche Geschichte. Zunächst wird einmal der Hauptschriftleiter von der Berufsliste gestrichen werden und wegen der übrigen noch zu klärenden Verhältnisse wird eine eingehende Untersuchung folgen."[208]

Belzner hatte es hier wohl mit der Angst zu tun bekommen. Schon mit dem *Gesetz zur Wiederherstellung des Berufsbeamtentums* vom 7. April 1933, waren die Beschäftigungsmöglichkeiten für Juden erheblich eingeschränkt worden. Zwei Jahre nach den *Nürnberger Gesetzen* waren "Beiträge von Juden" in einer Zeitschrift fast undenkbar. Auch für sich selbst musste er mit erheblichen Konsequenzen rechnen, wenn er nicht schleunigst jede Verantwortung von sich wies. Eine Portion Opportunismus war hier im Spiele, aber vor allem die Furcht, einmal mehr in Konflikt mit den NS-Behörden zu kommen. Letztlich ist es nicht möglich, diese Geschichte, für die es keine weiteren Zeugnisse gibt, näher zu beleuchten. Umso mehr, als auch dieser Rücktritt von einer Stuttgarter Schriftleiterstelle auf unklare Weise mit einer Frauengeschichte verbunden war. Belzner hatte sich mit der Frau eines Kollegen eingelassen, der nun mit allen Mitteln gegen seinen Beleidiger vorging. Diesbezügliche gerichtliche Auseinandersetzungen brachten Belzner noch lange Zeit danach in arge Schwierigkeiten.

Nach dem Rücktritt von seinem Posten bei der Franckhschen Verlagsanstalt trat Belzner im Februar 1939 erneut den Weg in die Arbeitslosigkeit an. Einen finanziellen Befreiungsschlag erwartete er von der Veröffentlichung seines neuen Romans, der aber letztendlich erst Ende 1940 herauskam. Daneben war offenbar ein nicht näher bekanntes Zeitschriftenprojekt in Planung, auf das er ebenfalls große Hoffnungen setzte:

"Wenn alles klappt bekomme ich zum 1. Juli eine sehr einflußreiche Stellung als Hauptschriftleiter. Ein großer Verlag, der unter dem Patronat Görings steht, will meinen Zeitschriftenplan (mit einem eigenen zusammen) verwirklichen. Die Bezahlung ist sehr gut, wesentlich besser jedenfalls als meine bisherige. Ich bin jetzt dabei, das Modell der Zeitschrift zu entwerfen und mir den Redaktionsstab zusammenzustellen."[209]

In dieser Angelegenheit entfaltete Belzner in den folgenden Monaten eine rege Betriebsamkeit, fuhr mehrmals nach Köln und Berlin und schmiedete laufend Pläne. Seine größte Sorge war eine neue Regelung, derzufolge von Schriftleitern völlige Schuldenlosigkeit erwartet wurde. Einmal mehr erwartete er, dass sein Bruder ihm in dieser "gefährlichen Situation" beispränge:

"Wenn ich nicht irre, besitzest Du das Buch über van Gogh. Dann wirst Du auch gelesen haben, wie sein Bruder ihm in Krisenzeiten geholfen hat. Um eine solche Hilfe bitte auch ich, falls sie möglich ist. Denke, wenn Krieg wäre, wäre sowieso alles kaputt, und so tust Du etwas für den Namen Deiner Familie. Ich kann es Dir bestimmt innerhalb von zwei Jahren zurückzahlen."

Der weitere Fortgang des Briefes wirft ein deutliches Licht auf Belzners politische Naivität:

"Bekomme ich die Stellung nicht, bleibt mir nichts anderes übrig, als Deutschland zu verlassen. Ich würde wahrscheinlich nach Kuba gehen, wo mir Freunde die Möglichkeit bieten können, für ein Jahr etwa unabhängig für mich zu arbeiten. Lieber jedoch bliebe ich im Lande. Aber wenn ich aus der Berufsliste gestrichen bin, besteht keine Möglichkeit mehr."[210]

Die Zeitschriftenpläne gingen schließlich mit dem Ausbruch des Krieges unter.

Kosmos

Handweiser
für Naturfreunde

und

Zentralblatt
für das naturwissenschaftliche Bildungswesen

Herausgegeben vom
Kosmos
Gesellschaft der Naturfreunde

35. Jahrgang 1938

Stuttgart
Franckh'sche Verlagshandlung

33: Titelblatt des Kosmos

Ungeachtet des Krieges wurde Belzner im Herbst 1939 nochmals von seinem Liebesleben beim Kosmos eingeholt. Da die spärlichen Quellen kein klares Bild ergeben, hat es wenig Sinn, an dieser Stelle die ganze schmutzige Geschichte auszubreiten. Wesentlich aber ist, dass Belzner in diesem Zusammenhang auch politisch denunziert und infolgedessen mehrmals verhaftet wurde. Es gelang ihm zwar, wie er seinem Bruder schrieb, "sämtliche Unterstellungen an Hand von Dokumenten [zu] widerlegen",[211] die Sache war damit aber noch nicht vom Tisch.

Am 24. Juli 1940 verlor Belzner den gegen ihn angestrengten Beleidigungsprozess vor dem Landesgericht Stuttgart. Die Anklage hatte die privaten Vorwürfe geschickt mit politischen Verunglimpfungen verbunden und nicht zuletzt dadurch die Position Belzners erheblich geschwächt. Die Nazipresse ging zum Angriff über. Unter dem Titel *Die Welt eines Scharlatans* wurde Belzner im Stuttgarter *NS-Kurier* als "Schmutzfink" dargestellt, "der alles, was anderen heilig ist, Ehre und Freundestreue, Charakter und Wahrhaftigkeit, Anstand und Sitte" verneine:

> "Es ist kein Zufall, daß die Laufbahn dieses Romanciers des Verfalls, der sich einst mit einem literarischen Abstieg in die Niederungen krankhafter Erotik in die Literatur seiner Zeit einführte, mit einem ebenso trivialen Schundroman, dessen Hauptrolle er selbst übernahm, in der Publizität des Gerichtssaals ihren Abschluß fand."[212]

Belzner wurde zu fünf Monaten Gefängnis verurteilt, hoffte aber auf eine "völlige Rehabilitation" in der nächsten Instanz. Nach Ende des Prozesses wurde er "von der Gegenseite erneut denunziert" und musste "vier Tage in Sicherheitshaft zubringen, bis der verleumderische Tatbestand einwandfrei zu meinen Gunsten geklärt war."[213] Die Strafe war erst nach einer endgültigen Klärung des Falles anzutreten.

Ungeachtet dieser Querelen hatte Belzner im Sommer 1940 seinen neuen Roman *Ich bin der König* fertiggestellt, der im Herbst bei Blanvalet in Berlin erschien. Die Geschichte spielt im England des ausgehenden 17. Jahrhunderts. Der Herzog von Monmouth, ein natürlicher Sohn Karls II., versucht seinen Onkel Jakob II. vom illegitimen Thron zu verdrängen. Obwohl er insbesondere im Westen des Landes zahlreiche Anhänger für sich gewinnen kann, scheitert der Aufstand, und James Monmouth stirbt schließlich 1685 auf dem Schaffott. Bei Belzner wird dieses Kapitel englischer Historie zum grotesken Bühnenbild der Liebesgeschichte zwischen dem Gutsbesitzer Dudley Flint und seiner Braut Jane Moore. Auf der Hochzeit der beiden Liebenden führen James und seine Gefolgsleute am Vorabend der Entscheidungsschlacht ein unglaubliches Theaterstück zu Ehren des Brautpaares auf, in das auch der König, der sich unter den Zuschauern befindet, einbezogen wird. Mit einer frechen Rede aus einem Bierbottich heraus greift Daniel Defoe in das Romangeschehen ein. Er trägt später den verwundeten James vom Schlachtfeld und zollt am Ende dem abgeschlagenen Haupt seinen Abschiedsgruß. Letztlich siegt also der Usurpator Jakob II., der im Buch reichlich Gelegenheit erhält, seine Grausamkeit unter Beweis zu stellen.

Mit *Ich bin der König* macht Emil Belzner Marcuses Einschätzung als "barokker Poet" alle Ehre. Die Sprache der Akteure ist gespreizt und scheint mehr dem klassischen Theater als einem Roman des 20. Jahrhunderts anzugehören. Hat man sich aber an das barocke Gepränge gewöhnt, so kann man sich an der opulenten Fabulierlust Belzners erfreuen. Allein die altväterliche Beschreibung des Liebesverhältnisses zwischen Dudley und Jane bereitet einigen Verdruss. Es überwiegen aber einfallsreiche Bilder und eine immer wieder überraschende Farbigkeit der Naturbeschreibungen:

> "Das Zögern der Nacht, hereinzubrechen, war ein wunderbares Schauspiel, in dem die Bilder des Tages noch einmal ehern feststanden, eh´ sie in die alten Farben und Elemente heimkehrten und nichts zurückließen als Schatten, Glanz und Lichter des Gedenkens. Da und dort warf die Dämmerung ihre Haine, da und dorthin fiel ein Stern."[214]

Die erste Auflage des Romans von 5.000 Stück war bereits vor Erscheinen vergriffen, was aber nicht bedeutete, dass die Kritiker zu einem einhelligen Urteil kamen:

> "Westecker hatte mich 1940 in der Berliner-Börsen-Zeitung ziemlich scharf und bedenklich angegriffen: wie ich es wagen könne, mit meinem Buche *Ich bin der König* Deutschland in seinem Kampf gegen England in den Rücken zu fallen. Was wieder ein Signal zur Verschärfung der Hetze gegen mich war."[215]

Die Frankfurter Zeitung war hingegen ganz positiv gestimmt und schloss ihre Besprechung vom 1. September 1941 mit einem subtilen Hinweis: "Der verständige Leser freut sich der Bildhaftigkeit und des geschliffenen Dialogs wie des grimmigen Humors und der subtileren Ironie. Wer freilich einen Roman der herkömmlichen Art erwarten wollte, der käme nicht auf seine Kosten."

> "Es war eine Zeit, wo mittels einer Negation das Positive gesagt werden mußte," erläuterte Belzner im Nachwort der Neuauflage von 1954. "Das Publikum der letzten Jahrgänge der *Frankfurter Zeitung* war bewandert in der Entschlüsselung von Formulierungen und verstand sich darauf, notfalls zwischen den Zeilen zu lesen. Das Herkömmlich-Historische war damals das Historische aus dem Gesichtswinkel jenes unbeschreiblichen Gefreiten, der alle Geschichte nach seinen gewaltsamen Begriffen für prästabiliert, das heißt auf sich persönlich ausgerichtet hielt."[216]

Zwischen den Zeilen las sich der Roman als eine eindeutige Stellungnahme gegen die Tyrannis, man setzte Jakob mit Hitler gleich und wurde mit dieser Lesart auch an manch anderer Stelle fündig. Vielleicht erklärt sich so das große Publikumsinteresse, die schnelle zweite Auflage noch 1940 und eine dritte Auflage (12.-16. Tsd.) im Frühjahr 1941. Danach wurden die Papierzuteilungen gestrichen. Im gleichen Jahr wird Belzner aus der Schrifttumskammer ausgeschlossen[217] – vielleicht hatte doch jemand etwas gemerkt.

Im Herbst 1940 war davon noch keine Rede, im Gegenteil: Während einer Reise nach Berlin, die hauptsächlich einer "Besprechung im Propagandaministerium" galt, wurde auch eine Verfilmung des Romans erwogen:

> "Wahrscheinlich werde ich auch meinen alten Freund Dr. Wilhelm Fraenger treffen, der im Schiller-Theater bei Heinrich George künstlerischer Leiter ist. Möglicherweise

34: Emil und Alfred Belzner um 1940

interessiert sich George für die Verfilmung des Sujets. Der Jakob II. wäre eine groß-
artige Rolle für ihn."[218]
Heinrich George zeigte dann tatsächlich Interesse. Am 21. Oktober konnte
Belzner seinem Bruder berichten: *"Heinrich George liest zur Zeit das Buch, um
zu prüfen, ob sich daraus ein Film-Sujet machen lässt."*[219] Nach Belzners Rück-
kehr aus Berlin aber verlaufen die hochfliegenden Filmpläne im Sande.
Ende 1940 erhielt Emil Belzner in Stuttgart seinen Gestellungsbefehl. Am 5.
Januar 1941 wurde er in Stuttgart zu einer in Aschersleben stationierten Flak-
Einheit eingezogen, erlitt aber drei Tage darauf, noch vor dem Aufbruch zur
Truppe, einen schweren Anfall von Angina pectoris und musste ins Krankenhaus. In der *Fahrt in die Revolution* hat Belzner diese schicksalsschweren Tage
beschrieben:
"Ich wurde im Januar 1941 mit vielen Gleichaltrigen zur Flak eingezogen. Man wußte, daß noch in der ersten Hälfte dieses Jahres der Krieg mit Rußland kommen würde. Aus BBC-Sendungen und Andeutungen war das herauszuhören. Ebenso aus politischen Aufgeregtheiten im Quirinal, wie aus positiven kurialen Erwartungen ('Es ist
Gottes Wille, Gottes Feinde zu vernichten'). Im Großen Saal der Stuttgarter Liederhalle war der Treffpunkt, wo die Namen aufgerufen, die Personenkontrolle vorgenommen und die einzelnen Trupps für den Abmarsch zum Bahnhof eingeteilt wurden. Schablonen-Offiziere und bösartig aussehende Wachtmeister dirigierten das
Ganze im Großen Saal der Stuttgarter Liederhalle mit ,Mal herhören!', Trillerpfeifen
und Kasernenhof-Kalauern. *Alle Menschen werden Brüder* hörte ich ein paar verschollene Takte hinter der eingeschalten, mit Sandsäcken geschützten Festorgel hervor. ,Ihr kommt nach Polen zur Ausbildung', schrie ein Hauptwachmeister mit dik-
ken Kolben an den Ärmeln. ,Dort werden wir Menschen aus euch machen!' Die

meisten wieherten und kicherten und freuten sich auf die Reise. Gute Verpflegung war zugesagt. Bevor es losging, wurden wir truppweise in den unteren kleinen Nebenzimmern abgefüttert mit dicker Erbsensuppe, mit Wurst und Dörrfleisch. Im Großen Saal der Liederhalle war uns gesagt worden: ‚Ihr seid jetzt Soldaten und könnt mit Stolz auf die Zivilisten herabblicken. Zivilisten sind natürlich auch Menschen, aber ihr seid die besseren Menschen, weil ihr kämpfen dürft für Deutschlands Größe! Aufstehen, singen: *Deutschland, Deutschland über alles, über alles in der Welt*. Wiederholen: *Deutschland, Deutschland über alles, über alles in der Welt.*!" Begleitet von einer Polizeikapelle, die inzwischen zu unserem Abmarsch eingetroffen war. Draußen an den Straßenseiten lag meterhoch der Schnee. ... Manche beneideten mich, daß ich beim Militär unterkriechen konnte. Ich beneidete mich nicht. Denn ich wollte ja nicht einem verhaßten Regime dienen, ihm auch zum Schein nicht dienen."

Die ersten Trupps begannen sich vor der Liederhalle zu formieren und marschierten in Richtung Bahnhof ab.

"Ich marschierte beim vorletzten Trupp, ganz außen, hart an die hochgetürmten Schneehaufen herangeschoben, einen verschnürten Pappkarton mit dem Nötigsten umgehängt. Die Strecke zum Bahnhof war leicht. Ich wußte, daß ich gar nicht bis zum Bahnhof kommen würde. ... ich rang nach Luft, ich riß meinen Mantel und mein Hemd auf, ich sah ein paar ängstliche Frauen und Kinder davonspringen, ich stieß einen Schrei aus, ich hörte ihn selber noch, ich taumelte, wurde von der nachfolgenden Kolonne zur Seite gestoßen und stürzte, wie von der Axt gefällt, mit dem Gesicht voran in den hohen Schnee an der Straßenseite. Wochenlang lag ich mit einer funktionellen Angina pectoris und mit einer gebrochenen Schulter zuerst im Standortlazarett, dann in einer Spezialklinik."

Die Romanschilderung scheint den wirklichen Ereignissen sehr nahe zu kommen. Der Vermieter Belzners (seit März 1940 wohnte er in der Gänsheidestraße 43) teilte dem Bruder Alfred, der in Esslingen stationiert war, am Mittwoch, 8. Januar 1941, in einem Telegramm mit, dass "Herr Emil Belzner heute mit einer schweren Angina ins Reserve-Lazarett Karl-Olga Krankenhaus, Stuttgart eingeliefert wurde".[220] Schon in den Monaten vor der Einberufung hatte Belzner über starke Herzbeschwerden geklagt, die in erster Linie psychosomatische Ursachen gehabt zu haben scheinen. In den Tagen nach seiner Einlieferung ins Stuttgarter Lazarett hatte Belzner starke Depressionen, bei ersten Untersuchungen wurden keine gravierenden körperlichen Defekte festgestellt. Bedingt durch dieses Untersuchungsergebnis schickte man Belzner am 17. Januar in Richtung Bonn (Hermann-Göring-Kaserne) auf die Reise. Unterwegs brach er jedoch zusammen und wurde am 19. Januar in das Reservelazarett Neckargemünd eingeliefert. Einige Tage später wurde er auf eine Beobachtungsstation der Heidelberger Medizinischen Klinik verlegt. Anfang Februar dann erfolgte schließlich die Überstellung als Kanonier seiner Flak-Ersatz-Abteilung 4 nach Aschersleben. Er erhält einen Platz auf der Genesenden-Stelle. Auch dies wird ähnlich im Roman geschildert:

"Nach Monaten mußte ich als Zivilist mit Militärpapieren zu einer Flakersatzabteilung nach Aschersleben im Regierungsbezirk Magdeburg reisen, wo ich höchst mißtrauisch aufgenommen wurde. "Genesenden-Batterie der Flakersatzabteilung IV Aschersleben" war das eingezäunte Schulhaus überschrieben, in dem sich mein vorläufiges Quartier befand. Man war sich zunächst unschlüssig, ob der merkwürdige Zivilist angenommen und eingekleidet werden konnte. In Polen wartete eine weiße Leinwand."[221]

Nach zwei Wochen bereits, gegen Mitte Februar 1941, wechselte Belzner abermals den Ort. Wegen anhaltender Beschwerden kam er in das Reservelazarett Ilten bei Hannover. Im Nachlass seines Bruders Alfred haben sich zahlreiche Briefe aus dieser Zeit erhalten, die fast lückenlos Auskunft über sein Befinden geben. Emil Belzner fühlte sich sehr schlecht und manchmal dem Tode nahe. Bereits am 9. Februar schrieb er an seinen Bruder:

"Mein lieber Alfred, entlassen werde ich wahrscheinlich vorläufig nicht, aber demnächst wohl beurlaubt. Der Truppenarzt hier will mir sehr wohl und hat großes Verständnis für meine Krankheit. Diese wird von Tag zu Tag schlimmer. Bald kann ich nicht mehr. Diese Atemnot schon nach der kleinsten Anstrengung und nach wenigen Schritten bringt mich im wahrsten Sinn des Wortes noch um."[222]

Im Reservelazarett Ilten wurde schließlich festgestellt, dass es sich bei Belzners Krankheit tatsächlich um eine "funktionelle angina pectoris" und "Herzasthma" handelte.[223] Er hoffte auf einen Erholungsurlaub, der allerdings noch längere Zeit auf sich warten ließ.In einem Brief an seinen Bruder beschrieb Belzner seinen Alltag im Lazarett:

"Ilten selbst jedoch ist ein merkwürdiges Lazarett. Es gibt da Abteilungen, die schon mehr einem KZ ähneln; in diesen geschlossenen Abteilungen sind fahnenflüchtige Offiziere und Mannschaften und dergleichen untergebracht, die später vor ein Kriegsgericht kommen und hier auf ihren Geisteszustand und auf den Grad ihrer Verantwortlichkeit hin untersucht werden. Weiter hinten befindet sich eine Irrenanstalt, in der zum Teil noch geistesgestörte Offiziere und Soldaten aus dem Weltkrieg untergebracht sind! Du kannst Dir denken, wie das alles auf mich wirkte. Mit manch einem dieser bedauernswerten Opfer, die das Gut der Anstalt bewirtschaften, habe ich mich schon auf meinen Spaziergängen unterhalten und erschütternde Einblicke in menschliche Schicksale gewonnen. ... Bei der Einlieferung neuer Insassen helfe ich den überlasteten Ärzten: ich führe die Intelligenzprüfung der neuen Patienten und Delinquenten durch, eine für mich gewiß sehr aufschlußreiche Tätigkeit, aber in meinem gegenwärtigen Zustand nicht gerade besonders helfend und heilend. Ich muß jetzt so rasch als möglich aus dieser ganzen mir und meinem Leiden so wenig zuträglichen Atmosphäre heraus, wenn ich nicht dauernden Schaden nehmen oder gar eine Katastrophe eintreten soll."[224]

Infolge der Wartezeit und der großen gesundheitlichen Beschwerden geriet Belzner mehr und mehr in eine verzweifelte Stimmung. Immer häufiger dachte er daran, seinem Leben ein Ende zu setzen. Welchen Einfluss die ausweglose politische Lage dabei auf sein Befinden ausübte, kann man nur mutmaßen. Mitunter gewinnt man den Eindruck, der zweifelsohne hypochondrisch veranlagte Belzner sei rein auf sich selbst fixiert gewesen und habe nur an seiner persönlichen Situation gelitten. An seinen Bruder schreibt er einmal: "Viel lieber wäre ich gesund und ein froher Soldat."[225] Doch kann man eine solche Äußerung vielleicht auch als taktisch bedingt begreifen, war doch stets damit zu rechnen, dass die Briefe eines Soldaten einer Kontrolle unterlagen.

35: Verlagswerbung für *Ich bin der König*

Über den Umweg zu seiner Einheit in Aschersleben konnte Belzner am 9. April endlich einen zweiwöchigen Genesungsurlaub in Stuttgart antreten. Auf der Heimreise hatte er Gelegenheit, in der Bahnhofsbuchhandlung in Halle an der Saale ein Sonderfenster mit der dritten Auflage seines Buches *Ich bin der*

König zu bestaunen. "Das Buch geht glänzend" teilte er seinem Bruder noch am 10. April aus Stuttgart mit.[226] Weder dieser Erfolg noch ein 14-tägiger Aufenthalt bei seiner Korntaler Freundin vermochte ihn jedoch aus seiner schwarzen Stimmung zu reißen. Als ein Gesuch um Verlängerung seines bis zum 25. April währenden Urlaubs abschlägig beschieden wurde, zog Belzner die Konsequenz. In mehreren Briefen an seinen Bruder aus den letzten Apriltagen nahm er endgültig Abschied und traf letzte Verfügungen. Bis ins Detail legte er fest, was nach seinem Ableben zu geschehen habe. Mehrmals wies er seinen Bruder dabei auf sein drittes Kind hin, das möglichst bald seinen Namen erhalten sollte. "Ich kehre in die himmlische Freiheit zurück, aus der ich stamme", schrieb er an seine Freundin.

Am 1. Mai 1941 schoss sich Emil Belzner im Baden-Badener Haus seines (abwesenden) Freundes Franz Heinrich Staerk eine Kugel in die Brust. Die Kugel durchschlug die Lunge und tangierte das Herz. Mit dieser lebensbedrohlichen Verletzung wurde er in das städtische Krankenhaus Baden-Baden eingeliefert, wo er lange zwischen Leben und Tod schwebte.

In dem bereits mehrfach zitierten *Lebenslauf* stellte Belzner die Ereignisse folgendermaßen dar:

> "Als alter Anti-Militarist sollte ich den preußischen Militarismus kennen lernen. Gleichzeitig wurde wegen meiner verbotenen Bücher derart gegen mich gearbeitet, dass kaum noch ein Heller für meine Existenz zu geben war. Aus klarer Existenz, dass in diesem Lande Freiheit und Menschenwürde unbekannte Dinge geworden sind, und aus Scham, ein Deutscher zu sein, schoss ich mir am 1. Mai 1941 eine Kugel in die Brust. Trotz der sehr schweren Verletzung kam ich wie durch ein Wunder mit dem Leben davon. Ich nahm diese Rettung als Zeichen, dass ich wohl doch noch etwas zu leisten haben werde."[227]

Die Wirklichkeit war wohl vielschichtiger. Man darf die schwierigen privaten Verhältnisse Belzners ebenso wenig außer Acht lassen, wie die anhaltenden gesundheitlichen Probleme. Judith Belzner spricht von einem "Bilanzselbstmord".[228]

Belzners Familienangehörigen waren sofort zur Stelle, vor allem seine Schwester Johanna wachte Tag und Nacht am Krankenbett. Obwohl Emil Belzner nicht recht daran glauben wollte, machte die Heilung verhältnismäßig rasche Fortschritte. Anfang Juni schrieb er bereits eigenhändig an seinen Bruder: "Alle sagen, es ginge mir nun besser und ich würde sicher davon kommen, ich aber fühle mich nicht so, dass ich dem unbedingt beistimmen könnte. Denn inzwischen habe ich mancherlei Rückfälle ... erlebt."[229] Schwere Herzkrämpfe und Atemnot sollten ihn noch lange Zeit begleiten, er dachte täglich an den Tod. "Es wäre eine Torheit, schrieb er an seinen Bruder, wenn ein Mensch in meiner Lage dies nicht täte."[230]

Am 6. Juni wurde "in einer meisterhaften Blitzoperation" die Kugel ("8,5 Millimeter Durchmesser") aus der Brust entfernt, und ganz allmählich kehrte auch der Lebenswille des Patienten wieder.[231] Damit rückten aber auch neue

36 :Emil Belzner in Uniform

Sorgen in den Blickpunkt. In der Stuttgarter Beleidigungssache aus dem Jahre 1940 lag ein Haftbefehl aus Stuttgart gegen Emil Belzner vor. Die dortige Staatsanwaltschaft hatte sich an das Militär gewandt, um das Urteil (5 Monate) an einem nun der Wehrmacht angehörenden Verurteilten auf diesem Wege vollstrecken zu lassen. Eine Revision war durch das Reichsgericht "als offensichtlich unbegründet" verworfen worden.[232] Hinweise der Baden-Badener Ärzte, Belzner sei nicht transportfähig, beantwortete das zuständige Feldgericht

Münster mit der Aufforderung, ihn möglichst bald in ein Militärlazarett zu überweisen. Und es lagen weitere Anschuldigungen vor: Durch die eigenmächtige Ausdehnung seines Urlaubs, durch seine Reise nach Baden-Baden in Zivilkleidung und durch den zu verhandelnden Akt der "Selbstverstümmelung" hatte er sich strafbar gemacht. Auch in dieser Angelegenheit war nun das Feldgericht Münster zuständig. Ein Abgesandter des Gerichts vernahm ihn noch am Krankenbett in Baden-Baden.[233]

Am 5. Juli wurde Emil Belzner in eine Psychiatrische Klinik nach Freiburg überstellt. Dort sollte entschieden werden, ob er "die Tat mit der Absicht der Selbstverstümmelung begangen" hatte wie Franz Heinrich Staerk dem Bruchsaler Freund und Rechtsanwalt Belzners, Karl Rödelstab, mitteilte.[234] Bis Ende August blieb Belzner ein "Tischgenosse der Narrenschaft".[235] Er litt weiterhin an den unterschiedlichsten Beschwerden, konnte sich aber in Freiburg ganz frei bewegen und unternahm so mit seiner Tochter Judith mehrere Ausflüge in die Stadt und die Umgebung. Obwohl Emil gegenüber Alfred weiterhin ständig von seinem schlechten Befinden und gar einem baldigen Tod sprach, waren die Fortschritte seiner Heilung unübersehbar. Am 25. August wurde Emil Belzner nach Aschersleben gebracht. Er hoffte, von dort aus schnell zur Entlassungsstelle Münster zu gelangen und bald einen Urlaub antreten zu können.[236] Ganz gegen diese Erwartung wurde er "auf Veranlassung des Feldgerichts Münster i. W. bei der Genesenenstelle in Aschersleben vorläufig festgenommen Grund: Urlaubsüberschreitung. ... Ich befinde mich in Einzelhaft auf der Flakkaserne. Gesundheitlich geht es mir sehr schlecht."[237]

Von einem Gerichtsoffizier erfuhr er, dass er sich in Sicherheitsverwahrung befinde und dass vor dem Feldgericht nur die Urlaubsüberschreitung, nicht aber der Suizidversuch abgehandelt würde, "da die Motive anscheinend eingesehen werden."[238] Das ist erstaunlich genug. Mehrere Male war Belzner während seiner Haft in Aschersleben bereits zusammengebrochen. Einem Eingreifen des Propagandaministeriums in Berlin verdankte er einige Urlaubstage. An seinen Bruder schrieb er:

"Gestern habe ich mit Berlin ein Staatsgespräch (als solches war es von Berlin aus angemeldet) geführt. Das Propagandaministerium, das von dem hiesigen Vorfall erfahren hat, hat angerufen und gefragt, ob ich mich in unmittelbarer Gefahr befände. es hat sich in der Sache bereits mit dem Oberkommando der Wehrmacht in Verbindung gesetzt und erklärt, daß es keinerlei Interesse daran hätte, daß mir neue Schwierigkeiten bereitet würden. Ich soll während meinem Urlaub nach Berlin zu einer Besprechung ins Propagandaministerium kommen. Hoffentlich ist das der Weg, die letzten Hindernisse zu beseitigen.[239]

Für diese wohlwollende Haltung des Propagandaministeriums gibt es, angesichts der dauernden Angriffe gegen den Schriftsteller Emil Belzner, keine rechte Erklärung. Schließlich wurde gerade im Jahre 1941 das Berufsverbot gegen ihn ausgesprochen.[240] Vielleicht hatte er Freunde oder Bekannte im Ministerium, die es mit der Parteilinie nicht sehr ernst nahmen und sich für ihn einsetzten. Solche Fälle gab es auch in gehobenen Positionen durchaus, wie ein Bericht Belzners über einen Besuch bei dem ihm bekannten Schriftsteller Jürgen Eggebrecht beim Oberkommando der Wehrmacht verdeutlicht:

"Ich sah ihn das letzte Mal 1941 oder 1942 in Berlin in Oberst- oder Generalsuniform in einer friedlich getarnten Dependance des Oberkommandos der Wehrmacht. Matthäikirchstraße oder so ähnlich hieß die Gegend. Nebenan auf dem gleichen Stockwerk war ein Schild *Hebamme Schulze. Kräftig läuten!* War wohl ein Nachrichten-, Geheim- oder Chiffrierdienst. Alles beängstigend ungemütlich: ‚Kommen Sie nur herein in die gute Stube!‘ Ich dachte damals: ‚Wie soll da nur ein Widerstand zur Welt kommen? Und doch saßen seine Leute – mitten im Feind – an amtlichen Tischen. ... Ich hatte Eggebrecht damals in einer eigenen Feldgerichts-Sache aufgesucht, um mich über meine Situation zu informieren – in Zivil – was mir auf dem Urlaubsschein (‚Reist in Zivil‘) erlaubt war. Seine Ratschläge waren ausgezeichnet: Sie bewegten sich auf der Spur Moltke-Schwejk."[241]

Viel plausibler aber scheint in diesem Zusammenhang eine Geschichte, an die sich Johanna Kleinert, geb. Belzner, erinnert. Demnach habe ihr Bruder ein "Hetzbuch über bzw. gegen Churchill schreiben" sollen.[242] Man kann sich gut vorstellen, dass das Propagandaministerium Belzner ein solches Projekt als eine Art Wiedergutmachung angetragen hat. Dieser hat das Angebot dann möglicherweise zum Schein angenommen, um sich vor weiteren Repressalien zu schützen. Dies würde das anhaltende Interesse des Ministeriums an Belzners Befinden erklären.

Den Berliner Beamten des Propagandaministeriums war es allerdings nicht ohne weiteres möglich, einen Soldaten dem Militärdienst zu entreißen. Das letzte Wort hatte in dieser Angelegenheit die Wehrmacht. Das ProMi hatte für Belzner anscheinend einen sechsmonatigen "Arbeitsurlaub" vorgesehen, den Belzner mehrfach in Briefen an seinen Bruder erwähnt. Sicherlich war aber der Anruf des Ministeriums in Aschersleben der Erteilung eines mehrwöchigen Urlaubs nicht abträglich. Mit dem Ziel, sich vor der Verhandlung in Münster erst einmal zu erholen, wurde er um den 20. September nach Stuttgart entlassen. Vier Wochen später sah sich Belzner gesundheitlich nicht in der Lage, nach Aschersleben zurückzukehren. Er kam in das Reservelazarett IV Stuttgart-Bad Canstatt, einem "Beobachtungslazarett, wo die militärische Qualifikation festgestellt werden soll. ... Berlin hat sich kürzlich nach meinem Befinden telefonisch erkundigt. Daraufhin erhielt ich ein Einzelzimmerchen."[243]

Der Anteilnahme des Propagandaministeriums verdankte Belzner auch einen Besuch eines

"Herrn von der Ufa in Berlin. Die Ufa hat mich eingeladen, auf einige Wochen ihr Gast zu sein. Ich sagte gern zu, doch muß ich mich erst ein Mal erholen, wenn ich hier heraus, d. h. entlassen oder beurlaubt bin. Man möchte wissen, ob ich für bestimmte Film-Pläne Interesse hätte.[244]

Plötzlich interessierte sich auch ein "Berliner Verlag" für eine Lizenzausgabe des *Kolumbus*. "Die Ausgabe wird veranstaltet im Rahmen der Versorgung der Truppen mit guter Literatur." Die erste Auflage sollte allein 100.000 Stück betragen: "Die Anregung ist auf das Propagandaministerium zurückzufüh-

37: Alfred Belzner in Uniform und Vater August um 1941

ren."[245] Keines der Projekte wurde verwirklicht.

Belzners Hoffnung auf einen baldigen längeren Erholungsurlaub wurde nicht erfüllt. Am 15. November wurde er neuerlich in den Norden des Landes verlegt. Sein neuer Standort war der Genesendenzug der Flak-Ersatz-Abteilung 4 in Iserlohn:

"Ich liege hier mit 24 Mann auf einem schlecht zu lüftenden, rauchigen, nasskalten Kasernenspeicher! Und dies alles in meinem leidenden Zustand und mit einer noch wunden Lunge! ... Ich hätte nie gedacht, daß man in Deutschland mit kranken Menschen derart umgeht."[246]

Nach langen Wochen des Wartens wurde Belzner schließlich am 15. Dezember 1941 vom Feldgericht Münster zu 6 Monaten Haft verurteilt. Aufgrund des schlechten Gesundheitszustandes wurde das Urteil jedoch ausgesetzt. In

Erwartung einer "endgültigen Stellungnahme" der verantwortlichen Stellen "zu dem Münsterschen Urteil" musste er noch bis zum März 1942 in Iserlohn ausharren.[247] Die lange Warterei auf eine Entscheidung empfand Belzner als unerträglich. Vehement verwahrte er sich gegen eine Unterstellung seines vom Januar an in Frankreich eingesetzten Bruders, er sei überempfindlich:

"Ich befinde mich in allerhöchster Gefahr: gesundheitlich zuerst und dann der ganzen Situation nach. Man mordet mich mit voller Überlegung langsam dahin, wenn das nicht bald ein Ende nimmt."[248]

"Das Atmen bereitet mir starke Schmerzen in Brust und Rücken, die Ohnmachten häufen sich und treten bedrohlicher auf als sonst", berichtet er kurz nach dem Jahreswechsel."[249]

Im Februar brach Emil Belzner "auf der Straße in Iserlohn zusammen" und wurde für einige Tage wieder in ein Lazarett gebracht. "Ich lag mehrere Stunden bewußtlos."[250] Während die Ärzte seinen Zustand als "nicht bedrohlich" einschätzten, fühlte sich Belzner sterbenskrank.[251] Das Reichspropagandaministerium setzte sich nun direkt beim OKW (Oberkommando der Wehrmacht) für Belzners Entlassung ein. In einem Brief an seinen Bruder zitierte Belzner aus dem amtlichen Schreiben: "Bei der Seltenheit von Schriftstellern, welche derartige Aufgaben übernehmen können, ist eine Beurlaubung oder eine Entlassung Belzners zur Fertigstellung der geplanten Arbeit aus propagandistischen Gründen erwünscht."[252] Es ist vermutlich dieser Intervention zu verdanken, dass Emil Belzner in der zweiten Märzhälfte 1942 neuerlich Urlaub erhielt.

Im Briefwechsel zwischen den beiden Brüdern gibt es hier eine größere Lücke, sodass Belzners Aufenthaltsorte in den Kriegsjahren nur noch sehr lückenhaft nachgewiesen werden können. Im Mai 1942 wurde das Urteil des Feldgerichts Münster (sechs Monate Gefängnis) "in einer neuen Verhandlung ... aufgehoben und in sechs Wochen Arrest umgewandelt."[253] Es ist nicht klar, wo diese Strafe abgebüßt wurde. Es scheint jedenfalls so, als habe er seinen Dienst im Krankenstand nach Ablauf der Arrestzeit weiterhin in Aschersleben abgeleistet:

"Über das Wochenende konnte ich dann und wann in jenem Gasthof wohnen, von dem aus Goethe seine Harzreise angetreten hat. Die Gedenktafel sah ich wohl, aber mir fehlte in jener Zeit wieder einmal der Glaube an Goethe. Gleichgültig ging ich unter der Gedenktafel ins Haus. Gleichgültig betrachtete ich einen Schattenriß Goethes und ein gerahmtes, vergilbtes Notizblatt von ihm. ,Er hat eine ähnliche Schrift wie meine Tante in Maulbronn', sagte ich zu dem freundlichen Wirt, der diese Dummheit nicht gehört haben wollte. Nicht zum erstenmal spürte ich etwas vom Ramsch-Wert der Klassik, von der öden Unterwelt des Schönen. Der Mensch ist etwas ungemein Verwundbares, davon, ja davon sollte die Kunst ausgehen. Nichts ist unheilvoller als das Hölderlin-Wort, wo Gefahr sei, wachse das Rettende auch."[254]

Laut *Lebenslauf* war Belzner 1943 als Kanonier der Flak-Ersatz-Abteilung 62 zugeteilt. "Keine Ausbildung. Krank" ist vermerkt. Am 25. August 1943 schreibt Emil Belzner einen Brief an seinen Bruder aus dem Reservelazarett IV in Stuttgart-Bad Cannstatt und beklagt seine "Lazarett-Odyssee: Ich liege seit

38: Blick von der Stiftskirche auf das zerstörte Stadtzentrum von Stuttgart

16. August hier im Beob. Lazarett, wo ich vor 1³/₄ Jahren schon mal war." Ein Brief aus dem November an die Tochter Judith legt offen, dass sich Belzner nun als Gefreiter der Flak-Ersatz-Abteilung 62 in Oldenburg i. O. aufhält. Wieder spricht er von der Hoffnung, "in zwei Tagen zur Entlassungsstelle Hamburg geschickt" zu werden, "von wo aus ich dann bis zur endgültigen Entlassung beurlaubt werde."²⁵⁵ Diese Entlassung findet dann aber erst am 20. Januar 1944 statt.²⁵⁶

Emil Belzner war nun offiziell aus der Wehrmacht ausgeschieden, fürchtete aber nicht nur eine neuerliche Einberufung, sondern wahrscheinlich auch peinliche Fragen nach dem Schicksal des Churchill-Buches. Offiziell wohnte er weiterhin in der Stuttgarter Gänsheidestraße 43, bemühte sich aber um ständigen Ortswechsel. In Heidelberg fand er bei seiner Tochter Judith Unterschlupf oder bei seinem alten Schulfreund, dem Volkskundler und Theologen Carl Krieger, der 1943 wegen der Bombengefahr mit seiner Tochter Margarete von Mannheim herübergekommen war.[257] In Baden-Baden konnte er sich bei dem befreundeten Schriftsteller und Psychiater Hermann Wolfgang Zahn verborgen halten.[258] Auch in Philippsburg, wo die Familie seines Bruders und Schwester Johanna mit ihren Kindern lebten, war er oft. Johanna Kleinert erinnert sich:

"Er war nach meiner Erinnerung oft auf der Flucht und verschiedene Male bei mir, um sich zu erholen, er hatte keine Lebensmittelmarken. Meistens kam er in der Nacht und ging auch so wieder. Die Nazis (SS) kamen öfters und fragten nach ihm und wollten wissen, wie weit er mit dem Buch wäre. Um mich und meine Familie nicht in Schwierigkeiten zu bringen, sagte er mir nie, wo er hinging oder was er machte. Öfters ging er auf den Speicher, um schwarz zu hören, was natürlich gefährlich war."[259]

Die Zeit bis zum Ende des Krieges war von der Sorge um Sohn Wolfgang und Bruder Alfred geprägt. Alfred war weiterhin in Frankreich, Wolfgang in Italien eingesetzt. Letztendlich kamen beide wohlbehalten nach Hause. Aus dem letzten Kriegsjahr sind nur noch vereinzelte Briefe Emils im Nachlass Alfred Belzners erhalten. Der Briefverkehr war in dieser Phase des Krieges deutlich schwieriger geworden. Es wurden fast nur noch Mitteilungen über das jeweilige Befinden ausgetauscht:

"Mein lieber Alfred, heute nur kurz die Nachricht, dass ich auch die letzten Angriffe auf Stuttgart überstanden habe. Unser Haus ist angebombt; ringsum schwerste Einschläge. Von der Innenstadt steht fast nichts mehr. Morgen fahre ich nach Philippsburg; denn man muß jetzt überlegen, wohin man Johanna mit ihren drei Kindern bringt."[260]

Vom Herbst 1944 an verbrachte Emil Belzner die meiste Zeit in Philippsburg. Offenbar fühlte er sich nun vor Nachstellungen sicher. Er versuchte wieder zu arbeiten und unterstützte, so weit es sein Gesundheitszustand zuließ, seine Schwester, die sich um die "geschäftlichen Dinge nicht unbeträchtlich kümmerte."[261] An den natürlichen Arzneimitteln der Firma bestand auch und gerade in diesen Tagen Bedarf. Es ist erstaunlich, dass es zu diesem Zeitpunkt noch möglich war, genügend Heilkräuter für die Produktion zu beschaffen.

Während Alfred im westfranzösischen Lorient eingeschlossen war, fielen Bomben auf Stuttgart:

"Bei dem erneuten Angriff auf Stuttgart in der Nacht zum 20. Oktober hätt's uns um ein Haar alle erwischt. Ich war gerade zu Besuch in Korntal. Nur einem unvorstellbaren Glück verdanken wir unser Leben. Wie's in meiner Stuttgarter Wohnung aussieht, weiß ich noch nicht, da ich am Tag nach dem Angriff dorthin nicht durchkam und am nächsten hierher abreisen mußte. Ich werd's aber jetzt sehen, wenn ich hinkomme, um den Rest meiner Habe zu packen. ...Von mir selbst ist nicht viel zu berichten: Ich arbeite so gut es geht. Mein Herzleiden macht mir allerdings schwer zu schaffen: tagelang kann ich oft nichts tun und kaum aus dem Hause. Aber wenn's schlimmer wird, will ich froh sein. Das Wichtigste ist, dass wir jetzt Nachricht von Dir haben."[262]

Ein Postsparbuch Belzners gibt darüber Auskunft, dass er am 23. Dezember 1944 überraschenderweise Geld in Wien abgehoben hat. Über die näheren Umstände dieser Reise ist allerdings nichts bekannt. Nach Weihnachten war er bereits wieder mit Judith bei seinem alten Vater, der wenige Jahre nach dem frühen Tod seiner Frau (1929) zurück nach Maulbronn gezogen war und dort bei einer Schwester lebte.

Kurz darauf schreibt Belzner aus Philippsburg an Alfred:

"Hier in Philippsburg läuft der Betrieb noch einigermaßen. ... Morgen will ich versuchen, nach Stuttgart zu kommen, vor allem, um meinen Arzt aufzusuchen und um noch einiges Arbeitsmaterial hierher mitzunehmen. Wenn nur mein Herz durchhält, daß ich die begonnenen Arbeiten vollenden kann."[263]

In der nächsten Zeit pendelt Belzner ständig zwischen Philippsburg, Stuttgart, Korntal und Maulbronn. Auch die Heimatstadt Bruchsal suchte er nach dem schweren Bombenangriff vom 1. März 1945 auf:

"Gestern kam ich von Stuttgart zurück. In Maulbronn geht es soweit ordentlich. Bei dem Angriff auf Bruchsal haben wir viele Bekannte verloren. ... Von der großen Brükke bis zur Schillerstube steht kaum noch etwas. Auch das Schloss ist zerstört, Durlacherstraße, Huttenstraße, die Bahnhofsgegend. ... Jetzt ist unser freundliches Heimatstädtchen dahin und mit den verschwundenen Stätten viele liebe Erinnerungen. – Wir sind hier beim Packen. Möglicherweise werden wir doch bald ins Württembergische ziehen."[264]

Dieser Brief ist das letzte erhalten gebliebene Schreiben vor dem Kriegsende.

"Das Feuilleton ist kein Ruhekissen für ein Viertelstündchen"

Heidelberg und die Rhein-Neckar-Zeitung (1946-1969)

Nach Kriegsende wohnte Belzner weiterhin in Stuttgart, unternahm jedoch häufigere Ausflüge nach Heidelberg. Die Universitätsstadt war äußerlich unversehrt geblieben, lediglich die Neckarbrücken waren in den letzten Kriegstagen von übereifrigen Wehrmachtsangehörigen gesprengt worden. 1970 erinnerte sich Belzner:

"Heidelberg war 1945 eine der überfülltesten Städte, daneben eine Lazarettstadt vorbildlichster Pflichterfüllung, obgleich es zuletzt an vielem fehlte. Seit den schweren Luftangriffen auf Mannheim und andere Städte des Gebiets hatten zahlreiche Bombenflüchtlinge *(Bombenschädlinge* nannte sie der ungehaltene, nicht immer mitempfindende Volksmund) hier Schutz und Zuflucht gesucht und schließlich meist auch gefunden, sofern man Beziehungen und Bekannte hatte und etwas für Unterkunft Eintauschbares mitbrachte."[265]

In der so genannten *Stunde Null* wollte der 44-jährige Autor einen Neuanfang in seinem alten Journalistenberuf versuchen. In Heidelberg bot sich ihm hierfür Gelegenheit bei der als einer der ersten Zeitungen im amerikanischen

39: Heidelberg 1945

Sektor gegründeten *Rhein-Neckar-Zeitung*, für die er zunächst vereinzelte Beiträge schrieb.

Am 5. September hatten Hermann Knorr, Theodor Heuss und Rudolf Agricola die Lizenz mit der Nummer 9 für die am gleichen Tag erstmals erscheinende RNZ entgegengenommen.[266] Die drei Lizenznehmer repräsentierten, dem üblichen Verfahren der amerikanischen Besatzungsbehörden entsprechend, unterschiedliche politische Richtungen. Neben dem Sozialdemokraten Knorr und dem Kommunisten Agricola vertrat Heuss das liberale Element. Nachdem Agricola nach den zunehmenden antikommunistischen Attacken im August 1948 die Zulassung entzogen worden war und Heuss nach seiner Wahl zum Bundespräsidenten 1949 seine Anteile abgegeben hatte, blieb von dem ursprünglichen Dreigespann letztendlich nur Hermann Knorr übrig. Er wurde schließlich alleiniger Herausgeber und Chefredakteur.[267] Nach einer Aussage Karl Ackermanns tendierte die Rhein-Neckar-Zeitung in der Folge "weiterhin nach links, geriet dann aber in den Rechtsdrall der Sozialdemokraten und machte die Entwicklung des rechten Flügels der SPD mit."[268]

Die RNZ erschien anfänglich nur mittwochs und samstags und wurde erst ab 1. April 1949 wirklich zu einer Tageszeitung. Da in der ersten Zeit auch die Städte Mannheim, Darmstadt, Karlsruhe und Pforzheim mitversorgt wurden, betrug die Auflage zunächst stolze 300.000 Stück.[269]

Der freie Mitarbeiter Emil Belzner lieferte anfänglich vor allem Lageberichte aus Stuttgart, so zum Beispiel einen *Stuttgarter Überblick* am 27. Oktober 1945, der Gelegenheit bot, einen Blick zurück im Zorn "auf eine Hochburg des Nationalsozialismus" zu werfen:

"Es hat lange gedauert bis es soweit war, aber schließlich hatte das deutsche National-zuchthaus dann hier einen seiner ,Musterbetriebe'. Es wäre töricht, das verschweigen zu wollen und noch törichter, das entschuldigen zu wollen. Die *Stadt der Auslandsdeutschen* war gleichzeitig auch die Stadt verbrecherischster heimlicher Massenhinrichtungen. Die Stuttgarter haben das gewußt. Die anständigen Stuttgarter wußten das mit Entsetzen, die übrigen mit Achselzucken oder gar mit verkommener Genugtuung."[270]

Es überrascht nicht, dass diesem Vorwurf eine heftige Entgegnung in der *Stuttgarter Zeitung* vom 10. November folgte, die Belzner in seiner nächsten *Stuttgarter Umschau* als "lokalpatriotische Entgleisung" bezeichnete. Die harsche und in der Wortwahl unfeine Zurückweisung der Anschuldigung entkräftete er durch den Hinweis auf sein "persönliches Wissen und die praktische Erfahrung". Bedenklich stimmte ihn allerdings der Ton des Artikels: "Das klingt ja verdammt nach gewissen Methoden, die aus den Zeiten der *Reichspressekammer* ... noch in angenehmster Erinnerung sind." Im Vordergrund stand für Belzner aber die Freude über die wiedergewonnene Meinungsfreiheit, die ihn das Ganze als "kleinen journalistischen Zwischenfall" abtun ließ: "Gottseidank können wieder Polemiken geführt werden und sind die Tage rechthaberischer finsterer Partei-Monologe vorbei."[271]

40: Rudolf Agricola, Theodor Heuss, Hermann Knorr, v. l.

Nachwehen anderer Art gab es auch bei der RNZ. Feuilletonchef der Heidelberger Zeitung war Ernst Glaeser geworden, Autor des 1928 erschienenen antimilitaristischen Romans *Jahrgang 1902*, ein Welterfolg der in 23 Sprachen übersetzt wurde.[272] Mit diesem Buch und dem 1935 erschienenen Roman *Der letzte Zivilist*, der die fatalen Umwälzungen der 30er Jahre thematisiert, hatte sich Glaeser an die Spitze der Abschussliste der Nazis katapultiert. Bei der Bücherverbrennung im Mai 1933 stand sein Name neben Heinrich Mann und Erich Kästner prominent für "Dekadenz und moralischen Verfall".[273] Glaeser emigrierte 1933 erst in die Tschechoslowakei und dann in die Schweiz. Nach Kriegsende wollte er sich nun in Heidelberg am Aufbau eines neuen kulturellen Lebens beteiligen.

In den letzten Monaten des Jahres 1945 wurde allerdings noch anderes über Glaeser bekannt. Bereits im April 1939 hatte er sich dazu entschlossen, nach Deutschland zurückzukehren und die Nazis, die zu diesem Zeitpunkt in ihrer Dankbarkeit für die Rückkehr eines Schriftstellers von Rang schon einmal alte Ressentiments vergaßen, nahmen ihn gnädig auf.[274] 1941 wurde Glaeser Mitarbeiter der Wehrmachtzeitung *Adler im Osten*, Anfang Januar 1942 übernahm er das Amt eines "Hauptschriftleiters" des auf Sizilien herausgegebenen Pendants *Adler im Süden*. Vor allem seine an der Ostfront erschienenen Artikel waren offenbar von übelster Machart. Glaeser zeigte sich darin als Virtuose einer Sprache der Unmenschlichkeit. Als diese Seite des einstigen

Vorzeigepazifisten ruchbar wurde, machten die amerikanischen Lizenzgeber nicht viel Federlesens. Die RNZ brauchte einen neuen Feuilletonchef.

Auf Vorschlag von Theodor Heuss fiel die Wahl auf den erfahrenen und politisch als unbescholten geltenden Emil Belzner, der offiziell am 15. Januar 1946 sein Amt als Leiter des Kulturressorts antrat. Das Amt des stellvertretenden Chefredakteurs wurde ihm erst später übertragen.

Nach den Erfahrungen mit Glaeser wird man Belzners Vergangenheit besondere Aufmerksamkeit gewidmet haben. Wie alle anderen hatte auch er sich der alliierten Entnazifizierungsmaßnahmen zu stellen, deren Erfassungsinstrument der *Fragebogen* war.[275] Ob hierbei auch sein 1933 geschriebener Artikel *Laßt frischen Wind herein!* aus der Neuen Badischen Landeszeitung eine Rolle spielte, ist nicht überliefert. In der Redaktion der RNZ wenigstens war diese Geschichte bekannt.

Im Grunde aber hatte man jetzt ganz andere Sorgen. Die Versorgungslage war kritisch: jedem Bewohner der amerikanischen Besatzungszone waren in der Anfangszeit lediglich 800-900 Kalorien täglich zugemessen. Wer keine Bekannten oder Verwandte auf dem Lande hatte, musste hungern. Von der allgemeinen Malaise waren auch die Zeitungsmacher nicht ausgenommen. Sie hatten immerhin Arbeit und eine Aufgabe, die sie allerdings manchmal schlichtweg überforderte. Die Personaldecke war gering. Welche Leistung die Redakteure erbringen mussten, spiegelt die Tatsache wider, dass Belzner in den ersten zehn Jahren bei der RNZ allein 933 Artikel verfasste.[276] Angesichts einer miserablen Ernährung überforderte das häufig die Kräfte der vom Krieg ausgemergelten Gestalten. Bei einer Größe von 1,88 m wog Belzner damals gerade noch 71,5 kg. In seinen Briefen berichtet er häufiger von Schwächeanfällen. An den 1938 in die Schweiz und drei Jahre darauf in die USA emigrierten Historiker Werner Richter, den Belzner schon seit Karlsruher Tagen kannte, schrieb er im Juli 1947:

"Ich bin langsam am Ende meiner Kräfte: schwerste Kreislaufschädigung durch Unterernährung. Nur mit äußerster Energie halte ich mich aufrecht und bei der Arbeit und freilich auch mit dem trotzigen Entschluss: nicht womöglich nachträglich noch auf diese Art ein Opfer der Nazis zu werden."[277]

Richter, der häufiger Beiträge für die RNZ schrieb, unterstützte seinen Kollegen mit CARE-Paketen. Ähnliche materielle Hilfe erhielt Belzner in diesen schwierigen Anfangsjahren vom P.E.N. oder von Freunden, die ins Exil gegangen waren und nun vom Ausland aus helfen konnten. Belzner hatte wiederholt Grund, sich zu bedanken. Natürlich waren diese Sendungen nur ein Tropfen auf den heißen Stein. Ein Ausweg wäre der Schwarzmarkt gewesen, den sich Belzner aber versagte, da er nicht in der Zeitung gegen ihn schreiben wollte, um sich dann im Alltag seiner zu bedienen. So war man auf die karge, durch Marken geregelte Zuteilung der Lebensmittel angewiesen.[278] Eine Besserung trat erst nach der Währungsreform im Jahre 1948 ein.

Gleichzeitig mit seiner Übersiedelung nach Heidelberg hat Belzner seine Korntaler Beziehung abgebrochen. In der Redaktion der RNZ lernte er die Mannheimerin Marianne Graff kennen. Die Halbjüdin hatte während der NS-Zeit Schlimmes mitgemacht und war nun froh über eine Anstellung als Dolmetscherin bei der Heidelberger Zeitung. Es war allein ihrer Initiative zuzuschreiben, dass der ehemüde Belzner am 14. August 1947 ein zweites Mal vor den Standesbeamten trat.[279] Erst im dritten Anlauf kam es wirklich zur Heirat, da Emil Belzner zweimal buchstäblich im letzten Augenblick und mit den merkwürdigsten Ausflüchten einen Rückzieher machte. Beim ersten Mal hatte eine Beobachtung des Vogelflugs üble Vorzeichen erbracht, beim zweiten Mal fand er sein Äußeres einer Hochzeit nicht würdig. Die Trauzeugen Judith Belzner und der Feuilletonkollege Edwin Kuntz waren zweimal vergeblich angetreten.

Das schienen keine guten Voraussetzungen für eine Ehe zu sein, umso mehr, als Emil Belzner bereits kurz nach der Heirat gegenüber seiner Tochter die Bemerkung fallen ließ: "Wir werden uns doch bald wieder scheiden lassen"[280], ein Rettungsanker, der aber nie ausgeworfen wurde. Betrachtet man die wenigen erhaltenen Fotografien der beiden, die alle aus späterer Zeit stammen, sieht man eine sehr aufs Äußere bedachte, grazile Frau und einen robust wirkenden Mann, auf den nur Marcuses Wort vom "intellektuellen Bauern" zu passen scheint. Ein seltsames Paar. Obwohl die polyglotte Marianne literarisch interessiert war und für Verlage Gutachten über fremdsprachige Belletristik erstellte, ließ Emil sie nicht an seiner Arbeit teilhaben. In einem späten Brief an Peter Schünemann gab er sich ganz patriarchalisch:

"Hilfsbereitschaft der Frauen kann man beim Produzieren nicht verlangen, allenfalls Bereitschaft als Frau, jedoch sonst nichts. Mir zum Beispiel ist es nicht angenehm, ja möglicherweise sogar von Schaden, wenn Frauen in unfertige Manuscripte überhaupt Einsicht nehmen. Da können sich unter Umständen feindliche Elemente berühren. Das tangiert unsere Verehrung nicht im geringsten."[281]

Bedingt durch die Wohnraumbewirtschaftung konnte das Ehepaar Belzner nicht ohne weiteres eine gemeinsame Wohnung beziehen. Einem zeitgenössischen Zeitungsbericht zufolge fehlten in Heidelberg damals 4.000 Wohnungen. Obwohl offiziell bereits eine Zuzugssperre bestand, kamen auf der Suche nach einer Bleibe auch weiterhin Menschen in die unzerstörte Stadt.[282] Emil Belzner hatte seit Januar 1946 ein Zimmer im Stadtteil Handschuhsheim, seine Frau wohnte am Kornmarkt in der Altstadt. Nur durch erheblichen bürokratischen Aufwand war es möglich, dass Marianne den "Zuzug" für das Haus Hainsbachweg 1 erhielt, wo auch Judith untergekommen war. Da die beiden Zimmer allerdings zwei Stockwerke auseinander lagen, nur eines beheizbar und auch keine Küche vorhanden war, bemühte sich Belzner Anfang 1949 beim Wohnungsamt um eine neue Bleibe.[283] Diese Bemühungen waren erfolgreich und schon im Mai konnte das Paar einige Straßenzüge weiter zwei zusammenhängende Zimmer im Rolloßweg 12 beziehen. Bereits zwei Jahre später erfolgte ein weiterer Umzug in eine kleine Wohnung im Hausackerweg 10 im Stadtteil Schlierbach.

41: Hochzeitsanzeige

Im Juni 1949 erhielt Emil Belzner den Berliner Heinrich-Heine-Preis zugesprochen, der damals letztmalig gemeinsam von elf renommierten ost- und westdeutschen Verlagen (darunter zum Beispiel Aufbau, Kiepenheuer, Desch, Suhrkamp) gestiftet wurde. Als Preisrichter wurde vom Schutzverband deutscher Autoren (nach Absagen von Erich Kästner und Friedrich Luft) Gerhart Pohl bestimmt, schlesischer Schriftsteller und Freund Gerhart Hauptmanns.[284] Bei der Entscheidung Pohls für Belzner dürfte auch die Tatsache eine Rolle gespielt haben, dass Gerhart Hauptmann Belzners Roman *Ich bin der König!* sehr geschätzt hatte. Im Jahre 1944 war der greise Hauptmann, nach Pohls Zeugnis, von Belzners Buch regelrecht "gebannt". "Er ließ es vorlesen ..., las einzelne Stellen noch einmal oder ließ sie bei den denkwürdigen Teestunden wieder lesen – immer von neuem begeistert."[285] C.F.W. Behl erinnert sich ebenfalls an Hauptmanns positives Urteil über den *König*: "Er rühmte wiederholt die Kühnheit der Phantasie und die geistige Intensität der Dichtung."[286]

In seiner *Analyse des Preisrichters* würdigte Gerhart Pohl Belzner als "Meister der deutschen Sprache" und "wirklichen Gestalter", dessen dichterische Leistung "bis heute nicht gebührend anerkannt sei". Ausschlaggebend für die Entscheidung waren "seine von den Nazis lange unterdrückten oder hintangesetzten Werke" *Kolumbus vor der Landung* und *Ich bin der König*, in erster Linie aber der neue Roman *Die Elefanten des Hannibal*, der nur im Manuskript vorlag.[287] Es ist kurios, dass dieser Roman, der 1950 bei Blanvalet erscheinen sollte, dann späterhin (abgesehen von Auszügen "im Rundfunk und in Zeitschriften und Zeitungen"[288]) gar nicht publiziert wurde. An Rudolf Majut schrieb Belzner noch 1957, das Werk sei "ein nur als Torso vorliegendes Manuskript, späterer Gestaltung vorbehalten."[289] Dazu kam es aber nie, das Manuskript ist leider verlorengegangen.

42: Marianne und Emil Belzner

Der Roman spielt, einer Bemerkung Gerhart Pohls zufolge, im letzten Lebens-
jahr Philipps II. "mit seinen seltsam aufrührerischen Gerüchten von den legendären Elefanten des Hannibal".[290] Das ist wenig erhellend, aber mehr ist
über den Inhalt des Romans nicht zu erfahren.

Elisabeth Langgässer hat die Verleihung des Heine-Preises an Belzner in einem
Brief an ihren Verleger Eugen Claassen lakonisch abschätzig kommentiert:
"Sagte ich Ihnen nicht schon, daß sämtliche Literaturpreise an mir vorbeige-
hen? Raabe-Preis an Bergengruen, Heine-Preis an Emil Belzner. Na ja."[291]
Obwohl die Pressekollegen treulich von dem Ereignis berichteten, steigerte
der Heine-Preis Belzners Bekanntheitsgrad nur unwesentlich. Die Neuauflage

des *Kolumbus*, die im gleichen Jahr erschien, fand nicht gerade reißenden Absatz.[292] Belzner blieb weiter ein Geheimtipp.

In der Beurteilung seines weitgehend ausbleibenden Erfolges schwankte Belzner stets zwischen Ärger, Resignation und beleidigtem Stolz. An den befreundeten Schriftsteller Friedrich Burschell schrieb er im Februar 1963:

"Im Übrigen sei es uns ein Trost, daß wir zu den vorläufig Unbemerkten gehören. Geradezu Ehrensache in einer so amorphen Zeit wie der unsern."[293]

Die Hauptschuld gab er nicht den Kritikern und Rezensenten, sondern dem Buchhandel, auf den er gar nicht gut zu sprechen war:

"Niemals hat mich die Kritik eigentlich negativ behandelt, meistens immer sehr gelobt. Lob freilich kann einem auch aus Unsicherheit zuteil werden, man braucht deswegen noch nicht verstanden zu werden. In den modernen Literaturgeschichten tauche ich nur selten auf, was mich keineswegs kränkt. Und wenn, dann wird der Belzner kurz lobend abgefertigt. Die eigentlichen Versager sind die Buchhändler."[294]

Am Ende tröstete Belzner sich vielleicht doch mit einer weisen Einsicht um die Unberechenbarkeit des literarischen Erfolgs: "Die Notierungen an der literarischen Börse sind schwankend."[295] So konnte er es auch verschmerzen, dass eines der ehernen Gesetze des bundesrepublikanischen Literaturbetriebs in seinem Falle keine Anwendung fand: Ein Literaturpreis zieht weitere nach sich. Der Heine-Preis blieb Belzners einziger.

Dafür wurde er Mitglied einiger Schriftstellervereinigungen. Ebenfalls 1949 wurde er in den P.E.N.-Club gewählt, der im Jahre 1948 neu gegründet worden war. An der Arbeit des P.E.N. nahm Belzner regen Anteil. Anstehende Fragen diskutierte er in der RNZ und brieflich mit Kollegen.

1950 erfolgte die Aufnahme in die Deutsche Akademie für Sprache und Dichtung in Darmstadt, aus der Belzner allerdings nach nur acht Jahren wieder austrat. Anlass war eine undurchsichtige Geschichte um eine angebliche Nichtberücksichtigung Bernard von Brentanos bei der Verleihung des Büchner-Preises im Jahre 1958.[296] Belzner hatte in einem Artikel in der Rhein-Neckar-Zeitung die Behauptung aufgestellt, Brentano sei bereits vorgeschlagen gewesen, als man extra die Statuten geändert habe, um den Preis an den Schweizer Max Frisch verleihen zu können. Es handele sich um eine "Zurücksetzung und Kränkung einer literarischen Persönlichkeit von Rang."[297] Auf diesen Verdacht einer Manipulation antwortete das Präsidium der Akademie mit einer "Berichtigung", derzufolge Brentano gar nicht dem engeren Kandidatenkreis angehört habe. Diese Berichtigung wurde dann von Belzner trotz mehrmaliger Zusendung nicht in der RNZ abgedruckt.

Am 4. November 1958 erklärte Belzner seinen Austritt aus der Akademie. Gegenüber Hermann Kasack, ihrem Präsidenten, beteuerte er, dass sein Interesse an der Arbeit der Akademie nicht erloschen sei.

"Missfallen freilich hat mir die Sache mit der "Berichtigung", die bis heute unaufgeklärt geblieben ist. Ich will nicht sagen, das ich etwas von argen Ränken wittere, aber irgendwie hat mich die Sache verdrossen und mir nach längerem Bedenken den heute vollzogenen Entschluss nahegelegt."[298]

Der Mainzer Akademie der Wissenschaften und der Literatur, die ihn 1954 in ihre Reihen wählte hielt Belzner dagegen zeitlebens die Treue. Bei den regelmäßigen Treffen der Mitglieder war er allerdings ein seltener Gast. Der Briefwechsel mit der Akademie und ihren Vertretern besteht zu einem großen Teil aus Absagen. Doch nicht immer fehlte Belzner im Kreise der Wissenschaftler und Literaten, und so kam es zu interessanten Begegnungen und Gesprächen mit Otto Hahn, Kasimir Edschmid, Werner Bergengruen oder Ernst Benz, die ihre Fortsetzung in freundschaftlich gehaltenen Korrespondenzen fanden.

In den Jahrbüchern wurde 1956 ein einziges Mal ein Artikel Belzners abgedruckt. Eigentlich handelt es sich bei *Historie und Dichtung* um einen mündlichen Vortrag, den er nach seiner Wahl vor der Literaturklasse halten wollte, letztendlich aber doch nur in schriftlicher Form eingereicht hat. Wegen seiner mangelnden Bereitschaft, sich in der üblichen Weise in Vortrag und Diskussion an der Akademiearbeit zu beteiligen, fühlte er sich gegenüber Frank Thiess zu einer Verteidigung aufgerufen:

"Sprechen ist mir zwar oft ein Graus, aber an Vortragshemmungen leide ich keineswegs."[299]

Es muss immerhin festgestellt werden, dass Belzner kaum je vor größeren Auditorien gesprochen hat. Allenfalls las er seinen Freunden in den eigenen vier Wänden einmal etwas aus seinen neuen Büchern vor.

Mit dem nur sechsseitigen Essay *Historie und Dichtung* hat Belzner eine seiner ganz wenigen poetologischen Stellungnahmen vorgelegt. Für die Beurteilung seiner historischen Romane ist es von besonderem Wert, wenn er das gespannte Verhältnis zwischen "Historie und Dichtung die auf historischen Sujets fußt", erörtert. Die Gegensätzlichkeit zwischen dem Historiker, der "eine geschichtliche Gestalt und deren Zeit auf einen Nenner, eine Formel zu bringen" versucht und dem Dichter, der sich in einem "schöpferischen Akt" um die "Weiterführung der Geschichtlichkeit einer historischen Figur" müht, deutet Belzner als nur oberflächlich. "Fast jede Behauptung über das beiderseitige Verhältnis läßt sich nämlich spielend ins Gegenteil umkehren, ohne daß die Wahrscheinlichkeit darunter litte." Beiden gehe es um die Gestaltung der "banal-interessanten und an der Quelle vorsorglich schon getrübten Fakten." Manchmal sogar "kann in den Augen des Historikers die dichterische Behandlung eines historischen Stoffes neuem Material quellenkundlichen Charakters zu diesem Stoffe gleichkommen." Den Dichtern muss man "ihre gelegentliche, scheinbare Unsachlichkeit als ein Positivum anrechnen, denn gerade mit ihrem umstrittensten Werkzeug – der Phantasie – treiben sie eine sehr zuverlässige, dem diffusen Material angemessene Kritik der historischen Vernunft." Das Verhältnis zwischen Historie und Dichtung ist also symbiotisch.[300]

Auf die Mitgliedschaft in der Mainzer Akademie war Belzner nicht wenig stolz.

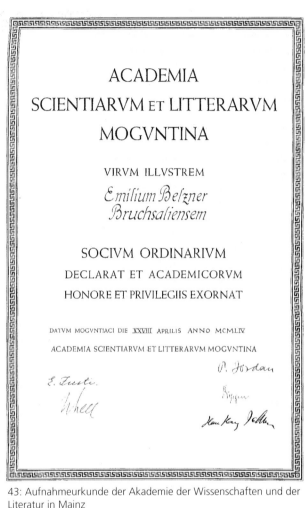

ACADEMIA
SCIENTIARVM ET LITTERARVM
MOGVNTINA

VIRVM ILLVSTREM

Emilium Belzner
Bruchsaliensem

SOCIVM ORDINARIVM
DECLARAT ET ACADEMICORVM
HONORE ET PRIVILEGIIS EXORNAT

DATVM MOGVNTIACI DIE XXVIII APRILIS ANNO MCMLIV

ACADEMIA SCIENTIARVM ET LITTERARVM MOGVNTINA

43: Aufnahmeurkunde der Akademie der Wissenschaften und der Literatur in Mainz

Offizielle Briefe versah er gern mit dem Zusatz "Mitglied der Akademie der Wissenschaften und der Literatur in Mainz". Seine Wahl hatte Belzner wohl Ernst Kreuder zu verdanken, der diesen Vorschlag Hans Henny Jahnn, dem damaligen Vizepräsidenten der Akademie, im Sommer 1953 unterbreitete: "Ich versuche auch, Belzner zu treffen, wir sollten ihn diesmal zur Wahl vorschlagen!"[301]

Belzner und Kreuder kannten sich schon seit den frühen 30er Jahren. Nachdem wahrscheinlich Carl Mumm die Bekanntschaft vermittelt hatte, schickte

44: Ernst Kreuder, 1963

Kreuder häufiger kleinere Geschichten an den Feuilletonchef der Neuen Badischen Landeszeitung. Hin und wieder traf man sich. Obwohl auch Kreuder
während der Nazizeit in Deutschland blieb und in seiner Mühle in der Nähe
von Darmstadt wohnte, brachen die Beziehungen wahrscheinlich Mitte der
30er Jahre ab. Erst im November 1945 nahm Kreuder wieder Kontakt zu Belzner
auf. Seitdem dieser der Mainzer Akademie angehörte, intensivierte sich das
Verhältnis und wurde bald zu einer herzlichen Freundschaft. Ein Briefwechsel
entspann sich, der eine unterhaltsame Lektüre darstellt. Die beiden gingen
recht schnell zum Du über, was für Belzner durchaus etwas Außergewöhnli-
ches war. Belzner und Kreuder, die sich späterhin oft als "Emilio" und "Ernesto"
titulierten, wetterten über die Politik, sprachen über die eigene Arbeit und die
Angelegenheiten der Akademie. Belzner missfiel die Reihe Verschollene und

Vergessene, in der unbekannte Schriftsteller zu Wort kommen sollten:
"Von dem Ausgraben alter Schartecken halte ich überhaupt nichts. Ich bin vielmehr für Aufträge an Lebende. Du kennst ja meinen Standpunkt: Fort mit dem Kreuder nach Algerien auf ein Jahr! Von dort soll er etwas Dichterisches oder geistig Berichtendes mitbringen. Oder: Fort mit dem Belzner in den Odenwald, dorthin, wo sich die Füchse Gute Nacht sagen! Mir würde das zur besseren Erfassung der Welt durchaus genügen."[302]

Auch an gesundheitlichen Ratschlägen sind Belzners Briefe reich:
"Iss weniger, trink weniger, geh barfuss in die Stiefel, trage nur Wolle und sorge für Flatulenz. Und habe stets eine Knoblauchzehe zwischen den Backenzähnen."[303]

Und zwei Jahre später anlässlich von Kreislaufproblemen Kreuders:
"Rauche keine Sigaretten [sic!] mehr, esse keinen Spinat, kaum Fleisch und trinke keine klaren Sachen, außer Wasser. Trinke Emser Kränchen, Dostojewskis Lieblingsgetränk. Allen Ernstes: bei einer solchen Kreislauf-Labilität müssen Rauchen und Saufen total aufhören – Ausnahmen sind nur bei Euerem geplanten späteren Besuch bei Belzners gestattet."[304]

Ernst Kreuder hat Belzner – wie auch andere befreundete Schriftsteller – gleich mehrfach in seinen Werken erwähnt. In der 1946 erschienenen Erzählung *Die Gesellschaft vom Dachboden* wird er freundlich in eine Reihe gestellt mit Autoren wie Joyce, Jahnn, Döblin, Faulkner oder Cocteau. Ähnlich ehrenvoll ergeht es dem befreundeten Literaten in dem Roman *Herein ohne anzuklopfen* von 1954.[305] In dem autobiografischen Bericht *Inmitten der Niemandszeit* berichtet Kreuder wie er im April/Mai 1945, einer Zeit zwischen Krieg und Frieden, vor seinem Bücherregal stand, in dem vieles durch die Zeitereignisse zu Makulatur geworden war: "Hoch- und Tiefgestochenes, wohlriechende Feinschreibe, Edelgesticktes" war darunter:
"Mit neuem Hochgenuß las ich wieder Emil Belzners *Marschieren, nicht* (,Träumen, nicht marschieren!' schrieb er mir 1934 ins Exemplar.) Zur exzessiven Schwelgerei wurde wieder die Lektüre seiner grotesk-wilden Versdichtung *Iwan der Pelzhändler*. Wer konnte ihm weit und breit solch poetisches Brunnenwasser reichen?"[306]

Ende der 40er Jahre wurde auch der Kontakt zu Manfred George erneuert, den Belzner seit den Tagen bei der Badischen Presse kannte. George war 1933 ins Exil gegangen und hatte 1939 in New York die Chefredaktion der deutsch-jüdischen Zeitschrift *Aufbau* übernommen.[307] Da in den ersten Nachkriegsjahren Geldtransfers zwischen Deutschland und den USA nicht ohne weiteres möglich waren, richteten die Belzners für George ein deutsches Konto ein, über das die Geldgeschäfte des Aufbau und die privaten Überweisungen Manfred Georges abgewickelt wurden. Das Geld für Übernahmen deutscher Zeitungen aus dem Aufbau wurde hier eingezahlt. Umgekehrt konnten mit Hilfe dieses Depots die deutschen Beiträger des Aufbau ohne größere Schwierigkeiten ihr Geld erhalten. Erst 1952 stellte sich heraus, dass eine solche Vorgehensweise gar nicht statthaft war. Beträge für Manfred George, einen Devisenausländer, hätten auf ein Sperrkonto eingezahlt werden müssen. Es hatte zwar niemand Wind von dieser unvorschriftsmäßigen Transferregelung bekommen, die finanziellen Angelegenheiten des Aufbau wurden

45: Emil Belzner

von diesem Zeitpunkt an jedoch ohne die Mittlertätigkeit der Belzners erledigt.

Um ihren Mann zu entlasten, hatte bereits nach kurzer Zeit Marianne Belzner diese Aufgabe übernommen. In den Briefen an Manfred George bezeichnete sie sich scherzhaft als seine "Buchhalterin". George war über diese Entscheidung schon deshalb froh, da er Marianne sehr attraktiv fand und dies auch gegenüber ihrem Gatten nicht verhehlte. Er schrieb keinen Brief an Emil Belzner, ohne am Ende Grüße an "die Bezaubernde" bestellen zu lassen. Mit Marianne flirtete er:

> "Ich habe in meinem ganzen Leben noch nicht eine so schöne Buchhalterin gehabt. Sie hatten meistens Brillen und saßen nicht, sondern hatten das, was wir Sitzkommoden nannten. Und jetzt habe ich eine Gazelle. Ich wünschte nur, dass mein Konto mir recht lange Ihre Beschäftigung erlaubt."[308]

Manfred George druckte häufiger RNZ-Artikel Belzners im Aufbau ab. Er schätzte die publizistische Arbeit des Kollegen sehr:

> "Ich lese immer mit großer Freude die Artikel, die Sie mir einsenden und ich muss sagen, dass ich nicht nur die Vielfältigkeit Ihrer Themen bewundere, sondern auch die Gründlichkeit und Großzügigkeit der Weltanschauungen, mit der Sie die einzelnen Fragen erläutern. Ohne Ihnen schmeicheln zu wollen oder, in Anbetracht der kommenden Weihnachtszeit Ihnen ein kleines Wortgeschenk machen zu wollen, muss ich Ihnen sagen, dass Ihre Aufsätze heute in der deutschen Presse einzigartig sind: was Stil, Reichtum der Gedanken und Präzision der Gesinnung anlangt."[309]

Belzner seinerseits betrachtete Manfred George als "unseren amerikanischen Mitarbeiter"[310] und war froh, dass "wir dadurch schon mehrfach in der Lage waren, über wichtige amerikanische oder internationale Angelegenheiten als erstes Blatt zu berichten."[311]

In den USA lebte seit 1939 auch Ludwig Marcuse, der nach schwierigen Emigrantenjahren von 1945 an eine Professur für deutsche Literatur (später auch für Philosophie) an der University of Southern California in Los Angeles innehatte.[312] Im Mai 1946 spürte er Belzner brieflich in Heidelberg auf: "Die Hauptsache, Sie leben!"[313] Mit diesem Brief wurde eine Freundschaft zwischen ungleichen Schriftstellern wieder aufgenommen, die in den 20er Jahren geschlossen worden war. Ähnlich wie für Manfred George erledigte Belzner auch für Marcuse als "Großsiegelbewahrer" mancherlei Verlags- und Geldgeschäfte.[314]

Sascha und Ludwig Marcuse unterstützten die Belzners in den ersten Nachkriegsjahren nicht nur mit Lebensmittelpaketen:

"Das mit so großer Sehnsucht erwartete Weihnachtspaket ist angekommen. Ein großer Freudentag in diesem Jahr! Ihr könnt Euch nicht vorstellen, was so ein Paket für uns bedeutet, wo es außer Brot fast nichts gibt."[315]

Sogar ein Anzug in Belzners Größe wurde organisiert: ,Sascha hat mit Hilfe einer Freundin einem langen Lulatsch einen Anzug abgeknöpft. Er geht in diesen Tagen an Sie ab."[316]

Die Freundschaft zwischen Marcuse und Belzner wurde alle paar Jahre durch einen Besuch Marcuses aufgefrischt. Nicht nur bei seiner ersten Nachkriegs-Lesereise durch Deutschland im Jahre 1949 erklärte er Heidelberg zu seinem "Hauptquartier". In Briefen an amerikanische Freunde hat Marcuse über seinen Heidelberg-Aufenthalt im Juli 1949 ausführlich berichtet. Die "Belzners" spielen in diesen Schilderungen eine Hauptrolle:

"Belzners sehr freundschaftlich. Aber sie erzählen nicht. Weder sie noch er. Er – eine gewaltige Festung, innerhalb der (irgendwo) eine Blaue Blume blüht, die mehr ein blaues Schling-Gewächs ist. Er hat noch immer etwas Wächsernes, Statuarisch-Unlebendiges. Aber es geht was in ihm vor – schwer zu sagen was. Er ist ein wirklicher Dichter, nicht recht zugänglich. Ich glaube: er selber hat den Schlüssel zu sich verloren. ... Marianne – in ihrer Weise rätselhaft. Fragil, unaufgeschlossen. Nicht ohne Reiz."[317]

Etwa eine Woche später schreibt Marcuse nach einem gemeinsamen Ausflug ins Neckartal "Abschließendes über Belzner":

"Hochbegabt. Las 1/3 seines Kolumbus. Original im Sprachlichen, witzig. ... Resumée: echter, militanter Demokrat; treuer Freund; hochbegabter Schriftsteller (ohne Chancen). ... Schwer umgänglich, weil er nicht redet."[318]

Im Juni 1952 waren Marcuses wieder in Deutschland unterwegs:

"Vor einer Woche besuchten uns Marcuses mit der Baronin von Neurath. In aller Herrgottsfrühe (gegen Mittag). Ich kam gerade mit offenem Hemd aus dem Keller, wo ich Holz gesetzt hatte, Marianne saß in der Badewanne. Es war ein Mords-Hallo! Die Baronin machte liebenswürdigerweise die Betten. Marcuse und Sascha versuchten die Sonntags-Kuchen-Krümel, die noch auf der Platte lagen. Doch dann war alles rasch OK und wir hatten einen reizenden Nachmittag in der Stiftsmühle."[319]

46: Manfred George

Man traf sich alle paar Jahre, vor allem aber waren Belzner und Marcuse durch einen intensiven und sehr originellen Briefwechsel verbunden, in dem sich nicht nur Ereignisse der Zeitgeschichte, sondern auch gelegentliche Verstimmungen der empfindlichen Freunde widerspiegeln. Bei diesen energisch geführten Auseinandersetzungen handelte es sich meist um kleinere politische oder weltanschauliche Differenzen. Schnell wurde das Kriegsbeil wieder begraben: "Lieber Belzner, vor allem wollen wir im Jahre 1957 weiter Freunde bleiben: Sobald das gesichert ist, können wir auch ruhig unangenehme Briefe wechseln."[320] Und jenseits des Ozeans:

"Lieber Marcuse, ... Selbstverständlich halte ich zu Ihnen, je alleiner Sie mit Ihren politischen Ansichten stehen – und je konträrer unsere Anschauungen über diese Misslichkeiten des Lebens werden. Gleichgesinnten die Treue halten, das ist wahrlich kein Kunststück: – ich liebe das Gegnerische an Freunden."[321]

Ludwig Marcuse hat sich zeitlebens sehr für Belzner eingesetzt. Er schätzte nicht nur seine schriftstellerischen Arbeiten, denen er viele Rezensionen gewidmet hat, sondern auch die Publizistik, die er erst nach 1945 für sich entdeckte:

"Die höchste Bewunderung habe ich für Ihr Feuilleton. Ich habe Belzner schon immer als Dichter verehrt. Jetzt erkenne ich, dass er außerdem noch einer der besten Feuilleton-Redakteure Deutschlands ist."[322]

47: Ludwig Marcuse

Emil Belzners Publizistik bei der *Rhein-Neckar-Zeitung* unterscheidet sich deutlich von früheren journalistischen Arbeiten. Bei der Badischen Presse, der Neuen Badischen Landeszeitung und dem Stuttgarter Neuen Tagblatt schrieb er in erster Linie Theaterkritiken und Buchrezensionen, hin und wieder druckte er eigene Novellen oder Gedichte ab. Es ist schon an der relativ kleinen Zahl eigener Arbeiten deutlich ablesbar, dass sein Hauptaugenmerk in den 20er und 30er Jahren auf der schriftstellerischen Arbeit lag. Seltener befasste Belzner sich damals mit dem kulturpolitischen Feuilleton, einem literarischen Genre, dem er sich von 1946 an fast vollständig verschreibt. Von nun an nimmt er häufig Stellung zu aktuellen regionalen und überregionalen Ereignissen in Kultur und Politik. Er stand damit ganz in der Tradition der Publizistik aus der Zeit der Weimarer Republik, für die das Ineinanderfließen von Politik und Kultur eine Selbstverständlichkeit darstellte.[323]

Belzners Stil ist dabei durchaus persönlich, eigene Erlebnisse und Empfindungen fließen häufig in die Darstellung mit ein. Der Ton ist bestimmt von einer gewissen schriftstellerischen Grandezza. Belzners Podium war die Seite 2 *Unterm Strich*, ein Bereich, der seit jeher dem Feuilleton vorbehalten war. Hier schrieb er in der Anfangszeit fast alles selbst, zeichnete mit seinem Namen oder dem Kürzel "bz". Auch das Pseudonym "Spectator" verwies auf den Feuilletonchef. Die Redaktion der Kulturseiten in der Wochenendausgabe fiel ebenfalls in sein Ressort, meist schrieb er den Vorspann für die Artikel von Gastautoren. Eine natürliche Grenze bestand zum lokalen Feuilleton, das ganz frei schalten und walten konnte.[324]

Es gibt kaum einen thematischen Bereich, dem Belzner sich im Laufe der Jahre nicht zugewandt hätte. In der ersten Zeit seiner Tätigkeit sah er seine vordringliche Aufgabe in der Aufarbeitung der jüngsten Geschichte. In seinen Artikeln ging er dabei insbesondere auf jene Autoren ein, die von 1933 bis 1945 in Deutschland unerwünscht waren. So schrieb er etwa über den "Zeitgenossen Heine" oder rezensierte ein Buch von Georg Lukács über die "Deutsche Literatur während des Imperialismus".[325] Natürlich finden die im Land gebliebenen Schriftsteller sein besonderes Interesse. In einem Artikel über Ernst Wiecherts *Rede an die deutsche Jugend* klingt deutlich Belzners innere Anteilnahme an. Wenn Wiechert von Menschen spricht, die "zwölf oder zehn oder sieben Jahre Schmerzen litten, von denen die anderen nichts wissen, aber von denen ich weiß, dass sie nicht wagten, ihre Lippen zu öffnen, weil das den Tod bedeutete", so hätte ein solcher Satz auch von Belzner stammen können.[326]

Immer wieder wandte sich Belzner vehement gegen die braune Vergangenheit, und mitunter findet man da Stellungnahmen, die an Aktualität nichts eingebüßt haben:

"So könnte es also durchaus möglich sein, daß ums Jahr zweitausend der Braunauer Gangsterchef und seine Satrapen auf irgendeiner sonst ernstzunehmenden Bühne tragisch oder tragikomisch angeleuchtet werden, daß ihnen zum Schlusse doch noch etwas abgewonnen (statt abgenommen) wird. Man hat Kriege vergessen, man hat Katastrophen vergessen, es gibt unzählige Beispiele dafür, und man hat sich zuguterletzt über die, die der Anlaß all des Elends und Jammers waren, gütlich und friedlich amüsiert, als sei das eben der Lauf der Welt. Was wäre das in dem von uns erlebten Falle für eine verderbliche Großzügigkeit! Ich wünsche mir, bei allem Wandel der Geschichte, daß von meinen Nachkommen bis in die fernsten Zeiten nie einer und nie eine die Verbrecher des "Dritten Reiches" anders sieht, als sie wirklich (und wir haben's ja erlebt) waren."[327]

Das "Wir haben's erlebt" klingt immer mit, auch wenn Belzner unter dem Titel "Verbotene Kunst – verbotenes Leben" auf Zensur und besudelte Kunstwerke hinweist oder wenn er angesichts Goyas Zeichnung eines Gehängten Betrachtungen anstellt:

"Vielleicht müssen wir uns das Bild in die erlebten vergangenen Tage zurückübersetzen, wo das Chaos herrschte, wo ein völlig apolitisches, glücksritterhaft-verbrecherisches Regime die Welt in einen sinnlosen, nicht mehr streitenden, sondern nur noch mordenden und vernichtenden Krieg hetzte, wo diese Gehängten in furchtbarer Zahl wieder aufkamen, und wo auch immer willfährige Richter waren, zu richten, und Henker, zu hängen."[328]

In einer Jubiläumsausgabe, die am 5. September 1946 anlässlich des einjährigen Bestehens der RNZ erschien, nutzte Belzner die persönliche Zwischenbilanz dafür, seine Vorstellungen von einem streitbaren Feuilleton darzulegen:
"Hin und wieder begegnet man immer noch der irrigen Auffassung, als sei das Feuilleton und der kulturpolitische Teil einer Zeitung der ruhende Pol in der Erscheinungen Flucht, je nachdem ein sonniges oder schattiges Plätzchen, fern den Geschäften des Tages. Während es sich doch gerade umgekehrt verhält. ... Das Feuilleton ist kein Ruhekissen für ein Viertelstündchen, sondern eine streitbare Angelegenheit, es ist ein Stück der Zeitung und teilt mit ihr alle Aufgaben. Man muß von ihm erwarten, daß es nicht in Selbstgefälligkeit verharrt, sondern auf dem Posten ist. ... Es ist ein durchaus politischer Bereich. Weit hinter uns liegen die Tage der Schöngeisterei. Die Frage: ‚Was sollen wir tun?' bleibt die einzig bewegende Frage."[329]

Belzner jedenfalls versuchte diese Frage für sich und seine Leser zu beantworten. Auf seine Weise diskutierte er die Probleme des Tages und bezog Stellung. Er wandte sich gegen die Wiederaufrüstung des jungen Staates, plädierte für eine gesamtdeutsche Lösung und gegen die Ostverträge, setzte sich überdeutlich gegen den Vietnam-Krieg ein, war gegen die Einführung der "Pille" und – wenn er sich doch wieder einmal dem engeren Kreis der Kultur zuwandte – begegnete er vielen der nachwachsenden Autoren mit einiger Skepsis. Bereits 1947 hatte er in einem Artikel "Drohende Verkitschung" gegen Wolfgang Borcherts *Draußen vor der Tür* polemisiert:
"Aus Borcherts Stück stöhnt uns eine ungeheure geistige Leere an. ... Wenn Borcherts Verfahren Schule machen sollte, dann stünden uns Zeiten primitivsten und schemenhaftesten Theaters bevor."[330]

Diese Befürchtungen sah Belzner dann später nicht nur im Theater, sondern in der modernen Literatur überhaupt bestätigt, die er in der RNZ in den meisten Fällen abschätzig beurteilte. Der modernen Kunst und der neuen Musik erging es nicht anders. Belzner war skeptisch:
"Mit der Zeit wird man schon darauf kommen, daß sich Farbe, Pinsel und Spachtel sparen lassen. Das gilt für alle Bereiche der Kunst. Musik braucht nicht mehr zu klingen. Literatur kann barer Unsinn sein. Philosophen schreiben mit Geheimtinte. Allenfalls sind Liebe und Trompetenblasen noch eine Sache. Ansonsten halten wir bei der Parodie der Kunst, aber auch der Wirklichkeit."[331]

Wenn man darüber hinaus bedenkt, dass Belzner um 1968 die Aktivitäten der revoltierenden Studenten mit zuversichtlichen Kommentaren bedachte, auf der anderen Seite aber seine Feuilletonseiten vorwiegend eher dem rechten Spektrum zuzuordnenden Autoren wie Frank Thiess oder Hans Habe öffnete, so wird es schwer, ihn endgültig einzuordnen. Ein konservativer Publizist teils linker Gesinnung ist keine befriedigende Formel. Ein anderes Prädikat aber wird schwer zu finden sein. Mit den Widersprüchen der Persönlichkeit Belzners muss man sich abfinden.

Das Echo auf Belzners Artikel war nicht selten recht kontrovers. In einem Brief an Manfred George aus dem Jahre 1950 erzählt er,

dass "die katholische Kirche am 17. Dezember in St. Vitus in Heidelberg-Handschuhsheim und in zwei anderen Kirchen Heidelberger Vororte vor dem Lesen der Artikel des Emil Belzner von der Kanzel herab warnte: mein Eintreten für eine gesamtdeutsche Lösung wurde merkwürdigerweise als ,antikatholisch' empfunden. So kläglich verworren sind die Zeiten! ... Vor einem Jahr etwa schon bekam ich als ,Protestantischer Hurensohn' bereits den ,Scheiterhaufen' angedroht (auf einer anonymen Karte), falls ich es noch einmal wagen sollte, Kritik an Kardinal Frings zu üben! In einer anderen Zeitschrift wurde ich als ,Judenknecht' bezeichnet, weil ich gegen die Internationalisierung Jerusalems und nur für Jerusalem als Hauptstadt Israels eintrat. Das sind alles schöne Zeichen von Toleranz. Welches Jahr schreiben wir? 1932 oder schon 1933?"[332]

Belzners vehementer Einsatz gegen die Wiederaufrüstung führte dagegen zu einer Konfrontation mit dem im September 1949 zum Bundespräsidenten gewählten Theodor Heuss, der zu diesem Zeitpunkt sein Amt als Herausgeber der RNZ offenbar noch nicht abgegeben hatte:

"Bundespräsident Heuss ist in seiner ersten Amtszeit einmal zu mir nach Heidelberg gesaust, um mir zu sagen, in welch fatale Lage ich ihn durch meine Kampagne gegen die Remilitarisierung brächte: Adenauer glaube, er (Heuss) stecke dahinter. Denn von sich allein aus wäre der Belzner gewiss nicht so mutig. Tempi passati. Wir haben uns später immer noch recht gut verstanden."[333]

Manchmal gab es unversehens Gelegenheit für eine heiter-ironische Betrachtung. So zum Beispiel, wenn die Stadt Heidelberg eine Nachricht schickte, man sei darüber informiert, dass es im Hause Belzner einen Hund gebe. Man möge doch bitte der Anmeldepflicht nachkommen und die Hundesteuer begleichen. Nun besaßen aber Belzners bei aller Tierliebe wirklich keinen Hund.

"Auch zu Besuch war keiner da, es sei denn, er hätte menschliche Gestalt angenommen. Die Stadt ,weiß', daß ein Bürger einen Hund hat. Dieser Bürger hat diesen Hund noch nie gesehen. es muß sich um ein surrealistisches Gebilde handeln, das man zum löblichen Zweck der Erhöhung der Steuereinnahmen den Einwohnern zudiktiert. ... Es ist ein zu schöner Herbsttag, wenn du einen Brief aufmachst und dir daraus fröhliches Bellen entgegenschallt. Kein Wiehern eines sagenhaften Schimmels – nein, ein dezentes Bellen von geradezu chinesischer Höflichkeit."

Und Belzner zeichnete den Artikel mit dem bislang unbekannten Kürzel "Wau-Wau".[334]

Mitte 1948 schickte Belzner seine Rezension eines neu erschienenen Essaybandes von Thomas Mann an dessen Adresse in die Vereinigten Staaten. Thomas Mann dankte in seiner gewohnheitsmäßig distanzierten Höflichkeit für diese Aufmerksamkeit, sodass es geradezu überrascht, dass mit dieser Sendung ein kleiner unregelmäßiger Briefwechsel zu kulturpolitischen Fragen seinen Anfang nimmt.[335] Thomas Mann war insbesondere über Belzners Einsatz für den im März 1950 verstorbenen Heinrich Mann erfreut, dessen Bücher in Westdeutschland nach dem Krieg kaum Aufnahme fanden. Der engagierte Sozialist Heinrich hatte es im Westen ungleich schwerer, als sein dem bürger-

RHEIN·NECKAR·ZEITUNG MITBEGRÜNDER DR. THEODOR HEUSS
HERAUSGEBER UND
CHEFREDAKTEUR DR. HERMANN KNORR

Herrn Dr.Manfred George,
785 West End Avenue,
N e w   Y o r k   25, NY/USA.

HEIDELBERG, HAUPTSTRASSE 23

IHR ZEICHEN   IHR SCHREIBEN   UNSER Bz/bn   30.Juni 1952

Privat:Hausackerweg lo.

Lieber Doktor GEORGE-
wie Sie aus der Anlage ersehen, ist der CHICAGO-
Artikel sofort erschienen. Ein hervorragend ge-
schriebenes Stadt-Porträt!
Vor einer Woche besuchten uns Marcuses mit der Baronin von Neurath. In aller Herrgottsfrühe (gegen
Mittag). Ich kam gerade mit offenem Hemd aus dem
Keller, wo ich Holz gesetzt hatte,Marianne sass
in der Badewanne. Es war ein Mords-Hallo! Die Baronin machte liebenswürdigerweise die Betten.Mar-
cuse und Sascha versuchten die Sonntags-Kuchen-
Krümel, die noch auf der Platte lagen.Doch dann war
alles rasch OK und wir hatten einen reizenden Nachmittag in der Stiftsmühle. Es war nur ein Durch-
fahrtsbesuch mit dem Wagen. Der eigentlich längere
Besuch in Heidelberg folgt Juli-August, auf den
wir uns sehr freuen.-Wenn Sie wieder kommen,lieber
Freund, müssen Sie sich auch ein bisschen auf länger einrichten.
                    Herzlichst von uns zu Ihnen
                    Ihr

                        Emil Belzner.

Fernruf-Sammelnummer 90 94 - Postscheckkonto Nr. 476 00 Karlsruhe
Bankkonten: Bezirkssparkasse Heidelberg - Sudwestbank, Fil. Heidelberg - Allgemeine Bank-Gesellschaft, Fil. Heidelberg
Handels- und Gewerbebank Heidelberg - Vereinsbank Heidelberg - Volksbank Heidelberg

48: Brief Emil Belzners an Manfred George, 30.6.1952

lichen Humanismus zuzurechnender Bruder.[336] Belzner, der zunehmend ent-
täuscht war von der politischen Entwicklung der jungen Bundesrepublik, war
froh, bei Thomas Mann ein offenes Ohr für seine Klagen zu finden:
"Hochverehrter Herr Prof. Thomas Mann, ich danke Ihnen aufrichtig für Ihre zustim-
menden Worte, die mir in der merkwürdigen Eigenart der hiesigen deutschen Verhältnisse eine große ideelle Hilfe waren. Sobald ich etwas Zeit habe, will ich Ihnen
über das Düstere der Situation, über das man im allgemeinen so wohlwollend und
kenntnislos hinweggeht, noch einiges Wissenswerte mitteilen."[337]

Belzner ließ Thomas Mann hin und wieder eine Ausgabe der Rhein-Neckar-Zeitung zukommen, die dieser offenbar sehr schätzte. Im Oktober 1950 schrieb er:
"Lieber Herr Belzner, seien Sie nun gleich versichert, daß Ihre freundlichen Sendungen mir nicht nur nicht lästig, sondern höchst willkommen und erquicklich sind. Ich

109

49: Umschlaggestaltung von Karl Gröning jr. und Gisela Pferdmenges

kann wohl sagen: Ihre Artikel in der Rhein-Neckar-Zeitung bilden ... in meiner auf den Tag bezüglichen Lektüre das wohltuendste Gegengewicht gegen – all das andere. Sie sind ein tapferer Mann, und wenn Ihre Stimme nachgerade eine Stimme in der Wüste ist, so trösten Sie sich damit, daß überall die Wüste wächst, und daß es eigentlich nur noch Stimmen in der Wüste gibt."[338]

Auch bei anderer Gelegenheit lobt Thomas Mann die Zeitung als "gutes Blatt" und im Tagebuch notiert er am 19. Mai 1952: "Guter, verständiger Artikel von Belzner über die illegalen ostdeutschen Ausgaben." Am 24. September 1953 kommt es zu dem wohl einzigen Zusammentreffen der beiden in Lugano, das ebenfalls einen Niederschlag im Mannschen Tagebuch findet:

"Zum Thee Belzner von der Rhein-Neckar-Zeitung mit der Frau. In der Halle. Politisches Gespräch, übereinstimmend. Tauschten die Ansichten besserer Menschen. Inskribierte ihm die *Betrogene.*"[339]

Einige Monate später hatte Thomas Mann auch ein freundliches Wort für Belzners neuen Roman *Der Safranfresser* übrig:

"Die Liebesgeschichte mit der kleinen Brina und der verzichtenden Mutter Teresa geht einem nah .... Ganz besonders eindrucksvoll und künstlerisch stark ist die unmerklich einsetzende, sich immer steigernde und beklemmende Vorbereitung der Naturkatastrophe, mit der das Buch so sehr wirksam abschließt."[340]

Im Gegensatz zu Thomas Mann wird manchen potentiellen Leser bereits der Buchdeckel dieses Rowohlt-Taschenbuchs abgeschreckt haben, der im Stile eines schmalzigen Hollywoodplakats der 50er Jahre auf eine herzzerreißende Liebesschnulze hinzuweisen scheint. Eine Liebe zwischen dem durch reichlichen Safrangenuss rotgolden gewordenen Staccio und der jungen Brina steht in der Tat im Vordergrund der Handlung, die 1908, im Jahr des gewaltigen Erdbebens, in Messina spielt. Auch Belzner wunderte sich über die Gestaltung des Einbandes:

"Die Umschlag-Zeichner Gröning jr. und Gisela Pferdmenges haben es damals etwas zu gut gemeint, als sie auch noch einen Ätna-Ausbruch zum Erdbeben andeuteten. Vielleicht wegen der Zigaretten-Reklame (S. 88 gegenüber) – wer weiss!"[341]

Der vielfach groteske Roman, der ursprünglich den Titel *Der Bräutigam von Messina* tragen sollte[342], ist reich an politischen Anspielungen, die diesmal freilich offenherziger dargeboten werden als in *Ich bin der König*. Ein Doktor Pupillo aus Russland und sein Widerpart, der Amerikaner Mister Pocket, karikieren den Kalten Krieg, ein junger Postkartenmaler aus Linz namens Hitler erhält einen kurzen Auftritt. Der Roman führt dem Leser ein großes Arsenal an merkwürdigen Gestalten und Szenarien vor Augen, die aber kaum über eine wenig fesselnde Handlung hinwegtrösten. Das Buch verliert sich im Episodischen. Die Liebesgeschichte ist hölzern und der Auftritt mehrerer Tiere mit menschlichen Zügen (ein Hai, ein Floh, ein Esel) trägt nicht viel zur Aufmunterung bei. Es ist kein Wunder, dass *Der Safranfresser* das einzige Buch Belzners ist, das keine weitere Auflage erlebt hat.

Ludwig Marcuse immerhin war begeistert:

"Ich bin stolz auf Sie: als ob ich Sie gezeugt, geboren, genährt, aufgezogen, enterbt und wieder in Gnaden aufgenommen hätte. War schon Anno Schuster und Loeffler Belznerianer. Aber noch nie so sehr. Gratuliere aus vollem Halse. Aber der Hals ist es nicht allein, der gratuliert."[343]

In der Frankfurter Allgemeinen Zeitung erkannte Wolfgang Schwerbrock dem Autoren dieser "Dreigroschenoper vom sterbenden Messina" sicher nicht zu

50: Ernst Rowohlt, 1948

Unrecht "eine mediterran zu nennende romanische Geisteshaltung" zu, die einen Ausdruck in der Legende und im Sinnbild finde.[344] Arianna Giachi sah das Buch in der "Gegenwart" recht kritisch: "In der krausen Wirrheit seiner endlosen Gespräche, in denen sich der Autor selbst im Spielerischen des skurrilen Einfalls verliert, enthält es doch zuviel des Ballasts."[345] Im gleichen Tenor äußerte sich der Literaturwissenschaftler Hans Mayer einige Jahre später in einem persönlichen Brief an Belzner:

"Sind Sie sehr böse, wenn ich Ihnen gestehe, dass ich die früheren Belzners lieber mag? Er ist mir ein bisschen zu virtuos und daher an manchen Stellen, auch wo ich sachlich ganz einverstanden bin, etwas verkrampft."[346]

Für das Erscheinen des Buches im renommierten Rowohlt-Verlag dürfte Belzners gutes Verhältnis zu Ernst Rowohlt eine nicht unbedeutende Rolle gespielt haben:

"Mit ‚Väterchen' Rowohlt war ich gut befreundet. Er hat uns oft besucht und wir waren oft seine Gäste."[347]

Mit Rowohlt hatte Belzner vereinbart, dass insgesamt drei Bücher in der rororo-Reihe herauskommen sollten. 1954 erschien eine Neuauflage von *Ich bin der König*, für die zweite Hälfte der 50er Jahre war ein Roman mit dem Titel *Die Ungeschminkte von Cypern* geplant. In diesen Jahren spricht Belzner häufig von seinen Buch-Plänen, abgeschlossen wird das Projekt aber nie. Noch im Dezember 1958 schrieb er hoffnungsfroh an Hans Habe:

"Ich habe etwas ‚gebummelt' und das neue *rororo*-Bändchen (mit dem Cypern-Roman), das im vergangenen Herbst hätte erscheinen sollen, wird erst im nächsten Jahr herauskommen. Ich sitze jetzt eigentlich erst richtig darüber. Wird eine gute Sache glaube ich."[348]

In Marbach liegen nur einige wenige Seiten des unvollendeten Cypern-Manuskriptes, die dort noch den Titel *Major Moon's Moment* tragen.

Nach dem Tode Ernst Rowohlts im Jahre 1960 versuchte Belzner, den engen Kontakt zum Rowohlt-Verlag aufrechtzuerhalten. Heinrich Maria Ledig-Rowohlt zeigte jedoch wenig Interesse an einer weiteren Zusammenarbeit. In der gelegentlichen, freundschaftlich gehaltenen Korrespondenz mit "Meister Belzner" verwies er strikt auf den ausbleibenden Verkaufserfolg:

"Es gibt da ganz feste Grundsätze; wenn ein Taschenbuch nicht wenigstens einen jährlichen Absatz von 6.000 Exemplaren erreicht, muss es, ob wir nun wollen oder nicht, aus dieser ja nun einmal auf strengen kalkulatorischen Prinzipien beruhenden Serie ausgeschieden werden."[349]

Nach dem *Safranfresser* erschien 16 Jahre lang kein weiteres Buch Belzners. Dies lag zum einen an seiner Konzentration auf die aufreibende Zeitungsarbeit, zum anderen an der Tatsache, dass er einmal mehr einige Projekte anging, die wie "Die Ungeschminkte von Cypern" schließlich kaum über den ersten Entwurf hinausgelangt sind. In seiner Antwort auf eine Umfrage der Münchner Zeitschrift "Kultur" des Desch-Verlages aus dem März 1959, welches Werk er gerade unter der Feder habe und welches Thema ihn schon seit längerem beschäftige, nannte Belzner den Cypern-Roman an erster Stelle. Außer einem Auftrag für eine Heine-Biographie ("Heine ist eine alte unverblichene Jugendliebe von mir") erwähnte er, dass man mit dem Vorschlag an ihn herangetreten sei, den "Roman der deutschen Presse nach 1945" zu schreiben. Beide Bücher gelangten nicht über den ersten Gedankenschritt hinaus. Ernsthaft in Erwägung zog er dagegen ein anderes Projekt:

"Ein alter Plan heißt *Joß Fritz*: dieser aalglatt, fast elegante Führer des Bundschuh und wahre Ursacher des Bauernkriegs. Er ist ein Landsmann von mir und stammt aus Untergrombach bei Bruchsal. Natürlich kein ‚historischer Roman' im üblichen Sinne, sondern das Revolutionäre in Zwang und Grenzenlosigkeit seiner geschichtlichen und menschlichen Dimension."[350]

51:Umschlaggestaltung von Karl Gröning jr. und Gisela Pferdmenges

Ein Brief aus dem Jahre 1961 bestätigt, wie sehr ihn dieses Thema umtreibt:
"Der *Joss Fritz* liegt mir schon Jahrzehnte am Herzen, aber sicher werde ich ihn
erst in späteren Jahren schreiben, wenn ich die nötige Ruhe für den damit verbun-
denen Stoff-Kreis besitze."[351]

1956 erschien im Verlag von Kurt Desch eine deutlich erweiterte Ausgabe des Kolumbus-Buches unter dem von Belzner als "zu romanhaft" eingeschätzten Titel *Juanas großer Seemann*.[352] In seiner *Welt im Buch*-Reihe druckte Desch 100.000 Exemplare, von denen vier Jahre später "nur" 58.000 Stück verkauft waren.[353] Die restlichen Rohbogen wurden daraufhin mit einem neuen Einband versehen und zum 60. Geburtstag des Autors im Jahre 1961 unter dem alten Titel *Kolumbus vor der Landung* zu einem günstigeren Preis angeboten.[354]

Mitte der 60er Jahre begann Belzner, ein Theaterstück zu schreiben:

"Etwas Gutes zum Lachen, hoffe ich, zum eiskalten Lachen, kurz bevor es Atommüll regnet. Spass beiseite, eine Tragikomödie, in der ich es mit allerhand Rollen und Leuten aufnehme. Es kann freilich sein, dass ich dann mein Ränzel schnüren muss.[355]

Wegen der großen Brisanz dieses Stückes wollte Belzner das Stück sogar "zuerst im Ausland (unter einem streng abgesicherten Pseudonym)" aufführen lassen.[356] Soweit aber kam es gar nicht. Obwohl Belzner sich mit dem Stück, das den "Arbeits-Titel" *Unter Iwans Mütze oder Das Windsor-Fragment* trug[357], bis weit in die 70er Jahre hinein beschäftigte, wurde es nie fertig. Dank der großen Propaganda, die Belzner bereits im Vorfeld des Erscheinens im Bekannten- und Freundeskreis dafür tätigte, hat es nichtsdestotrotz auf rätselhafte Weise Eingang in mehrere Literaturlexika gefunden.[358]

In seinen vielen Briefen, die er täglich schrieb, spricht Belzner häufig von Plänen und aktuellen Arbeiten, ins Detail geht er dabei nie. Es bleibt auch gegenüber guten Freunden diesbezüglich nur bei allgemeinen Mitteilungen, die keinen Aufschluss über seine Arbeitsweise zulassen. Überhaupt ebnet die erhaltene Korrespondenz in keiner Weise den Weg zum Schriftsteller Emil Belzner. Hinter den vielen tausend Briefen, die selten länger sind als eine Schreibmaschinenseite, erkennt man mühelos den routinierten Journalisten, der Dichter bleibt verborgen.

Viele dieser Briefkontakte entstanden durch die Zeitungsarbeit. Mit den Jahren kam es oft zu einem engeren Verhältnis mit Verlegern und Verlagsmitarbeitern, mit denen Belzner mitunter sowohl als Schriftsteller als auch als Journalist (Rezensent) zu tun hatte. Daneben stehen Berührungen mit Autoren, die sich an den Feuilletonchef Belzner wandten, um einen Artikel in der RNZ unterzubringen. Einige dieser freundschaftlichen "Geschäftsbeziehungen" hielten über Jahrzehnte. Seltener meldeten sich Literaturwissenschaftler, die sich für seine Werk interessierten und dann auch darüber schrieben. Die langjährige Freundschaft mit dem in England tätigen Rudolf Majut nahm auf diese Weise 1957 ihren Anfang. Majut hatte ein aufrichtiges Interesse für Belzners Bücher und setzte sich nach jeder Neuerscheinung und Neuauflage in seinen Briefen ausführlich mit dem neuen Werk auseinander. Daneben verband ihn mit Belzner die Liebe zu Katzen. Das Befinden von Majuts Kater Peter Rabenaas oder Belzners Katze Kathrinchen spielte in dem umfangreichen Briefwechsel keine geringe Rolle. Bei ihren jährlichen Ausflügen nach Deutschland kamen Majuts meist auch in Heidelberg vorbei.

52: Margarete Krieger: Emil Belzner, Rohfederzeichnung 1958/59

Belzner lebte recht zurückgezogen und empfing im Allgemeinen eher selten Besuch. Die doppelte Belastung von schriftstellerischer Arbeit und Zeitungsberuf mag hier eine Rolle spielen. Über die Jahre werden im Briefwechsel jedoch eine Menge Gäste erwähnt, von denen hier nur stellvertretend einige wenige aufgezählt sein sollen. Neben den bereits genannten Marcuse, Kreuder, Manfred George, Ernst Rowohlt und Alfred Kantorowicz, waren etwa Julius Bab, Michael Prawdin, Hans Mayer, Heinz Dietrich Kenter, C.F.W. Behl, der ebenfalls in Heidelberg lebende Hermann Friedmann, Erwin Piscator, Kasimir Edschmid oder Gerhard Marx-Mechler zu Gast, dem Belzner als "ein aufmerksamer Gastgeber in seinem Heim" in Erinnerung geblieben ist.[359]

Bedingt durch die späte Schlussredaktion der Zeitung begann Belzners Tag erst gegen Mittag und erstreckte sich bis weit über Mitternacht hinaus. Wenn andere schlafen gingen aßen Belzners zu Abend. Danach setzte er sich noch einmal an die Arbeit. Alle Briefe und Manuskripte schrieb er stets mit der Schreibmaschine (Marke *Torpedo*), eine Ausnahme hiervon machte er nur im Sommer, wenn er mit Marianne alljährlich vier Wochen in der Schweiz verbrachte. Dann schrieb er mit der Hand, immer gestochen scharf und wie gewöhnlich fertigte er auch von diesen Briefen jeweils eine Blaupause an.

Ihren ersten gemeinsamen Urlaub nach dem Krieg verbrachten Emil und Marianne Belzner Anfang der 50er Jahre in Morcote im Schweizer Tessin. Von der Schönheit der Schweizer Berglandschaft war Belzner so angetan, dass er von da an jeden Sommer seine Ferien in dieser "Wahlheimat" verbrachte.[360] Mitte der 50er änderte sich das Reiseziel. In dem "nahe bei Sils und am Pass nach dem Süden"[361] gelegene Maloja im Engadin lernte Belzner in den 50er Jahren den Maler Gottardo Segantini kennen. Während der Sommerwochen schaute Belzner nicht selten "nach Tisch hinüber ins Segantini-Haus", um bei "Stumpen oder Pfeife" tiefsinnige Gespräche über Gott und die Welt zu führen. Das Atmosphärische dieser Abende mit dem "väterlichen Freund", klingt in Belzners Erinnerung *Sommerabende in Maloja* an.[362]

Das Engadin war in Schriftstellerkreisen offenbar eine beliebte Feriengegend, es kam häufiger zu geplanten und überraschenden Begegnungen:

Am 1. August 1957 "besuchte uns Theodor Heuss. Der Bundespräsident den Schriftsteller-Kollegen. Eine Geste nobler Form, deren Urbanität auf das herzlichste empfunden wurde. Heuss war von seinem Erholungsort Sils-Maria herübergekommen, um das abseitsstehende Kirchlein von Maloja zu zeichnen. Er nahm uns als Begleitung mit. Es waren Stunden guten, mitunter humorvertieften Gesprächs und lebhafter oder schweigender Teilnahme an künstlerischem Geschehen, das sich hier aus einer sehr fundierten Liebhaberei vollzog. Durch Wilhelm Hausenstein wußten wir längst um die künstlerischen Neigungen von Theodor Heuss, deren sachlich vordringendes Streben schon in früher Jugendzeit offenbar wurde. Als wir dann die dicke Mappe durchblätterten, in der jetzt auch dieser Tag von Maloja als Erinnerungs-Bestand festgehalten ist, sahen wir so manches Schöne."[363]

Den Sommer 1958 verbrachte man in Nietzsches Sils-Maria und obwohl Belzner schwärmte: "Eine Wanderung im Fextal ist die Köstlichkeit des Lebens"[364], lautete das Reiseziel von 1959 an für lange Jahre Pontresina, das er in einem Brief an Marcuse pries:

"Es gibt dort den wunderbaren Höhenweg (auf 2500 m) mit einem einzigartig wechselnden Panorama bald über alle drei Engadiner Seen bis nach Maloja, bald zur Bernina-Gruppe, bald zum Rosetsch und längs der Abgründe begleiten einen manchmal Segelflieger, die vorbeizischen wie Schlangen – die es dort übrigens im Geröll ebenfalls auf heißen Sonnenplätzen gibt. Sie kennen das ja alles mit allen seinen Nietzsche-Assoziationen. Eine einzigartige Gegend; auf die Dauer und lebenslänglich könnte sie einen vielleicht dumm oder zum Hirten machen – aber einmal ein paar strahlende Wochen im Jahr ist sie unvergleichlich."[365]

Da sich in Pontresina allmählich der Fremdenverkehr breit machte und es Belzner zu umtriebig und zu laut wurde, zog er von 1968 an einige Bergtäler weiter nach Arosa in Graubünden:

"Arosa ist nicht nur gesund, es hat auch den nicht minder entscheidenden Vorzug,

53: Heidelberg: Klingenteichstraße 15, Aufnahme 2001

verhältnismäßig ruhig zu sein, da es Endstation im Gebirge ist. Höhe 1800 m, von Drei- bis Dreieinhalbtausendern umgeben. Wundervolle Wald- und Wiesenspaziergänge. Großartige Lage mit weiter Sicht, von den Höhen bis ins Engadin, wo wir früher die Ferien zubrachten."[366]

Die Ferienaufenthalte in den Schweizer Bergen waren für Belzner eine Wohltat. Die gute Luft half ihm das "fürchterlich ungesunde Heidelberger Klima"[367] zu vergessen, unter dem er zunehmend litt und das er mit immer neuen Nuancen beschrieb. Von positiven Seiten der Neckarstadt ist bei Belzner selten etwas zu lesen. Er litt nicht nur an einem "Klima-Dilemma ..., das mich zuweilen ganz ordentlich zwiebelt und aufs tote Gleis schiebt"[368], sondern auch an dem zunehmenden Krach:

"Heidelberg ist eine lärmige, ja geradezu lärmfreudige Fremdenstadt geworden, mit Einschlägen mehr von Chikago als von der Romantik."[369]

Es verwundert nicht, dass Belzners sich 1962 eine neue Wohnung "fast mitten im Wald" suchten, wo das Klima erträglicher schien und der Verkehrslärm in weitere Ferne rückte. In einem Brief an seinen Bruder schwärmte Belzner von der Klingenteichstraße 15, die so günstig gelegen war,

"dass ich in zwanzig Minuten zu Fuß im Büro sein kann. Herauf steigt's ziemlich und gehts dann eine Viertelstunde länger."

Außerdem schrieb er von

"großen hohen Räumen (4 Zimmer, Bad, Küche, wunderbare Veranda mit Treppe in den Garten). ... Gottseidank kein Neubau, sondern ein altes Haus, dessen gesamten abgeschlossenen unteren Stock wir allein bewohnen."[370]

Sommers wie winters ging Belzner zu Fuß in die Redaktion, wo er in späteren Jahren nur noch wenige Stunden zubrachte. Seine Artikel schrieb er daheim. Sein Eigenbrötlertum war seit jeher ein hervorragender Nährboden für allerlei Anekdoten, die in der Redaktion der RNZ und darüber hinaus kursierten. Der Schriftsteller Heinz Ohff, der in den 50er Jahren beim Heidelberger Tageblatt beschäftigt war, berichtet:

"Wir Kritiker, auch die auswärtigen, standen in der Pause der Theaterpremieren immer zusammen und lernten uns daher kennen. Nicht so Belzner, der, kaum, daß der Vorhang gefallen war, herausstürzte, um sich die ganze Pause hindurch irgendwo draußen an der nächsten Straßenecke aufzuhalten. Nur Goldschmit-Jentner wurde als Kollege geduldet – Emil Belzner sei, hieß es, menschenscheu. ‚rkg' [Goldschmit-Jentner] erzählte gern, daß ‚bz', wenn er zuhause einen Brief schrieb, diese geschlossen und frankiert ganz einfach von seinem Fenster auf die Straße warf. Irgendwer sammelte ihn immer auf und steckte ihn in den nächsten Briefkasten. Es sei niemals einer verlorengegangen, umsomehr als alle Nachbarn Belzners ungewöhnliche Methode kannten."[371]

In seinem Büro hatte Belzner einen großen Bücherschrank stehen, in dessen unterster Lade er die Bücherpakete missliebiger Verlage stapelte. Um diese Bände auf angemessene Weise zu vernichten, hatte er mit Hilfe einiger Brosamen Mäuse angelockt, die sich diesem Angebot nicht verweigerten. Der Herausgeber und Chefredakteur Hermann Knorr konnte sich mit dieser Einrichtung allerdings nicht anfreunden und soll Belzner im breitesten Pfälzisch zur Ordnung gerufen haben:

"Was nitzt mir all Ihr Schenie, wenn Sie hier di Meis fittere."[372]

Auch eine regelmäßige Taubenfütterung auf der Fensterbank des großen Tierfreundes fand nicht Knorrs Beifall, da die Tiere die Dächer der im Hof geparkten Autos beschmutzten. Es kam wieder zu Streitereien, in deren Verlauf Belzner seinem Chef prophezeite: "Wenn Sie einmal wieder auf die Welt kommen, dann bestimmt als ein ganz böser Krabb [Rabe]".Nach Knorrs Tod soll der Hausmeister einen großen schwarzen Raben auf dem Dach des Redaktionsgebäudes gesehen haben.[373]

Andere Auseinandersetzungen zwischen dem Chefredakteur und seinem Stellvertreter hatten einen ernsteren Hintergrund. Zu einer anhaltenden Verstimmung führte im Sommer 1962 etwa ein Artikel von Frank Thiess, dem Belzner leichtfertig das Imprimatur erteilt hatte. Unter Anführung langer Passagen hatte Thiess ein obskures Buch des ultrarechten Amerikaners David L. Hoggan freundlich rezensiert, in dem dieser die deutsche Alleinschuld am Krieg abstritt und (überspitzt gesagt) Hitler und Göring als friedliebende Gesellen darstellte.[374] Belzner hatte einen seriösen Vorspann geschrieben, das Ganze für die Wochenendausgabe in Satz gegeben und war in Urlaub gefahren. Die Empörung war groß, ein regelrechtes Unwetter an Leserbriefen und Telefonanrufen ging hernieder. Die RNZ wurde als Nazi-Blatt verunglimpft, zahlreiche Gegendarstellungen waren notwendig. Knorr hatte alles auszubaden. Als er Belzner nach dessen Rückkehr zur Rede stellte, gab dieser klein bei.[375] So

54: Emil Belzner mit Bart, 1963/64

streitbar Emil Belzner mit der Feder war, so sehr scheute er persönliche Auseinandersetzungen.

Es war nicht nur dieses Zeugnis fehlenden Fingerspitzengefühls, das Belzner
in den Augen der linken Heidelberger Studentenschaft zu einem "unsägli-
chen Feuilletonisten" der "provinziellen Urteile" und "reaktionären Polit-Etü-
den" machte. Mit Verweis auf seine platten Angriffe gegen die Gruppe 47
oder gegen den sowjetischen Lyriker Jewtuschenko und seine undifferenzierte
Abneigung gegenüber dem modernen Theater (die schließlich seinen gänzli-
chen Verzicht auf jeden weiteren Theaterbesuch zur Folge hatte) verhängte
Polly Ester in einer Heidelberger Studentenzeitung das Urteil des "Kultur-
dogmatismus".[376]

Das war dann doch zu einseitig und drängte Belzner in eine Ecke, in die er
nicht gehörte. Belzner polarisierte, indem er seine Meinungen mit einer Vehe-

menz vertrat, bei der die Argumente nicht immer Schritt hielten. Zu seinen Gunsten spricht, dass er mit dem gleichen Elan, mit dem er gegen die neue Literatur schrieb, auch gegen Aufrüstung, Krieg und alle Spuren der NS-Zeit vorging.

Mitte der 60er Jahre entdeckte Belzner ein neue publizistische Ausdrucksform für sich, indem er mit politischen Gedichten seinem Unmut über den amerikanischen Einsatz in Vietnam oder die Ermordung Martin Luther Kings Ausdruck verlieh. Da die Verse stets auf Seite 2 unterm Strich erschienen, war die Verhüllung des Autors, der sich hinter drei Sternen (***) verbarg, leicht durchschaubar. Belzner äußerte mehrfach die Absicht, diese "poetischen Abfallprodukte"[377] in Buchform herauszubringen:

Es "liegen schon ein paar Dutzend aggressiver lyrischer Beiträge vor. Wenn es noch ein paar mehr sind, will ich sie zu einem Bändchen "Schlechte Gedichte" zusammenfassen.[378]

Auch dies blieb nur ein frommer Vorsatz. Stattdessen erschien 1966 im Wiesbadener Limes-Verlag eine Neuauflage des Antikriegsbuchs *Marschieren – nicht träumen!*. Es hätte eigentlich in dieser Zeit auf neues Interesse stoßen müssen. Das Echo blieb jedoch gering.

Vor seinem 65. Geburtstag im Juni 1966 hatte Emil Belzner mit Hermann Knorr eine weitere Zusammenarbeit, über das Pensionsalter hinaus, vereinbart. Die Kündigungsfrist wurde im gegenseitigen Einvernehmen auf sechs Wochen reduziert.[379] Dies sollte knapp drei Jahre später von Bedeutung sein, als die langjährigen Rangeleien zwischen Knorr und Belzner schließlich im Januar 1969 eskalierten.

Heidelberger Studierende hatten herausgefunden, dass Karl Stauder, der Leiter der RNZ-Stadtredaktion, während der Nazizeit angeblich ein regimetreuer Schreiberling der *Fränkischen Tageszeitung* und Gaupresseamtsleiter unter dem Gauleiter Julius Streicher (*Der Stürmer*) gewesen war. Der Lokalredakteur hätte damals gegenüber Juden und Staatsfeinden jeglicher Couleur denselben Ton angeschlagen wie nun gegenüber den aufbegehrenden Studenten. Am 6. Dezember nahm Hermann Knorr unter dem Titel "AStA bedroht RNZ" gegen diese Vorwürfe Stellung, verwies auf seine eigenen Erfahrungen mit dem KZ Dachau und nahm Stauder in Schutz.[380] Die Studierenden ließen sich davon nicht überzeugen, versammelten sich mehrfach zu Kundgebungen vor dem RNZ-Gebäude und behinderten einmal massiv die Auslieferung der Zeitung. Als späte Reaktion auf diese Proteste ließ die Staatsanwaltschaft am 10. Januar 1969, unter dem Vorwand, fünf Angeklagte festnehmen zu wollen, die Räume des AStA mit einem großen Polizeiaufgebot und unter Einsatz massiver Gewalt stürmen.[381] Mehrere Studenten und eine Journalistin wurden verletzt. Der Oberstaatsanwalt Carl Naegele kommentierte diese Aktion lapidar: "Wo gehobelt wird, da fallen Späne".[382]

Belzner reagierte am 18. Januar mit einem "Verba terrent!" betitelten Artikel, in dem er darauf verwies, dass dieser Kommentar mit einer vielgebrauchten

Wendung Hermann Görings identisch sei. Belzner hob warnend den Zeigefinger: "Meidet die Sprache der Verderber der Freiheit!"[383] Knorr kündigte Belzner am nächsten Tag mit Verweis auf sein fortgeschrittenes Alter. Es sei an der Zeit, jüngere Kräfte zum Zug kommen zu lassen.[384] Belzner war damals 67, Knorr 72 Jahre alt. So überraschend diese Kündigung kam, sie hatte ihre Vorgeschichte, die Belzner nicht zur Kenntnis nehmen wollte. Bereits in den zurückliegenden Wochen hatte er mehrfach in kaum verdeckter Form in seinen Artikeln gegen Stauder und Knorr Position bezogen und sich damit in unzulässiger Weise über die Redaktionsdisziplin hinweggesetzt. Es war der Tropfen, der das Fass zum Überlaufen brachte.

Belzner zog sich ganz auf die Position des unverdient geschassten Redakteurs zurück. Nach seiner Sicht der Dinge war er

ein "Vierteljahrhundert nach dem Zusammenbruch der Tyrannis noch ein Opfer der Nazis geworden."[385]

Seine Entrüstung wurde von vielen Kollegen und Lesern geteilt. Aufgrund des äußeren Drucks, sah sich Knorr schon im Februar gezwungen, seine Kündigung zurückzunehmen, ein Angebot, auf das Belzner aber nicht einging. An Marcuse schrieb er:

"Man hat versucht, mich wieder in meine alten Funktionen als stellv. Chefredakteur und Leiter des Feuilletons hereinzuholen. Ich habe abgelehnt. Es geht nicht mehr. Ein ununterschreitbares Mindestmaß an Ehre muss auch ein Journalist besitzen."[386]

Viele Journalisten und Schriftsteller, die nur seine Version der Ereignisse kannten, versicherten Belzner ihrer Solidarität, nach außen hin geschah jedoch wenig. Von den überregionalen Zeitungen nahmen sich lediglich der "Spiegel" (erst im Dezember) und "Die Zeit" der Geschichte an, letztere auch nur, nachdem der Herausgeber Bucerius über die Schiene Ludwig Marcuse - Robert Neumann auf den Fall Belzner aufmerksam geworden war.[387] Wenige Wochen nach der Kündigung nahm Belzner in einem Fernsehinterview zu den Vorgängen Stellung. Auch diesmal waren seine Äußerungen vielfach unsachlich und einseitig. Neuer Staub wurde aufgewirbelt.[388]

Verlagsnachrichten. Mit Wirkung vom heutigen Tag ist Emil B e l z n e r, seit 1946 Leiter des Feuilletons der RNZ, in beiderseitigem Einvernehmen aus der Redaktion ausgeschieden. Emil Belzner hat damit noch mehr als zwei Jahre über die Erreichung der Altersgrenze hinaus für die RNZ gewirkt. Sein Nachfolger als Leiter des Feuilletons der RNZ ist Edwin K u n t z, der ebenfalls seit über 20 Jahren dem Redaktionsstab der Rhein-Neckar-Zeitung angehört. Die Berufung von Edwin Kuntz erfolgte auch im Sinne Emil Belzners.

55: Rhein-Neckar-Zeitung vom 24. Februar 1969

"Die Zeiten – wohin führen sie?"

Letzte Jahre (1969-1979)

Nur wenige Monate nach seinem Ausscheiden bei der RNZ kam Belzner mit der örtlichen Konkurrenzzeitung, dem Heidelberger *Tageblatt*, überein. Von Mai 1969 an schrieb er jeden Samstag eine Kolumne im alten Belznerstil. Die neue Plattform nutzte er gleich für eine großangelegte Abrechnung mit seinem ehemaligen Arbeitgeber. In der Wochenendausgabe vom 30. April/1. Mai erschien ein ganzseitiger Artikel, in dem Belzner seine Sicht der Dinge darlegte. Er holte weit aus, ging zurück bis zum Jahr 1922, als er

"schon einmal zu Heidelberg von der Hauptstraße Nr. 23 als freier Mitarbeiter zum *Tageblatt* gegangen war, weil dort urbanere Sitten herrschten und ein freierer publizistischer Stil. Das war 1922 im Jahre des Rathenau-Mords und die Zeitung hieß *Badische Post*".[389]

Für das *Tageblatt* war es natürlich ein schöner Coup, den profiliertesten Journalisten der lokalen Konkurrenz als ständigen freien Mitarbeiter zu verpflichten. Es hat wohl auch einige wenige Abonnenten gegeben, die der RNZ gemeinsam mit ihrem Feuilletonchef den Rücken kehrten und gleich ihm zum Tageblatt überliefen. Dies blieb allerdings die Ausnahme. Der Wechsel des Arbeitgebers veränderte Belzners Tätigkeitsfeld kaum. Im Tageblatt erschienen seine Artikel nicht auf Seite 2, sondern auf den hinteren Kulturseiten der Wochenendausgabe. Hier aber hatte er alle Freiheiten. Belzners Ausnahmestellung wurde Rechnung getragen, indem der Name des Autors in die Titelüberschrift der Artikel hineingenommen wurde – eine durchaus unübliche Vorgehensweise, die für sich spricht.

Bei den wöchentlich erscheinenden Kolumnen, die Belzner regelmäßig bis Ende 1974 schrieb, handelt es sich zum überwiegenden Teil um Rezensionen von Neuerscheinungen. Er bleibt nie eng an der Vorlage kleben, sondern nimmt die besprochenen Bücher meist nur zum Anlass für seine eigenen Betrachtungen. In dieser Weise schreibt er etwa über August von Kotzebue, Greta Garbo, Heinrich Vogeler, Eduard Graf Keyserling, Ludwig Börne, Carl Jacob Burckhardt oder auch über ein Buch von Simone de Beauvoir, das er überraschenderweise recht positiv beurteilt.[390] Mit Vorliebe bespricht er die Teilbände großer Lexikonausgaben, insbesondere dann, wenn wenige Tage zuvor der Literaturnobelpreis an Heinrich Böll vergeben wurde, den er mit keinem Wort erwähnte.[391] Und immer wieder nimmt er seine Lieblingsthemen auf: Überlegungen zu Krieg, Weimarer Republik und NS-Zeit[392], Ausfälle gegen die abstrakte Kunst ("Die Tage der abstrakten Kunst sind gezählt. – Die Museen sollten wenigstens das Minderwertigste davon verkaufen")[393] oder gegen

123

56: Emil Belzner diskutiert

Solschenizyn ("Manchmal kann man den Namen Alexander Solschenizyn nicht mehr hören.")[394]. Aber Belzner macht sich auch seine Gedanken über "Die großen Schizophrenen", beklagt, dass die Düsseldorfer Universität nicht nach Heine benannt wurde und nimmt Stellung gegen die zunehmende Umweltverschmutzung:

> "Lärm und Gestank sind ‚Enteigner unserer Gesundheit', Räuber unserer Arbeitskraft, richtige Wegelagerer. Und darauf dann das schöne Wort ‚Lebensqualität'. Der Zaster allein tut's nicht."[395]

Auch wenn man Belzner nicht immer zustimmen mag. Seine Publizistik im Tageblatt ist ein buntes Sammelsurium feiner Feuilletons, die noch keinen Staub angesetzt haben.

Nachdem sich die Wogen um seine Entlassung etwas geglättet hatten, konnte sich Belzner ganz auf die Abschlussarbeiten an seinem neuen Buch *Die Fahrt in die Revolution* konzentrieren, das bereits im Sommer desselben Jahres bei Desch erschien. An dem Werk, das zunächst "180 Kilometer mit Lenin" und dann "Revolutions-Notturno" heißen sollte, hat Belzner seit etwa 1967 gearbeitet.[396] In einem Brief an seinen Verleger Kurt Desch berichtete Belzner im September dieses Jahres von seinen Plänen. Der Brief gibt der Frage, ob es sich bei der *Fahrt* um eine erfundene Geschichte oder um einen authentischen Bericht handelt, neue Nahrung:

> "Nun noch etwas anderes – vielleicht interessiert es Sie: Ich habe während der verlängerten Oster-Ferien 1917 Hilfsdienst bei der Eisenbahn gemacht. Damals wurde ein Zug gemeldet, der ‚aus Sibirien entflohene russische Sträflinge' von der Schweiz durch Deutschland (über Schweden) nach Russland zurückbringen sollte. Der Zug war – wegen Militärtransporten – auf einer kleinen badischen Station abgestellt. In dem Zug reisten Lenin und einige Genossen. Ich als junger Frechdachs mit Eisenbahner-Kappe stieg in den (nicht plombierten) Waggon und machte einige Hantierungen am Ziehharmonika-Balg und an der Plattform des Waggons. Dann ging ich durch den Wagen und kam ins Gespräch mit den Leuten. Lenin sprach ein Deutsch, das einer Mischung zwischen Oberbayerisch (er hatte ja auch in Schwabing gewohnt) und Alemannisch (Schweizerisch) gleichkam. Es wird heute kaum mit Deutsche geben, die mit Lenin gesprochen haben. Ich wußte damals überhaupt nicht, wer er war. Daraus könnte sich in der Darstellung eine große Faszination ergeben. Ich denke dabei an ein Manuskript von 25-30 ganz präziser Erinnerungs-Seiten. Vielleicht unter dem Titel *Revolutions-Notturno / Ich sprach mit Lenin*."[397]

Nun, ganz präzise fiel der später als "Aide-mémoire" charakterisierte Bericht sicherlich nicht aus, es ist eher eine freie Phantasie über eine authentische Erinnerung. An der Tatsache aber, dass Belzner in den Waggon eingestiegen ist und mit Lenin gesprochen hat, kann man kaum zweifeln. Belzner erzählte die Geschichte nicht nur Kurt Desch, sondern auch Heinrich Maria Ledig-Rowohlt, dem er im Februar 1969 schrieb:

> "Ich bin 1917 als Eisenbahn-Hilfsarbeiter eine kurze Strecke im sogen. ‚plombierten' Zug bis Frankfurt/Main mitgefahren. Wahrscheinlich der einzige, heute noch lebende Deutsche, der Lenin gekannt hat und mit dem er ein paar Worte gewechselt hat."[398]

Ganz ähnlich äußerte sich Belzner auch in einem Brief an Helmut Kindler.[399] Gegenüber Peter Schünemann schilderte er 1974 die Entstehung des Buches:

> "Mir wurde gewissermaßen die Feder geführt und ich hatte nur meinen Erlebnissen und Träumen zu folgen und dabei wahrscheinlich an einer der Mythen der Menschheit mitgewirkt. Keines meiner Bücher macht mich auch heute noch so betroffen wie dieses. Eine Zisterne der Erinnerung: Man schöpft und schöpft, und sie füllt sich von oben und unten nach."[400]

Es ist bedauerlich, dass sich in der wissenschaftlichen Literatur zu Lenins Deutschlandreise und auch in den Erinnerungen seiner Reisebegleiter keinerlei Hinweise auf den jungen Belzner finden lassen. Ein Indiz für die Unwahrheit seiner Behauptung ist das noch nicht, vielleicht aber ein Hinweis darauf, dass man nur dem innersten Kern des Berichts Glauben schenken kann: Belzner fand Einlass in den Waggon, fuhr bis Frankfurt mit und hat dabei kurz mit Lenin gesprochen. Teil der Wirklichkeit ist wohl auch die spätere Baden-Badener

Begegnung mit Tschitscherin, dem Belzner ein Memorandum über die Ereignisse aus dem Frühjahr 1917 überreicht haben will, die Rheinfahrt mit Hindenburg von Ludwigshafen nach Mainz, große Züge der persönlichen Erinnerungen aus Bruchsal, Leipzig und Stuttgart. Alles andere, insbesondere die ausführlichen Gespräche mit Lenin, Radek und Inès Armand, gehört in den schon angesprochenen Bereich des "Halbfiktiven".

Ein erster Auszug aus dem entstehenden Werk erschien im Dezember 1967 in der Süddeutschen Zeitung. Der Artikel trug den aussagekräftigen Titel *Ich habe Lenin gesehen*.[401] Der Text unterscheidet sich nur unwesentlich von dem späteren Auftakt des Buches, das sein Autor explizit nicht als Roman verstanden haben wollte: "Das Werk ist übrigens kein Roman, sondern ein Aidemémoire."[402]

Sieht man einmal von der riesigen Verbreitung der Buchgemeinschaftsausgabe des *Kolumbus* ab, so war *Die Fahrt in die Revolution* sicherlich Belzners größter Erfolg. Noch im Oktober 1969 erwarb der Deutsche Taschenbuch Verlag die Rechte für eine Lizenzausgabe, das Taschenbuch erschien dann aber erst drei Jahre später.[403] Diese zweite Ausgabe nutzte Belzner nicht nur, um die Druckfehler der Erstausgabe zu beseitigen, sondern er schloss dem letzten Satz der gebundenen Ausgabe ("Irgendwo in der Frühe wurde geschossen und gesungen") auch einen weiteren Satz an: "Alles stand mit einem Fuß noch in der Fabel."

Noch vor der Taschenbuchausgabe bei dtv erschien *Die Fahrt in die Revolution* 1970 in einer Übersetzung von Maurits Mok in holländischer Sprache.[404] 1974 folgte eine Übersetzung ins Französische durch Frank Straschitz.[405] Belzner freute sich offensichtlich sehr über diese französische Ausgabe. Durch den Verlag ließ er u. a. Exemplare an Sartre und Simone de Beauvoir schicken, von einer Reaktion ist nichts bekannt. Die Übersetzung erwähnte Belzner auch gerne ganz nebenbei in seinen Briefen an Freunde. So schrieb er zum Beispiel an Karl Laux, den ehemaligen Musikkritiker der Neuen Badischen Landeszeitung:

"Kürzlich ist unter dem Titel *Le train de la révolution* die französische Ausgabe meines Buches *Die Fahrt in die Revolution* bei Hachette in Paris erschienen. Eine sehr attraktive Ausgabe – mit der sensationellen Verlagsbauchbinde "Ma nuit avec Lénine". Als uns jüngst [der Komponist Wolfgang] Fortner einmal besuchte und das Buch in der Bibliothek liegen sah, rief er spontan aus: ,Aber, lieber Belzner, Sie sind doch nicht homosexuell!'"[406]

Nach *Marschieren – nicht träumen!* von 1931 hatte kein Buch Belzners in gleicher Weise die Gemüter bewegt. Die unbeantwortete Frage nach der Authentizität des Geschehens mag eine Rolle gespielt haben, auch eine gewisse Aktualität Lenins im Jahr nach dem Höhepunkt der linken Studentenrevolte, das zugleich das Jahr vor seinem hundertsten Geburtstag war.

Die Reaktionen hätten unterschiedlicher nicht ausfallen können. Vielfach wurde kritisiert, Belzner habe Lenin zu positiv gezeichnet. Rudolf Majut urteilte in

**Emil Belzner:
Die Fahrt
in die Revolution**

Aide-mémoire

Zürich — Berlin — Petersburg

dtv

57: Titelbild der Ausgabe von 1972, Gestaltung Celestino Piatti

einem Brief, der Stoff sei unglücklich gewählt. Lenin und seine Lobreden auf den Kommunismus gefielen ihm nicht: "Man liest das Buch mit steigender Spannung, aber in diese Spannung mischt sich in wachsendem Masse Unbehagen politischer und moralischer Art."[407] Etwas platter brachte – nach Belzners Zeugnis – ein anderer Leser eine ähnliche Überzeugung zum Ausdruck:

58: Familie Belzner in der Klingenteichstraße 15 nach 1970, v. l.: Johanna, Alfred, Marianne, Elisabeth (Alfreds Frau) und Emil Belzner

"Vor drei Jahren, beim Erscheinen der Originalausgabe, schrieb mir ein sonst nicht übler Mann: Warum haben Sie den Protagonisten mit Ihrem Hämmerchen nicht erschlagen? Eine der beziehungslosesten und dümmsten Fragen, die ich je in meinem Leben gehört habe. Ungefähr so dumm, als wenn jemand fragte: Ja, und wie ging's nun nach Hamlets Tod in Dänemark weiter?"[408]

Die Stellungnahmen waren jedoch überwiegend sehr positiv. Erasmus Schöfer gab zu, dass es sich zweifellos um "eine literarisch stilisierte Form von Personenkult" handelte,

"aber mir scheint, eine recht notwendige – die den vorherrschenden Glauben an den rein objektiven, gesetzmäßigen Ablauf der Geschichte sinnvoll korrigiert, nicht zugunsten jenes "Männer machen Geschichte", sondern eines modifizierten: Die Geschichte ... findet im Stadium der Reife Personen, die das Notwendige erkennen und einleiten."[409]

Georg Schneider lobte die "glänzend geschriebenen Seiten" als "Glücksfall" im Genre des politischen Romans, das im "deutschen Sprachgebiet nicht vordringlich ausgeprägt" sei.[410] Und Arnold Künzli freute sich in der Frankfurter Rundschau über das Buch eines Autoren, der sich "auf überlegene Weise der deutschen Sprache zu bedienen weiß" und störte sich wenig an unklaren Schnittstellen zwischen Dichtung und Wahrheit: "Mag dabei die Dichtung um die Wahrheit auch noch so ausgelassen herumwirbeln – der Anblick ist faszinierend.[411]

Die Fahrt in die Revolution ist vielleicht Belzners bestes Buch. Fesselnd aber sind gerade jene Stellen, die nicht im Waggon spielen, wo es doch insgesamt sehr statisch zugeht. Lenin, Radek und Inès Armand verlieren im weiten Gewand ihrer ins Mythische überhöhten Gestalten jede persönliche Kontur. Das ist natürlich beabsichtigt und mag die staunende und verzerrte Perspektive des beeindruckten Knaben widerspiegeln. Aber die Gespräche mit dem als "Dämon" bezeichneten Lenin und seinem Freund Radek, das erotische Geplänkel mit der Muse Inès liest man mit wachsendem Unbehagen. Gerne läßt man diese Szenen zugunsten der Erlebnisse des jungen Emil hinter sich. Die eingestreuten autobiografischen Episoden und der ganze zweite Teil, der Emils Reise nach Leipzig und in die ungewisse Ferne Ostpreußens beschreibt, verschaffen ein wesentlich größeres Lesevergnügen.

Gestärkt durch die große Resonanz plante Belzner noch im Jahr 1969 eine Fortsetzung:

"Ich habe die Absicht – nach einer Rußlandreise – die Begegnung mit den Toten (Lenin-Mausoleum/Grab von Inès Armand/Sterbeort Naltschik) und mit der Realität zu schildern. Hoffentlich bin ich den Strapazen und Erschütterungen einer solchen Reise gewachsen."[412]

Sogar von einer Trilogie war die Rede.[413] Aus all dem ist dann nichts geworden. Nur neue und andere Pläne entstanden. Belzner, der mittlerweile 68 Jahre alt war, spürte, daß ihm die Lebenszeit abhanden kam. Er wusste kaum, was er zuerst beginnen sollte.

Immer noch beschäftigte er sich mit dem Theaterstück Unter Iwans Mütze, das er seit Mitte der 60er Jahre unter der Feder hatte. Außerdem arbeitete er an einer erweiterten Fassung des Kolumbus-Romans, in der, einem Brief an Heinz Friedrich vom Deutschen Taschenbuchverlag zufolge, "eine Begegnung zwischen Kolumbus, Alexander VI. und Lukrezia Borgia in Rom" eine wesentliche Rolle spielen sollte.[414]

Aber auch "an einem neuen – wie ich glaube überaus lustigen – zeitgenössischen Buch" saß Belzner:

"Wenn ich rechtzeitig damit fertig werde, kann es zu meinem Fünfundsiebzigsten erscheinen, andernfalls im Spätsommer 1976."[415]

Von diesem Projekt spricht Belzner vermutlich auch in einem Brief an den Verleger Helmut Kindler:

"Ein Agent, der zufällig Einsicht in Teile des Manuskriptes bekam, meinte, die Verleger würden mir das Manuskript aus den Händen reißen. Nun, das wollen wir abwarten. Es handelt sich um ein erzählendes zeitkritisches Werk mit sogenannten ‚prominenten' Gestalten und vielem unbekanntem zeitgeschichtlichem Material.[416]

Darüber hinaus hat Belzner in seinen letzten Lebensjahren offenbar an seiner Autobiographie gearbeitet.[417]

"Man müsste – bei wachem Verstande und lebensbereitem Gefühl – mindestens hundert Jahre alt werden, um wenigstens die wichtigsten Pläne zu verwirklichen. So ergeht es wohl jedem von uns: die Zeit ist zu schnell und wir sind zu langsam",[418]

schrieb Belzner bereits im Januar 1970 an Peter Diederichs und sollte damit leider recht behalten. Es scheint so, als habe er sich mit der Arbeit an den "verschiedenen, sehr unterschiedlichen Werken" letztendlich heillos verzettelt.[419] Noch anderthalb Jahre vor seinem Tod befand sich der 76jährige in einer hektischen Betriebsamkeit:

"Ich muss mich jetzt sputen, wenn ich mein Programm lückenlos abwickeln will. Nicht, dass man später einmal sagen soll: "Das Beste hat er für sich behalten!"[420]

Dieser Schluss drängt sich tatsächlich beinahe auf, denn die einzige literarische Frucht der siebziger Jahre war letztendlich das Katzenbuch *Glück mit Fanny*. Von den vielen anderen – im Briefwechsel oftmals angesprochenen und angekündigten – Projekten der letzten Lebensphase ist gar nichts erschienen. Auch im Nachlass ist merkwürdigerweise nicht eine Seite zu finden. Bereits *Die Fahrt in die Revolution* war "Fanny, dem Pelzlein" gewidmet. Mochte das mancher damals noch für eine erotische Anspielung gehalten haben, so war nun endgültig klar, dass es sich um Belzners Katze handelte. In ironischer Überkreuzung widmete er das Katzenbuch nun seiner Frau Marianne: "Für Marianne – die andere Katze."

Glück mit Fanny können wahrscheinlich nur Katzenliebhaber ohne Einschränkung genießen. Ein erstes Unbehagen flößen der Einband und die Illustrationen von Gerhard Oberländer ein, die das Buch betulicher erscheinen lassen, als es ist. Es ist sichtlich ein Werk der siebziger Jahre. Im Innern warten kleine Skizzen des Alltags zwischen Mensch und Tier, Ausflüge in Mythologie und Geschichte. Manchmal eröffnet sich ein Blick in Belzners Arbeitszimmer, aus dem das Klappern der Schreibmaschine zu hören ist:

59: Umschlaggestaltung von Gerhard Oberländer

Fanny "kann dabei offenbar unterscheiden, ob es sich um Briefe handelt oder um Werke und opuscula: bei Briefen geht es langsam und langweilig zu, bei Werken hingegen springt alles zumeist flott weg. Schon das Schreiben der Adresse und das Unterstreichen des Bestimmungsortes langweilt sie. Mehr als zwei Briefe erträgt sie nicht, dann schleicht sie hinaus."[421]

Fanny bringt lebende Mäuse ins Haus, denen Belzner wieder zur Freiheit verhilft:

130

"Ihr macht das Spaß, mir auch. So bringe ich gelegentlich Abende zu, während Verleger auf lohnende Manuskripte warten."[422] Belzner beurteilte das Katzenbuch selbst als eine "literarische Kleinigkeit gegen die Verdrießlichkeit der Menschen."[423] Vielleicht hätte er doch lieber an seinen Memoiren weiterschreiben sollen!

Eine oder mehrere Katzen hatte es schon immer im Hause gegeben. Emil Belzner hatte immer mit rheumatischen Beschwerden zu kämpfen, die Katzenwärme verschaffte ihm Erleichterung. Für den häufig misanthropisch gestimmten Belzner waren Tiere wohl die besseren Menschen. In fast allen seiner Büchern treten Tiere auf, die sich als Floh, Maus, Pferd, Hai oder Elefant ihren eigenen Reim auf das Geschehen machen. In *Ich bin der König* ist etwa der Esel Tom nie um eine Stellungnahme verlegen:

"Tom machte jetzt ein ziemlich ehrerbietiges Gesicht gen Himmel, als wollte er sagen: Heu, wem Heu gebührt.[424]

Glück mit Fanny war wie *Die Fahrt in die Revolution* und auch der *Kolumbus*-Roman bei Kurt Desch erschienen, dem Münchner Verleger, mit dem Belzner mit den Jahren ein immer engeres Freundschaftsverhältnis verband. Am 2. Juni 1973 würdigte Belzner Kurt Desch aus Anlass seines 70. Geburtstages im Tageblatt als Verleger, der 1945 "eine amerikanische Lizenz in einen deutschen Zauberstab verwandelt" hatte. "Ein ehemals Unbekannter erbaute aus dem Nichts einen Verlag internationalen Ranges."[425] Belzner hatte da ein kleines Zaubermärchen geschrieben, das ganz der selbstgestrickten Geschichte des Verlegers entsprach. Nur wenig später zerriss dieses Gewebe, als nach dem überraschenden Verkauf des Verlages ans Licht kam, dass Desch über Jahre seine Autoren um nicht unbedeutende Beträge geprellt hatte. Auch die angebliche weiße Weste aus den Jahren der Naziherrschaft hatte erhebliche Flecken abbekommen. In wenigen Jahren verspielte Desch sein großes Renommee in einer Vielzahl von Prozessen.[426]

Auch die Freundschaft zwischen Desch und Belzner hatte eine schwere Belastungsprobe auszuhalten. Aufgeschreckt durch die Manipulationen zog Belzner seine Werke aus dem Verlag zurück. Das Zerwürfnis war jedoch nicht von langer Dauer, bereits Mitte der siebziger Jahre war man wieder versöhnt und Anfang 1977 bot Belzner Desch sogar das "Du" an.

"Lieber Freund Emil Belzner, Dein Brief vom 2. Februar hat mich bewegt. Ich danke von Herzen für das angebotene kameradschaftliche Du, das für mich sakrosankt bleiben wird."[427]

Erneut wurden gemeinsame Pläne geschmiedet. Belzner erwog ernsthaft, Desch seine geplanten Memoiren zu überlassen:

"Was Du mir an Verlagsmöglichkeiten andeutest, hat mich lebhaft interessiert. ... Im Augenblick jedoch kann ich mich noch nicht festlegen. Selbstverständlich muss der Verlag auch meine anderen Bücher übernehmen und zum Achtzigsten 1981 eine attraktive Belzner-Ausgabe veranstalten. Das ist eine conditio sine qua non."[428]

Zeitlebens schmiedete Belzner große Pläne, sein herber Kulturpessimismus allerdings ist eine Frucht der beiden letzten Lebensjahrzehnte. Seitdem sich

60: Emil Belzner und Fanny

nach 1945 seine Hoffnungen von einer besseren Welt nicht erfüllt hatten, sah er die Zukunft in zunehmend dunkleren Farben:

"Wir betagten Knaben blicken auf diese Katastrophen-Zeit mit Grausen und hoffen, dass wir uns bis zum Ende gut vertragen. Die Aussichten freilich für uns Ältere, um einen Dritten Weltkrieg herumzukommen, werden immer geringer."[429]

Belzners Abneigung richtete sich insbesondere gegen den wachsenden Konsum:

"Diese sogenannte Wohlstandswelt ist eine leere Welt gemacht für die Garnierung mit Atompilzen. Wenn wir rücksichtsvoll sagen: alles Überflüssige vernichten, bevor man stirbt, so sagen die Dämonen, die im Universum (einander befehdend) walten, noch rücksichtsvoller: Weg mit der ganzen Bande und das nächstemal dann nur Tiere, nur noch Tiere."[430]

Auch gegenüber Harold von Hofe, einem Freund des verstorbenen Ludwig Marcuse, klagte er über den Kulturverfall:

"Anständige Menschen fühlen sich von dem heutigen Literatur- und Kulturbetrieb angeekelt. Alles so vulgär, keine Urteile, kein Fundus mehr, nur Geschwätz und Selbstreklame. Und erhält man einmal Einblick in Dissertationen, so wundert man sich gelegentlich doch sehr über die mehr und mehr heraufziehende Verwissenschaftlichung jeden und jeglichen Blödsinns. Die Geisteswissenschaften müssten einmal in strenger Klausur sich selbst reinigen. Sonst kann man sie an den Nagel hängen. Die Überproduktion an Druckerzeugnissen bietet jämmerliche Bilder einer absinkenden Kultur und Zivilisation. Die Goulasch-Masse hat alles verdorben."

Bei all dieser Schwarzseherei fühlte sich Belzner doch nicht als Pessimist:

"Nein, ich bin kein "'großer Pessimist', eher ein Optimist auf Grund pessimistischer Einsichten."[431]

61: Kurt Desch

Es ist eine gewisse Ratlosigkeit zu spüren, die sich in diesem Lamentieren breit macht:

"Die Zeiten – wohin führen sie? Wir Älteren haben zu den verschiedensten Epochen schon die Ohnmacht aller Publizistik erlebt. Es bleibt uns jedoch nichts übrig, als aufrecht allem Unheil zu widerstehen – sei's auch vergeblich."[432]

Belzner litt vielleicht an einer zunehmenden Einsamkeit, nachdem er bereits viele seiner alten Weggefährten verloren hatte. Marcuse war 1970, Kreuder 1973 gestorben und auch auf Karl Gerold, dem alten Freund von der Frankfurter Rundschau hatte er schon einen Nachruf im Tageblatt geschrieben. Mit Gerold, "gar nicht in erster Linie Journalist ... sondern Mensch und Verbreiter des Menschlichen", war er seit vielen Jahren verbunden gewesen:

"Mit seiner unverkennbar echt gebliebenen Idealität hat er die Beziehungen zu seinen Freunden gefestigt und ihnen gleichzeitig auch zu jenem unerläßlichen kritischen Blick verholfen, der menschliche Beziehungen erst fruchtbar macht. Nie wollte er bloß gelobt sein, das war ihm zuwider. Es konnte passieren, daß er uns nach einem aufregenden politischen Tag mitten in der Nacht anrief und ein Gedicht vorlas, das ihm gerade eingefallen war und fragte, ob es (etwa nach makabren Ereignissen und Meldungen) gefallen, noch gefallen könne. Er las es zur Selbstkontrolle ein paarmal vor, und wenn er verstanden wurde, war er glücklich wie ein Kind."[433]

Mitte der 70er Jahre endete Belzners Tätigkeit für das Tageblatt, das sich in finanziellen Schwierigkeiten befand. Im Sommer 1974 war "im Hinblick auf den Anzeigenrückgang" zunächst der wöchentliche Erscheinungsturnus der Artikel in einen vierzehntägigen umgewandelt worden. Im Frühjahr 1975 sollte der Vertrag ganz gelöst werden. Belzner reagierte mehr verletzt als empört:

"Der Inhalt Ihres Schreibens vom 13. März jedoch ist irgendwie der ursprünglichen Tendenz meiner Zusammenarbeit mit dem *Tageblatt* nicht angemessen, ja könnte, wenn ich empfindlicher wäre sogar verletzend wirken, da ich ja kein hergelaufener Skribent bin, sondern ein Autor von Rang und Namen. Das musste ausgesprochen werden. ... Seinerzeit, als die Vereinbarung mit dem *Tageblatt* getroffen wurde, habe ich auf die Kolumnen-Angebote auswärtiger Blätter verzichtet, da mir wesentlich daran lag, — wie dem *Tageblatt* auch — meinem Heidelberger Leserkreis treu zu bleiben.[434]

Auch nach dem Ende dieser regelmäßigen Publikationsmöglichkeit verstummte Belzner nicht ganz. Vereinzelt erschienen noch Artikel in der *Frankfurter Rundschau* oder im *Mannheimer Morgen*. Schreiben bedeutete Leben.

"Leute wie Sie und ich", schrieb er an Heinz Dietrich Kenter, "vermögen nicht von Erinnerungen zu leben, nicht nur von Erinnerungen, wir bleiben an Tätigkeit und Rechenschaft gebunden – und wenn schließlich alle Berge auf uns stürzten, erfassten wir im letzten Blick wahrscheinlich noch Lichtumrisse eines nie verloren gegebenen Ziels."[435]

Um Belzner wurde es langsam still. Der 75. Geburtstag im Juni 1976, den viele Zeitungen zum Anlass nahmen, das Lebenswerk zu würdigen, hatte noch einmal für etwas Wirbel gesorgt. Harold von Hofe war darum bemüht, Belzner die Ehrendoktorwürde seiner kalifornischen Universität zu verleihen. Der aber lehnte ab.[436]

In einem Brief an Alfred Kantorowicz, der ihm noch 1976 das Du anbot, hatte Belzner schon zwei Jahre zuvor eine Art Lebensresümee gezogen:

"Ich freue mich, dass ich nahezu unbeachtet blieb, von ein paar wenigen Vortrefflichen freilich gekannt. Unser Leben ist ehrenvoll gewesen, weil wir unabhängig lebten und schrieben. Geht auch der Sinn dafür immer mehr verloren, so wird eine verborgene Elite unserer Art doch durchhalten bis zum erreichten Klassen-Ziel dieses Planeten und dieser Menschheit: Universal-Staub."[437]

Seinen Gesundheitszustand hatte Belzner schon immer gerne in seinen Briefen erörtert. Wenn ihm sonst nichts fehlte, verwies er auf seine Kreislauflabilität. Nun im Alter hatte er ernste "Schwierigkeiten mit dem Augenlicht" und klagte über "Ischias-Bandscheiben-Geschichten".[438] Immerhin war er auch im kalten Winter 1977/78 noch in der Lage das nötige Brennmaterial aus dem Keller zu holen:

"Da wir noch altmodisch heizen, muss ich ordentlich Kocks [sic!] schippen – was bei Bandscheiben-Ischias nicht ganz unproblematisch ist, aber ich werde es schon überstehen."[439]

Vielleicht halfen einmal mehr die Heilmittel aus Bruder Alfreds *Herbaria-Kräuterparadies* in Philippsburg. Emil Belzner bestellte in regelmäßiger Folge Fichtennadelbad, Gesichtswasser, Reformsalz und Herzelexier.

Im August 1979 entdeckte Marianne Belzner, dass ihr Mann sich in einem verwirrtem Zustand befand. Im Krankenhaus diagnostizierte man akute Leukämie. Ein Arzt, der glaubte, Belzner würde schlafen, sagte zu Marianne: "Er gefällt uns gar nicht". Belzner, der wachlag, antwortete darauf: "Das glaub ich euch Gesellen."[440]

Nach nur zwei Tagen schwerer Krankheit starb Emil Belzner am 8. August 1979 im Heidelberger Vincentiuskrankenhaus. Wenige Tage danach wurde er im engsten Familienkreis auf dem Bergfriedhof beerdigt. An Alfred Kantorowicz hatte er noch 1970 geschrieben:

"Heidelberg stört mich weiter nicht – nur ich möchte hier nicht begraben sein, auf Fritzen Eberts Friedhofs-Areal – meiner Asche wäre wohler auf einem Tier-Friedhof, oder in den Lüften oder im Wasser. Nun, sie machen ja mit einem, was sie wollen."[441]

Mein gütiger, geliebter Mann, unser lieber Vater, Bruder, Schwiegervater und Großvater

Emil Belzner

geb. am 13. Juni 1901

Träger des Gesamtdeutschen Heinrich-Heine-Preises 1949
o. Mitglied der Akademie der Wissenschaften und der Literatur Mainz
Mitglied des PEN-Zentrums BRD

verstarb ganz unerwartet am 8. August 1979.

Im Namen der Angehörigen:
Marianne Belzner geb. Graff

Heidelberg, den 14. August 1979
Klingenteichstraße 15

Auf Wunsch des Verstorbenen fand die Beerdigung im engsten Familienkreis statt.

62: Heidelberger Tageblatt vom 14. August 1979

135

Texte von Emil Belzner

Begegnung mit Oskar Loerke

Reinhard Tgahrt (Hrsg.): Oskar Loerke 1884-1964. Eine Gedächtnisausstellung zum 80. Geb. des Dichters im Schiller-Nationalmuseum Marbach a.N. vom 13. März bis zum 30. Juni 1964, Marbach 1964, S. 105-107

Im Herbst 1926 besuchte ich Oskar Loerke in Charlottenburg. Er wohnte in der dritten Etage eines ruhigen Gartenhauses. Das Vorderhaus stand an einer sehr belebten Straße. Aber hier hinten war es still, geradezu wunderbar still, und auch etwas grün, das heißt die Blätter gilbten schon. Loerke öffnete selbst. Er rauchte eine Zigarre und brachte gleich den Kaffee. Im Flur standen Regale mit den vielen, ungebundenen Heften der *Neuen Rundschau*-Jahrgänge. Diese Unzahl von Heften ist mir noch heute in Erinnerung. Er ließ sie nicht binden. Sie blieben so frischer und handlicher, meinte er, und lächelte über mich, als ich von meinen gebundenen Jahrgängen erzählte, auch von den älteren, die ich gelegentlich da und dort bei Trödlern und Antiquaren aufgetrieben hatte. Man sammelte damals die Neue Rundschau, um sie möglichst vollständig zu besitzen. Das alles ist dann später unter den Phosphorkanistern der englisch-amerikanischen Bomber verraucht und verglüht.

Das Gespräch bewegte sich um vielerlei Gegenstände, nachmittäglich – frühherbstlich. Es war ein heller sonniger, etwas müder Tag. Das Fenster stand offen. Man hörte in der Gartenhausnachbarschaft Papageiengekreisch ("Adieu! Adieu!" sonst nichts als "Adieu!" rief es irgend wo von einem Balkon, bis der lebhafte Bursche hereingenommen wurde), ein Hund winselte und Gießkannen rauschten. Nachträglich in der Erinnerung kehrt sich das alles in eine impressionistische Szene um, obgleich es keine war. Denn es wurde eigentlich sehr streng von den Dingen des Lebens und der Kunst gesprochen. Trotz aller Gelassenheit und Milde sehr streng. Loerke war ein Meister auch darin, mit unendlicher Güte gerecht und maßstäblich zu urteilen. Er fand es klug, daß ich einen Beruf hatte und nicht schon allzufrüh von der Dichtkunst leben wollte. Er freilich stöhnte zuweilen unter seinem Lektoratsamte bei S. Fischer, besonders wenn er in Bücher-Prospekten dann auch dem Publikum und den Sortimentern noch Novitäten anzupreisen hatte. Gerade ihm mußte das schwer fallen, der so entschieden auf sauberes Urteil hielt. Ich selber durfte stolz darauf sein, als er mich 1924 im *Berliner Börsen-Courier* mit einem Referat über meine kleine Verserzählung *Die Hörner des Potiphar* (Paul Steegemann Verlag/Hannover) in die Literatur einführte. Daher rührte unsere Bekanntschaft. Loerke war Westpreuße, mit der ganzen Melancholie dieser kolonialen Landschaft – aber auch mit der Größe des Freiwerdens von der Erdgebundenheit. Ich als Süddeutscher, unter ganz anderen landschaftlichen Voraussetzungen,

63 Oskar Loerke um 1930

befand mich in einer ähnlichen Lage. Nur daß bei ihm noch der ausübende Musiker (der profunde Bach- und Bruckner-Kenner und -Spieler) hinzukam, was ihn in manchen Stadien des Gesprächs recht geheimnisvoll erscheinen lassen konnte, wenngleich er gewiß keine Orpheus-Natur war noch eine solche sein wollte. Ja, fast war ihm die Musik ein Mittel der Klarheit gegen alles Delphische. So verstand ich ihn in jener frühen Zeit, und so sah ich ihn auch wachsen in den späteren Jahren. Sein Bekanntwerden begann ja damals erst; den eigentlichen Ruhm als Dichter aber hat er überhaupt nicht mehr erlebt. Gut gefallen hat mir an ihm, daß er richtig zornig werden konnte über geschäftstüchtige Durchschnitts-Talente. Auch der literarischste Verlag noch brauchte einige von dieser Sorte: zur Finanzierung ernsthafterer Pläne. Er mußte auch solche Sachen lesen und ihnen – der Obliegenheiten eines Lektors sind viele – dazu noch einen propagandistischen Dreh ins literarisch Interessante mitgeben. Das wurmte ihn. "Wenn Sie wollen", sagte er und betrachtete dabei stolz die lange Asche seiner Zigarre (die dann doch herunterfiel), "dann bin auch ich nebenbei ein kleiner Provinzredakteur." Vielleicht wollte er mich damit über die Kärrnerarbeit meiner Karlsruher Journalistik trösten. Viel zu feinfühlig, denn mich focht diese Lebenspraxis nicht an.

Wir haben uns nur dieses eine Mal gesehen, aber uns in vielen Jahren noch viel geschrieben. Nach 1933 bei gefährlichen Themen in freundschaftlichen Chiffren. Die der Gewalt Suspekten (einerlei ob des Geistes Angehörige oder einer anderen Ideologie und Gewalt) werden immer eine ehrbare List finden, sich Freunden verständlich zu machen. Man besaß ja auch Übung, in gewissen noch mutigen Zeitungen zwischen den Zeilen zu lesen oder gar aufzumerken, wenn irgendwo aufs Altmodischste ein Sprichwort erklärt wurde. Ich weiß nicht, wie Loerke über die heutige Zeit dächte. Ich glaube nicht, daß sie so ganz nach seinem Geschmack wäre. Der literarische Betrieb am allerwenigsten. Waren ihm doch Maßstäbe und Werte, über die man heute mehr denn je hinwegsieht, unerläßliche Voraussetzungen eines künstlerischen Handwerks überhaupt. Daß man ihn jetzt überall rühmt und feiert, hätte er dankbar hingenommen. Aber er hätte doch gefragt: Wohin mit alledem, wo Ihr gleicherweise auch das Mindere ehrt. "Viel echter und verdienter Ruhm ist manchmal bloßer Zufall", sagte er damals, "und nicht selten werden seine wahren Gründe von opportunen verdeckt." Er ist später an der Tyrannis gestorben, richtig an ihr dahingestorben. Heute würde das Ungeprüfte der Gesinnungen, das herrscht, an ihm nagen. Als ich ihn damals in Charlottenburg im frühherbstlichen Licht, das schon schräg hereinfiel, sitzen sah – je versonnener, desto gesprächiger – ahnte noch niemand, in welcher Epoche wir uns bereits befanden. Hat es der Papagei auf dem nachbarlichen Balkon mit seinem "Adieu!" gewußt? Der Papagei nicht mehr als ein Vogel, nur noch als Wort? Das wäre fast eine Loerkesche Frage. Und es war auch schon dunkel, als wir gingen. Er brachte mich zur U-Bahn. Damals tat man solches noch. Nicht nur bei Besuch vom Lande, der sich verlaufen konnte. Es war eine altmodische Geste der Fürsorge, die selbst in der Erinnerung noch ein wenig nachwärmt.

Die versäumten Lehren – Vor den Ruinen eines Gymnasiums

Rhein Neckar Zeitung vom 11. Januar 1947, S. 2

Auch vom Gymnasium, einem Seitenbau der ehemals fürstbischöflich-speyerischen Residenz Bruchsal, stehen nur noch ein paar Mauern. Mauern, in denen einst Nepos, Cäsar, Vergil und Homer gelesen wurden; Mauern, in denen Aristophanes und Molière lachten und die Professoren, sofern sie keinen Witz besaßen, nichts zu lachen hatten und teilweise ein recht schweres Leben mit uns führten. Mauern, in denen man vom Abendland manches und von der übrigen Welt fast nichts erfuhr. Mauern, in denen geturnt, musiziert und gezeichnet wurde und in denen man den lieben Gott einen Humanisten und guten Mann sein ließ. Großherzogs- und Kaisers-Geburtstag waren zusätzliche Feiertage, an denen im Schloßhof große Paraden der "Gelben Dragoner" stattfanden. Es gab Böllerschüsse und an den Vorabenden durften besonders geeignete Quartaner und Tertianer die Glocke des Schloßturms läuten und, sofern sie den Dreh des Unfugs und Schwungs heraus hatten, am Seil eine kleine Luftpartie bis ans Gewölbe machen. Das ging alles so hin, untermischt mit "alten Germanen", dem "alten Fritz", Theodor Körner, Heinrich von Kleist, einseitig herausgekehrtem Schiller und etwas verächtlich behandeltem Goethe. Man dachte anfangs, die Welt sei so, wie sie im Pennal gelehrt und fabriziert wurde. Die Sozialdemokraten seien böse Leute und der Herr Fabrikant und der Herr Kommandeur und der Herr Oberbaurat gute. Und Gott habe diese Ordnung gewollt. Und die ehrlichen Leute liefen frei herum und die schlimmen säßen im Zuchthaus. Und Armut sei eine gerechte Strafe und Reichtum eine gerechte Belohnung. Wenn man auch manches schon beobachtet hatte, was mit diesem nicht übereinstimmte und die gesellschaftliche Hierarchie in einem etwas merkwürdigen und bald recht verdächtigen Licht erscheinen ließ.

Nämlich als Hindenburg in unser Leben trat. Wir waren damals so zwischen dreizehn und vierzehn. Hindenburg und Tirpitz, gegen die Cäsars Ruhm verblaßte. Die "alten Germanen", Hermann der Cherusker, der "alte Fritz" und Theodor Körner machten sich nun bezahlt: wir wurden auf einmal gewahr, daß wir in einem Helden-Lande lebten, gegen das Britannien ein Krämerladen und der römische Staat ein Kinderspiel waren. Als Hindenburgs Bild im Klassenzimmer aufgehängt wurde, ging durch einzelne von uns doch ein merkwürdiger Ruck: als stimmte da etwas nicht, als hätte sich ein neuer Kuckuck in die Genealogie des Heldentums eingeschlichen und als sei Deutschlands Größe doch nicht ausschließlich an Aufschlägen, Streifen, Litzen und Orden zu erkennen. Auffallend war, daß die meisten Kinder aus den sogenannten "feinen" oder "besseren" Häusern (nicht alle, aber doch die meisten) sich in der ausgebrochenen neuen Atmosphäre (die ja gar keine neue, sondern nur das wahre Gesicht der alten war) recht wohl fühlten und mit den Ueberheblichkeiten ihrer patriotischen Zwangsvorstellungen schon recht unangenehm und widerlich werden konnten. Ein Gipfel der Roheit waren die Siegesfeiern am laufenden Band. Bei jeder genommenen Höhe, bei jedem versenkten Schiff wurden kleine Festakte in der Turnhalle veranstaltet. Und auf diesen Festakten sprachen jene Professoren (es gab nur wenige rühmliche Ausnahmen der Zurückhaltung), die sonst den Lehrplan einer humanistischen Anstalt zu bestreiten hatten. Sie sprachen vom Platz an der Sonne, vom Neid der Welt und von Gott, dem Allmächtigen, der seine lieben Deutschen nicht verlassen werde. Der Geschmacklosigkeit einer Szene erinnere ich mich noch besonders: Man hatte aus den Lazaretten der Stadt zu einem größeren Festakt Amputierte eingeladen, die den Schülern des Gymnasiums als Helden vorgestellt wurden. Es waren brave Männer, denen die Glorifizierung fast peinlich war. Ihren Gesichtern sah man an, daß sie an ihre Zukunft und an ihre Familien dachten und daß ihnen ihre gesunden Knochen lieber gewesen wären, als all dies verlogene und antreiberische Gepränge. Wie sie über den Begriff des Heldentums dachten, war unklar. Uns war der Geschmack daran verdorben, gründlich verdorben. Wir konnten uns lange in diesem Wirrwarr der Gefühle nicht zurechtfinden. Wir lasen für uns die apokryphen Bücher "Judith" und "Die Makkabäer" und tasteten uns so durch. Es war für uns eine harte und damals schon an Demütigungen reiche Zeit. Aber wir waren vitale Burschen und hielten es (wohl schon halb wissend, aber noch halb unwissend), eingedenk der Toten, mit dem Leben, mit dem Lebendigen.

Heute steht von dieser Schule mit ihren versäumten Lehren (sie steht für viele) nur noch eine Trümmerwand. Nach dem ersten Weltkrieg nahm sie mit den gleichen Leuten (!) den gleichen Lehrbetrieb wieder auf und die "Dolchstoß-Legende" setzte jene unsinnige Erziehung fort, die so bequem neben der humanistischen Etikette (sie war nur noch Etikette) herlief und zu der ausgiebigen Katastrophe von 1933 bis 1945 führte. Wir waren in die unwürdige Lage gekommen, daß die, die gegen uns kämpften, für eine gute und große Sache kämpften. Dahin hat uns unsere falsche Heldenerziehung gebracht und, das muß unbedingt hinzugefügt werden, ein bezahlter falscher Heldendrill, bezahlt und finanziert von jenen, die wußten, was sie taten, die es genau, aufs Haar genau wußten, auch wenn sie sich heute hinter alle möglichen Ausflüchte und in alle möglichen Auffangstellen verkriechen. Die Finanziers und die militaristischen Einpauker unserer Schande haben das deutsche Wesen mit einem irrlichternden "Heldentum" zu einem Zustand verkoppelt, der unkorrigierbar und unreparierbar ist. Dieser "Helden"-Begriff muß *beseitigt* werden, wie der Schutt aus den Städten beseitigt werden muß. Wo der Held im Soldaten beginnt, wo er allenfalls möglich ist, und wo er aufhört, wo er sich selbst austilgt, das hätte man nach 1919 hinter den Mauern der Schulen lernen sollen, die heute rußgeschwärzt und mahnend dastehen. Dann wären

die Horden der Saalschlachten, der Synagogenbrandstifter und des organi-
sierten politischen Mords nicht möglich gewesen, dann hätte man Herrn Hitler und seine Komplizen spätestens nach dem 9. November 1923 für immer
das Handwerk gelegt und Hindenburg niemals zum Reichspräsidenten gewählt. Aber die nationale *Phrase* hatte sich noch nicht ganz ausgelebt, noch
nicht ganz ausgetobt. Minderwertiges hält sich sehr lang und hat eine eigene
Rabulistik zu seiner Verteidigung und Geltendmachung. Wir sollten nicht so
sorglos sein und ungeprüft und unbesehen glauben, daß all die schändlichen
Ursachen unserer Leiden und der Leiden der Welt endgültig unter den Trüm-
mern Deutschlands begraben liegen. Es wäre pathetisch zu sagen: das Ge-
schehene sei eine Lehre ein für allemal; wir müssen real denken und dafür
sorgen, daß die versäumten Lehren nicht wieder versäumt werden. Und die
fangen nicht erst im Gymnasium, sondern schon in der Kinderschule an.

Unterm Strich – laufende Rechnung und Zwischenbilanz

Rhein Neckar Zeitung vom 5. September 1946, S. 2
Hin und wieder begegnet man immer noch der irrigen Auffassung, als sei das
Feuilleton und der kulturpolitische Teil einer Zeitung der ruhende Pol in der
Erscheinungen Flucht, je nachdem ein sonniges oder schattiges Plätzchen,
fern den Geschäften des Tages. Während es sich doch gerade umgekehrt
verhält: das Feuilleton ist eine Art Zünglein an der Waage und eine Art Seis-
mograph zugleich. Es zeigt Verhältnisse und Erschütterungen an, es fördert
die Auseinandersetzung, es registriert und es bewertet, es regt die Meinungs-
bildung an, gibt dem Drang nach Auseinandersetzung Unterlagen und Richtung. Seine zwei großen Leidenschaften sind die Leidenschaften der Zeitung
überhaupt: Nachricht und Kommentar. Daraus schafft es, über den Weg des
Persönlichen, jene eigenartige, immer wieder anziehende Atmosphäre, in der
sich Dinge des Geistes und der Kultur absolut als eine öffentliche Angelegenheit abspielen, bei der es keine Entscheidungen hinter verschlossenen Türen
gibt. Zu seinen besonderen Aufgaben gehört es, die Möglichkeiten der Entscheidung und die Auswirkungen möglicher Entscheidungen aufzuzeigen und
somit den jeweiligen Fall in ein Gesamtes einzuordnen. Sein Hauptehrgeiz ist,
das Lebendige in Fluß zu halten, seine erklärte Feindschaft gilt aller Stagnati-
on und jeglichem Rückschritt.
Das bezieht sich natürlich nicht nur auf Theater, Literatur, Musik, Kunst und

64: Emil Belzner

Erziehung. Wer sich diesen Teil einer Zeitung als wohlbehütete Abteilung, als eine reine Ressort-Angelegenheit vorstellen wollte, befände sich in keinem geringen Irrtum. Das Feuilleton einer Tageszeitung, die sich eine Aufgabe gestellt hat, muß seiner Natur nach jede versuchte Isolierung sprengen. Wohl sind selbstverständlich faktische Kenntnisse und Spezialitäten unerläßlich, eine conditio sine qua non. Aber eine ebensolche conditio ist die dauernde, die unablässige Herstellung der Beziehungen zum gegenwärtigen und der Bezüglichkeiten des Gegenwärtigen. Und ein waches, nie nachlassendes Interesse an den öffentlichen Angelegenheiten. Denn auf keinem Gebiet werden Täuschungen so gern versucht und so überraschend unternommen, wie gerade auf kulturellem. Man kann zum Beispiel betonte Klassiker-Aufführun-

142

gen zu einem fortschrittlichen Programm machen und man kann sie zu einem dekorativen, massiven Schild machen, hinter dem hervor irgendeine Reaktion ihre tückischen Pfeile schießt. Die Kulturpolitik und die Belange ihrer einzelnen Zweige sind ein beliebtes Versteck für solche derben Spiele und für solche keinesfalls geistige Absichten. Man muß immer auf der Hut sein und dagegen angehen, daß Kultur ins Beziehungslose, ins Unverbindliche einsinkt. Sie hat, diese Erkenntnis gilt es Tag für Tag neu zu erhärten, ihre Konsequenzen. Thomas Mann hat es glänzend formuliert: Man kann nicht die Neunte von Beethoven spielen und Pogrome veranstalten. Wer das unter einen Hut bringt, ist nicht etwa ein Zyniker, er ist ein Tropf, ein schändlicher Verbrecher, denn er vergeht sich nicht nur an den Menschen selbst, sondern auch noch an den Hoffnungen, die die Menschheit auf ihrem langen beschwerlichen Weg erreicht hat. Er versperrt den Weg der Verwirklichung, der der Sinn und der Weg aller Kultur ist, mit Greueln. Er macht die Werke großer Menschheits-Meister durch die Verhältnisse, unter denen er sie aufführen läßt und zeigt, selbst zu Greueln. Er begeht eine doppelte Schändung.

Auf dieses gilt es das Augenmerk zu richten und vieles ist zu wissen oder herauszubringen. Manches muß ermittelt werden, das unmittelbar mit Kultur und mit dem Feuilleton, wie manche Zeitgenossen gemeinhin es sich noch vorstellen, nichts zu tun hat. Unter dem Strich interessiert *alles* aus einer gegebenen Perspektive heraus, auch wenn die Perspektiven sich verschieben, darf das Ziel nicht aus dem Auge verloren werden. Die laufende Rechnung des Daseins wird immer wieder auf einen Nenner gebracht. Zwischenbilanzen sind ein wichtiger Faktor der Kontrolle. Die Registrierung der Tatsachen schafft das Material heran, aus dem sich eine Meinung bilden läßt, eine Meinung bilden lernen läßt. Das Feuilleton ist kein Ruhekissen für ein Viertelstündchen, sondern eine streitbare Angelegenheit, es ist ein Stück der Zeitung und teilt mit ihr alle Aufgaben. Man muß von ihm erwarten, daß es nicht in Selbstgefälligkeit verharrt, sondern auf dem Posten ist. Ob in einer Uraufführung ein Schicksal vorüberrollt, ob in einem Prozeß eine gesellschaftliche Situation offenbar wird, ob in den Wissenschaften grundsätzliche Streitfragen sich ergeben und bisher eingenommene Standpunkte überholt scheinen, ob Wochenschau, Film, Wartesaal, ob neue Musik oder neue Kunst, ob Schulfragen. Städtebau, Pioniertaten der Technik – das alles hängt miteinander zusammen, wenn man davon ausgeht, daß die Leistungen, die Werke der Kultur Anwendbarkeit besitzen. Es ist ein durchaus politischer Bereich. Weit hinter uns liegen die Tage der Schöngeisterei. Die Frage: "Was sollen wir tun?" bleibt die einzig bewegende Frage Wir sollten genügend wissen, um zu sehen, was zu tun ist. Das Wissen und den guten Willen zu schulen, diese Voraussetzung einer positiven Entwicklungslinie verleiht jeder Arbeit Impulse. Man muß auch solche Vorstellungen von denen haben, die man als Lehrmeister des Menschengeschlechts anspricht. Sogar Details und Pikanterien können wichtig sein, einem Thema, einer Zeit, einer Person auf die Spur zu kommen. Wer weiß, daß zum Beispiel bei dem Essex-Aufstand gegen Elisabeth Shakespeares Globe-Theater eine kleine Rolle spielte, weiß von Shakespeare und den Umständen, unter denen er wirkte, schon etwas mehr, kommt an die Aktualität der großen Dinge näher heran. Er hat in keinem Hieronymus-Gehäus geschrieben, er schrieb stets im Hinblick auf das, was um ihn vorging (und was die Ästheten bei keinem Großen in seiner vollen Deutlichkeit wahrhaben möchten – und auch die nicht, die Kultur für eine unverbindliche freundliche Beigabe des Daseins halten, für eine Beschwichtigung der Welt, damit sie selber das tun können, was der Kultur diametral entgegengesetzt ist!). Sein Theater hatte eine Stimme. So sehr, daß Essex' Anhänger seine Truppe veranlaßten, am Samstag Nachmittag vor dem mißglückten Aufstand die Absetzung und Ermordung König Richards II. zu spielen: "Und nach dem Essen gingen manche von ihnen auf die andere Seite der Themse, um dieser schicksalsverkündenden Vorstellung beizuwohnen."

Der fragwürdige Aretino, der Freund Tizians, hatte einen ungewöhnlichen Tod: er mußte so unbändig lachen, als ihm die Liebesabenteuer seiner Schwester erzählt wurden, daß der Stuhl unter ihm zusammenkrachte und er sich den Hals brach. Dieses tödliche Lachen, selbst wenn es nur anekdotisch wäre, eröffnet Seitenblicke auf eine Epoche, die wir in Bausch und Bogen so gern großformatig und pathetisch hinnehmen. Kleinigkeiten, gewiß, aber man sollte sie alle wissen, weil sie widerstandsfähiger gegen die zersetzende Wühlarbeit der ästhetischen Vergolder machen, die die Kultur auf das Niveau der Harmlosigkeit, des Schmuckhaften herabdrücken möchten. Sie ist nicht harmlos. Sie ist eine ungeheure Macht, es gilt, gerade für unser Volk, sich ihrer bewußt zu werden. Mit ihr läßt sich das Dasein, weil sie die Erkenntnisfähigkeit fördert, meistern. Sie lehrt die wahre Vitalität, den schöpferischen Fortschritt. Und so auch die Grundmöglichkeiten des Glücks: die Einsicht in das Lebendige und den Glauben an den Menschen.

Dazu muß ein Zeitgenosse Vieles wissen und die Strecken der Geschichte genau kennen. Er soll gewiß musizieren und sich erbauen und seine privaten Liebhabereien und Tröstungen haben. Aber er versteht die Sprache der Kultur nicht ganz, wenn er die Verhältnisse nicht überschaut, aus denen ihre Schöpfungen und Ziele kommen. Und er begeht den schwersten Irrtum, wenn er in die Harfe greift, wenn er das Ewige anlocken will, ohne zu wissen, wie die Menschen um ihn herum leben und zu leben wünschen. Er muß das Heute vor sich haben – es ist der Kern des Ewigen, das Unerläßliche, die Bahn zum Gültigen. Es ist, wie immer und je, seine einzige Chance. Die echten Meister haben sie wahrgenommen. Wir müssen die Schlüsse daraus ziehen, den Entschluß, das Wahre wahrzumachen.

Verba Terrent – Aktuelle Heidelberger Erinnerungen

Tageblatt vom 30. April / 1. Mai 1969, S. 33

In meinen Studier-, Lehr und Wanderjahren bin ich schon einmal zu Heidelberg von der Hauptstraße Nr. 23 als freier Mitarbeiter zum "Tageblatt" gegangen, weil dort urbanere Sitten herrschten und ein freierer publizistischer Stil. Das war 1922 im Jahre des Rathenau-Mords und die Zeitung hieß "Badische Post". Damals schlug eine Angelegenheit hohe Wellen, die heute längst vergessen ist: der Skandal um die Demontage der Zeppelin-Luftschiffhallen in Lahr-Dinglingen. Der Badische Landtag hatte sich damit befaßt, und das "Tageblatt" hat den Skandal endgültig aufgedeckt. Hier gab es keine hinderlichen Querverbindungen zwischen Behörden, Interessenten und Publizistik, die einer Aufklärung im Wege standen; hier wollte man nichts vertuscht wissen.

Der alte Buchdrucker Carl Pfeffer mit dem gepflegten Gutenberg-Bart schlürfte täglich in seinen Pantoffeln kurz vor Redaktionsschluß durch den Redaktionssaal und stellte, von Tisch zu Tisch gehend, die alte, gutmütige und doch auch rätselhafteste aller Fragen: "Was gibt es Neues?" Ja, was gibt es Neues, wenn es einmal nichts Neues gibt? Doch, qualifizierte Journalisten finden gerade im Falle höchster Windstille bei Ämtern und Behörden manchmal recht hübsche Sachen. Ich war damals ganz gelegentlicher Mitarbeiter, schrieb Gerichtsberichte, Rezensionen, Glossen und dann und wann einmal auch einen größeren Artikel.

Es war zu jener Zeit, da Rudolf K. Goldschmit das geistige Gesicht des Blattes mitzuprägen begann. Er hatte 1921 bei Professor von Waldberg mit einer theaterwissenschaftlich-literarhistorischen Arbeit über Devrient promoviert: "Eduard Devrients Bühnenreform am Karlsruher Hoftheater", die dann im Buchverlag von Carl Pfeffer erschienen ist und in Theaterkreisen und bei der Theaterkritik viel Beachtung fand. Rudolf K. Goldschmit hatte Feuilletons und kritische Beiträge von mir im "Berliner Tageblatt" und in der "Frankfurter Zeitung" gelesen und war so auf mich aufmerksam geworden. Wir blieben dann lebenslang Freunde. Und als ich längst nicht mehr in Heidelberg war, kam ich doch immer wieder einmal am "Tageblatt" vorbei.

Es war eine gute Provinz-Zeitung, von demokratischem Freiheitswillen durchdrungen. Und ein Hauch echter Weltluft war in der Brunnengasse zu verspüren, wo das "Tageblatt" viele Jahrzehnte lang residierte. Was mir immer am "Tageblatt" gefallen hat, war der Freimut und die Unerschrockenheit des Blattes, die in jenen Jahrzehnten zu seinem kontinuierlichen Aufstieg geführt haben. Ehern bekam damals jeder Volontär eingeprägt: "Was Ihr schreibt, muß stimmen; aber was stimmt, das müßt Ihr auch schreiben!" Gute Regeln, die in der heutigen Zeit wieder mehr beachtet werden sollten, wo es bei charakterschwachen Blättern gelegentlich Mode wird, sich – auf dem Umweg über redaktionelle Frisuren – zum verdeckten Sprachrohr von Ämtern, Behörden und sonstigen Interessenten zu machen – statt die eigentliche Aufgabe zu erfüllen: gewissenhaft zu informieren und zu unterrichten und unerschrokken (und durch Kenntnisse ausgewiesen) Stellung zu nehmen, selbstverständlich auch ohne Angst vor dem sogenannten "Establishment" und seiner Lobby.

Nun also bin ich – nebenberuflich wie einst – wieder beim "Tageblatt" gelandet, nachdem mich eine Glosse aus der Hauptstraße 23 vertrieben hat, wo ich im Jahre 1922 im Dachgeschoß sogar einmal eine sturmfreie Bude hatte bei den Damen Munk, die im zweiten Stock einen angesehenen Modesalon mit großer Schneiderwerkstätte betrieben. Die Glosse sei spaßeshalber hier noch einmal abgedruckt:

Verba terrent
Worte schrecken. Man fährt jäh auf, wenn man unpassende,
während des Nazi-Regimes schwer diskreditierte Aussprüche
amtlicherseits, gewissermaßen
als Rechtfertigung oder als Entschuldigung, zu hören bekommt.

Als *Hermann Göring* (Mitbegründer der Geheimen Staatspolizei und Oberster Bauherr der Konzentrationslager / Selbstmord 1946 in Nürnberg) im Jahre 1933 oberste Polizeigewalt über Preußen erhielt und die Polizei zu brutalen Methoden gegenüber demokratisch gesinnten Bürgern antrieb, tat er – zur Beruhigung der Öffentlichkeit – wiederholt seinen Lieblings-Ausspruch: "Wo gehobelt wird, da fallen Späne." Daraus wurde dann sehr bald: "Wo gehobelt wird, da rollen Köpfe."

Der schandbarste Deutsche, der je gelebt hat, war *Julius Streicher* (1946 in Nürnberg hingerichtet), Herausgeber und Chefredakteur des "Stürmer". Streicher hat die Parole Görings in seinem kulturschänderischen Hetzblatt begeistert aufgegriffen: "Wo gehobelt wird, da fallen Späne." Da fielen Köpfe.

Verba terrent: *Worte schrecken.* Wer heute bei amtlichen Anlässen und Maßnahmen solche, aufs furchtbarste diskreditierten Aussprüche zur Erklärung notwendig erachteter Maßnahmen heranzieht, sollte eigentlich wissen, was er sagt und wessen Lieblings-Grundsatz da gedankenlos, wie anzunehmen ist, nachgesprochen wurde. Hinter diesem schönen Sprichwort mahnen Millionen Ermordete: Meidet die Sprache der Verderber der Freiheit!
bz.

*

Inwiefern da ins berühmte "Fettnäpfchen" getreten wurde, war bis heute nicht herauszukriegen. Es kann natürlich sein, daß sich andere mit den glossierten Tatsachen in die Nesseln gesetzt haben und sich seit geraumer Zeit selber im Lichte stehen. Der Kommentator bz. hat das denkbar beste Gewissen bei der Sache. Er hält jede Zeile in vollem Umfang aufrecht. "Wo gehobelt wird, da fallen Späne" – solche Worte sollte man heute an verantwortlicher Stelle in peinlichen Rechtfertigungs-Situationen unbedingt meiden, nachdem Hermann Göring (ebenfalls in einer Pressekonferenz: vor der deutschen und vor der internationalen Presse) dieses "Schlagwort" 1933 dadurch für immer diskreditiert hat, daß er damit das brutale Vorgehen der ihm unterstellten Preußischen Polizei gegen Juden, Sozialdemokraten, Demokraten und aufbegehrende Intellektuelle zu bemänteln, zu entschuldigen suchte. Ist es so schlimm, das auszusprechen? Kann einem aus solchen Gründen das Wort (in Heidelberg) entzogen werden? Dann stünde es übel um die innere Freiheit von Redaktionen. Nehmen wir an, es handele sich um einen "Kurzschluß", und reden wir weiter nicht mehr darüber, obgleich die Öffentlichkeit ein Anrecht darauf hätte, über solche bedenklichen Vorgänge innerhalb der Presse genauestens unterrichtet zu werden. Ich habe mich jedenfalls gefreut, daß mir das "Tageblatt" seine Kolumne angeboten hat, in der ich von Fall zu Fall zu zeitkritischen und zu kultur- und gesellschaftspolitischen Fragen sowie zu wichtigen Büchern Stellung nehmen kann.

Übrigens wäre noch etwas nachzutragen zu "Verba terrent", das bekanntlich in Zusammenhang mit der gegenwärtigen Studenten-Aktivität steht und sich auf gewisse Übergriffe bei der im Januar erfolgten Verhaftung von Heidelberger Studenten bezieht – in einer Pressekonferenz hatte der für die Aktion zuständige Oberstaatsanwalt dann versucht, die vorgekommenen Übergriffe mit dem oben zitierten "Schlagwort" zu bagatellisieren – ja, zu den Heidelberger Studentenunruhen wäre noch etwas nachzutragen. Studentenkrawalle und Studentenunruhen hat es zu allen Zeiten gegeben. Schon Wallenstein mußte als Student mehrmals lutherische und katholische Universitäten wegen Ärgernis erregenden Treibens verlassen. Er war mit Studenten und jüngeren Professoren des Nachts losgezogen, wo sie dann ältere Professoren und Spießers-Leute durchwalkten. Und einmal hat er sogar einen Stadtvogt im Streit erstochen. Das sind greuliche Dinge. Und Gewalt ist überhaupt und unbedingt zu verurteilen. Nicht zu billigen.

Daß Studenten-Aktivität aber auch nützlich sein kann, das beweist ein Bericht Ludwig Börnes (geb. 1786 in Frankfurt a.M., gest. 1837 in Paris) aus Heidelberg aus dem Jahre 1819, bei dem, zur Kenntnis der Lage vorauszuschicken ist, daß die Juden nach dem Sturz Napoleons an vielen Plätzen Deutschlands ihre vollen Bürgerrechte wieder verloren und zum Teil ins Ghetto zurück mußten. Ludwig Börne also schreibt: "Bei der auch in Heidelberg stattgefundenen Judenverfolgung wurden drei Häuser ganz ausgeplündert. Die Studenten mit den Professoren Daub, Thibaut und anderen an der Spitze, stellten die Ruhe wieder her, und ihnen allein haben die Juden ihre Rettung zu verdanken. Die Polizei, welche, wie in vielen deutschen Staaten, behender ist, ruhigen Bürgern den Frieden zu nehmen, als ihn beunruhigten zu geben, hatte wenig getan und sich kaum sehen lassen... Die Heidelberger Studenten haben durch ihr Verfahren gezeigt, daß sie den wahren Geist der Freiheit nicht verkennen. Ihre unabänderliche Bestimmung ist und bleibe, sich der Philisterei entgegenzusetzen, mag diese nun hinkend oder mit Bocksprüngen sich zeigen. Der deutsche Philister ist gleich abgeschmackt als despotisierender Beamter und als demokratisierender Spießbürger ..." Börne, und der nahm's als Publizist mit der Wahrheit genau. Für ihn gab es keine vorgeschriebene unterschobene Wahrheit.

Zu den von Börne genannten Heidelberger Professoren: Karl Daub (1765-1836) war protestantischer Theologe und seit 1795 Professor in Heidelberg: Anton Friedrich Thibaut lehrte seit 1806 als Professor Römisches Recht in Heidelberg. Der Unverschämteste bei den antisemitischen Ausschreitungen in Heidelberg soll ein aus Frankfurt zugereistes Subjekt namens Findt gewesen sein.

Eingeschritten muß werden, wo Unrecht geschieht. Protestiert muß werden, protestiert und aufgeklärt, wo Dinge nur noch verschleiert und nicht einmal mehr halb wahr an die Öffentlichkeit gelangen. Das geht nicht. Es hat niemand das letzte Wort in einer Sache – außer die angestrebte Gerechtigkeit oder Unvoreingenommenheit in einer Sache selber, um die es geht. Hier sind unentbehrliche Dienste der Publizistik – wichtige Dienste eines jeden verantwortungsbereiten Journalisten – zu leisten, jenseits aller Gefälligkeits-Taglöhnerei. Es gibt Plätze, wo solche Arbeit mit einer respektablen Selbstverständlichkeit geleistet wird.

Anmerkungen

1 Ein Weiser lebte unter uns. In memoriam Kurt Wildhagen, RNZ, 23. 2. 1949, S. 2.
2 Meinhard Glitsch: Emil Belzner. Umriß seines literarischen Werkes (unveröff. Magisterarbeit), Freiburg 1980 und Claas Nordau: Emil Belzner. Schriftsteller und Journalist (unveröff. Magisterarbeit), Berlin 1983.
3 Hans Bender: Nachruf auf Emil Belzner, Jahrbuch der Akademie der Wissenschaften und der Literatur 1979, Wiesbaden 1979, S. 75f., hier S. 75.
4 Emil Belzner [EB] an Bernhard Zeller, 24. 6. 1974, DLA Marbach.
5 EB an Hans Habe, 3. 2. 1965, DLA Marbach.
6 Karl Baedeker: Süddeutschland, Oberrhein, Baden, Württemberg, Bayern und die angrenzenden Teile von Österreich. Handbuch für Reisende, Leipzig 190629, S. 17. Vgl. auch Otto B. Roegele: Bruchsal wie es war. Stadtgeschichte und Bilddokumentation, Karlsruhe 19763, S. 68ff.
7 Die Fahrt in die Revolution 1988, S. 167.
8 Die Fahrt in die Revolution 1988, S. 154.
9 Die Fahrt in die Revolution 1988, S. 178. Die Pfarrgasse war in Wirklichkeit eine Pfarrstraße.
10 Die Fahrt in die Revolution 1988, S. 154.
11 Im Marbacher Nachlass befindet sich ein eigenhändiger Lebenslauf Emil Belzners, der vom 17. 9. 1946 datiert ist. Er umfasst zweieinhalb Seiten, eine kürzere Alternativfassung von einer Seite sowie einen Fragebogen, der Schulbesuch, Studium und Berufstätigkeit (mit Angaben des jährlichen Verdienstes) tabellarisch auflistet. Eine "Anlage zum Fragebogen" nennt Buchveröffentlichungen und Zeitschriften, in denen Beiträge erschienen. Belzner geht hier auch kurz auf das Schicksal seiner Bücher im "Dritten Reich" ein. Vermutlich handelt es sich um einen jener Fragebögen, die in der Nachkriegszeit nicht nur jeder Kulturschaffende von den amerikanischen Behörden vorgelegt bekam, um seine Integrität zu dokumentieren.
12 Vgl. EB an Gerhard Storz, 13. 5. 1971, DLA Marbach.
13 Vgl. Biographische Notiz in: Juanas großer Seemann 1956, S. 316-318.
14 EB an Charlotte Dröher, 27. 10. 1974, DLA Marbach.
15 Schriftliche Auskunft des Stadtarchivs Maulbronn, 20. 12. 2000.
16 Marschieren – nicht träumen 1966, S. 127
17 Marschieren – nicht träumen 1966, S. 8.
18 Schriftliche Auskunft des Stadtarchivs Bruchsal, 28. 2. 2001.
19 Marschieren – nicht träumen 1966, S. 23.
20 Marschieren – nicht träumen 1966, 24-25.
21 Marschieren – nicht träumen 1966, S. 23.
22 Schriftliche Mitteilung von Johanna Kleinert und Jürgen Heilmann, 21. 8. 2001.
23 Marschieren – nicht träumen 1966, S 23.
24 EB: Ferientage im Schwäbischen, Neue Badische Landeszeitung, 20. 9. 1931, Morgen-Ausgabe, S. 2.
25 EB an Meinhard Glitsch, 13. 9. 1977, DLA Marbach.

26 EB an Ludwig Marcuse, 15. 4. 1953, DLA Marbach.

27 EB an Meinhard Glitsch, 13. 9. 1977, DLA Marbach.

28 Marschieren – nicht träumen! 1966, S. 158-159.

29 Die Fahrt in die Revolution 1988, S. 81-82.

30 EB an Ernst Rowohlt, 16. 4. 1960, DLA Marbach.

31 Erste Begegnung mit der Literatur, in Helmut Bode und Kurt Debus (Hrsg.): Bücher – Schlüssel zum Leben, Tore zur Welt. Stimmen der Gegenwart, Frankfurt am Main-Höchst o. J. [1954/55], S. 234-235, hier: S. 234.

32 EB an Rudolf Majut, 14. 9. 1960, DLA Marbach.

33 EB an Helmut Klausing, 17. 5. 1970, DLA Marbach.

34 Vgl. Paul-Ludwig Weinacht: Leo Wohleb, in: Badische Biographien. Neue Folge Band III, Stuttgart 1990, S. 301-306.

35 Die Fahrt in die Revolution 1988, S. 97.

36 Die Fahrt in die Revolution 1988, S. 160.

37 EB an Meinhard Glitsch, 17. 12. 1977, DLA Marbach.

38 Die Fahrt in die Revolution 1988, S. 233.

39 Marschieren – nicht träumen 1966, S. 123.

40 EB an Peter Diederichs, 14. 1. 1975, DLA Marbach.

41 Marschieren – nicht träumen 1966, S. 84.

42 Ebd.

43 Die Fahrt in die Revolution 1988, S. 48-49.

44 Marschieren – nicht träumen 1966, S. 7-8.

45 Die Fahrt in die Revolution 1988, S. 7.

46 Die Fahrt in die Revolution 1988, S. 7-8.

47 Die Fahrt in die Revolution 1988, S. 156-157.

48 Die Fahrt in die Revolution 1988, S. 95-96.

49 Die Fahrt in die Revolution 1988, S. 45-46.

50 Die Fahrt in die Revolution 1988, S. 8.

51 Die Fahrt in die Revolution 1988, S. 8-10.

52 Michael Pearson: Der plombierte Waggon. Lenins Weg aus dem Exil zur Macht, Berlin 1977, S. 85ff. sowie Günther Stökl: Russische Geschichte. Von den Anfängen bis zur Gegenwart, Stuttgart 1997[6], S. 640.

53 Diese Tatsache ist nicht so unwahrscheinlich, wie sie auf den ersten Blick erscheinen mag. Spätere Aussagen der Reisebegleiter Lenins sind durchaus widersprüchlich. Vgl.: Werner Hahlweg (Hrsg.): Lenins Rückkehr nach Russland 1917. Die deutschen Akten, Leiden 1957, S. 21.

54 Die Fahrt in die Revolution 1988, S. 185.

55 Gespräch mit Dr. Judith Belzner, 15. 1. 2001.

56 Schriftliche Auskunft des Leipziger Stadtarchivs, 27. 6. 2001.

57 Im Nachlass von Alfred Belzner.

58 Die Fahrt in die Revolution 1988, S. 185.

59 Die Fahrt in die Revolution 1988, S. 186-187.

60 Die Fahrt in die Revolution 1988, S. 189.

61 Die Fahrt in die Revolution 1988, S. 193.

62 Gespräch mit Dr. Judith Belzner, 19. 1. 2001.

63 EB an Meinhard Glitsch, 26. 6. 1977, DLA Marbach.

64 Marschieren – nicht träumen! 1966, S. 63-64.

65 EB an Meinhard Glitsch, 17. 12. 1977, DLA Marbach.

66 EB an Cotta, 16. 10. 1917, DLA Marbach.

67 EB an Gerhart Hauptmann, 28. 10. 1917, Staatsbibliothek Berlin, Preußischer Kul-

turbesitz.
68 EB an Hans Habe, 15. 1. 1975, DLA Marbach.
69 Marschieren – nicht träumen 1966, S. 11-12.
70 Gespräch mit Margarete Krieger, 29. 1. 2001.
71 EB an Otto Koch vom 12. 4. 1966, DLA Marbach.
72 EB an Meinhard Glitsch, 26. 6. 1977, DLA Marbach. Mit den Kürzeln wird auf "Letzte Fahrt" (LF) und "Heimatlieder" (HL) angespielt.
73 Vgl. EB an Max Niedermayer, 19. 8. 1965, DLA Marbach.
74 Harry Wilde: Theodor Plievier. Nullpunkt der Freiheit, München, Wien, Basel 1965, S. 76ff.
75 Vgl. Kurt Oesterle: Karl Raichles Uracher Kolonie. Literaturleben an der Erms (1919-1931), Schwäbische Heimat 33, 1982, S. 110-115.
76 EB an Rudolf Majut, 23. 6. 1965, DLA Marbach.
77 bz. [d.i. Emil Belzner]: Theodor Plievier †, RNZ, 15. 3. 1955, S. 2.
78 EB an Carl Zuckmayer, 11. 4. 1962, DLA Marbach.
79 Wilhelm Fraenger: Die Gemeinschaft, Heidelberger Zeitung, 21. 2. 1919. Zu Fraenger vgl. insbesondere Petra Weckel: Wilhelm Fraenger. Ein subversiver Kulturwissenschaftler zwischen den Systemen, Potsdam 2001.
80 Carl Zuckmayer: Als wär's ein Stück von mir. Horen der Freundschaft, Stuttgart, Hamburg 1966, S. 329.
81 EB an Georg Schneider, 17. 1. 1962, DLA Marbach.
82 Vgl. Wilhelm Fraenger an EB, 22. 10. 1947, DLA Marbach.
83 Vgl. EB an den Intendanten Fritz Eberhard, 7. 2. 1951 und 2. 9. 1954, DLA Marbach.
84 Verba terrent. Aktuelle Heidelberger Erinnerungen, Tageblatt, 30. 4./1. 5. 1969, S. 33.
85 Ebd.
86 Ebd. Vgl. auch (rkg) [d. i. Rudolf K. Goldschmit-Jentner]: Geburtstagsbrief an Emil Belzner, Heidelberger Tageblatt, 15. 6. 1951, S. 4.
87 EB an Friede Herrmann vom 1. 4. 1975, DLA Marbach.
88 Das Märchen als Drama. Einige Bemerkungen, Rheinische Thalia 1, 1921/22, H. 15, 11. 12. 1921, S. 288-290; Zu Wilhelm von Scholz. Über den Dichter und sein Problem, ebd., H. 23, 5. 2. 1922, S. 451-454; Über Franz Werfels Werke. Ein Überblick, ebd., H. 28 vom 12. 3. 1922, S. 549-557.
89 EB an Friede Herrmann, 1. 4. 1975, DLA Marbach.
90 Vgl. Willy Birkenmaier: Das russische Heidelberg. Zur Geschichte der deutsch-russischen Beziehungen im 19. Jahrhundert, Heidelberg 1995.
91 Klaus Mann: Kind dieser Zeit, München 1965, S. 244.
92 Vgl.: Alexander von Bernus: Wachsen am Wunder. Heidelberger Kindheit und Jugend, Heidelberg 1984.
93 Ein Weiser lebte unter uns. In memoriam Kurt Wildhagen, RNZ, 23. 2. 1949, S. 2.
94 Selbstporträt Belzners, in: Illustriertes Gesamtverzeichnis des Ruetten und Löning Verlages Potsdam 1936/37, DLA Marbach.
95 Schriftliche Auskunft des Heidelberger Stadtarchivs, 12. 5. 1997.
96 EB an Wilhelm von Scholz, 14. 7. 1964, DLA Marbach.
97 EB an Hedda und Heinz-Jörg Ahnert, 18. 10. 1972, DLA Marbach.
98 EB an Erich Fitzbauer, 3. 2. 1972, DLA Marbach.
99 EB an Klaus Ralph Täubert, 13. 8. 1978, DLA Marbach.
100 EB an Lutz Weltmann, 4. 7. 1963, DLA Marbach. Vgl. auch den mit (RNZ) gezeichneten Artikel Belzners "Lutz Weltmann gestorben", RNZ, 15. 11. 1967, S. 2.
101 Mündliche Mitteilung von Dr. Judith Belzner, 19. Januar 2001.

102 Vgl. u. a. Manfred Bosch: Emil Belzner, in: Baden-Württembergische Biographien, hrsg. von Bernd Ottnad, Band II, Stuttgart 1999, S. 33-35, hier: S. 33.
103 EB an Oskar Köhler, 9. 7. 1977, DLA Marbach.
104 Marschieren – nicht träumen! 1966, S. 102.
105 Ludwig Marcuse: Mein Zwanzigstes Jahrhundert, München 1960, S. 112-113.
106 Ludwig Marcuse an EB, 9. 2. 1954, DLA Marbach.
107 Vgl. Manfred Koch: Karlsruher Chronik. Stadtgeschichte in Daten, Bildern, Analysen, Karlsruhe 1992, S. 156.
108 Marschieren – nicht träumen 1966, S. 96.
109 EB an Josef Wehinger, 12. 3. 1978, DLA Marbach.
110 EB an Josef Wehinger, 20. 2. 1978, DLA Marbach.
111 EB: Zum Bilde Otto Flakes, Manuskript im Marbacher Nachlass.
112 Otto Flake: Emil Belzner, Die Weltbühne 22, 1926, Nr. 39, 28. 9., S. 512.
113 EB: Zum Bilde Otto Flakes, Manuskript im Marbacher Nachlass.
114 EB an Jochen Meyer, 11. 5. 1973, DLA Marbach.
115 Die Hörner des Potiphar, Hannover 1924, S. 26.
116 Die Fahrt in die Revolution 1988, S. 214.
117 Die Hörner des Potiphar 1924, S. 34.
118 Die Hörner des Potiphar 1924, S. 7.
119 Vgl. EB an Jochen Meyer, 11. 5. 1973, DLA Marbach.
120 Oskar Loerke: Emil Belzner. Die Hörner des Potiphar, Berliner Börsen-Courier Nr. 129, 16. 3. 1924, wieder abgedruckt in Oskar Loerke: Der Bücherkarren. Besprechungen im Berliner Börsen-Courier 1920-1928, hrsg. von H. Kasack, Heidelberg/Darmstadt 1965, S. 209f.
121 Oskar Loerke: Tagebücher 1903-1939, herausgegeben von Hermann Kasack, Frankfurt am Main 1986, S. 153.
122 Reinhard Tgahrt (Hrsg.): Oskar Loerke 1884-1964. Eine Gedächtnisausstellung zum 80. Geburtstag des Dichters im Schiller-Nationalmuseum Marbach a. N. vom 13. März bis zum 30. Juni 1964, Marbach 1964, S. 105-107.
123 Oskar Loerke: Tagebücher 1903-1939 (wie Anm. 121), S. 150.
124 Otto Flake: Es wird Abend. Eine Autobiographie, Frankfurt am Main 1980, S. 369.
125 Vgl. Friedrich Pfäfflin und Ingrid Kussmaul: S. Fischer Verlag. Von der Gründung bis zur Rückkehr aus dem Exil. Eine Ausstellung des Deutschen Literaturarchivs im Schiller Nationalmuseum, Marbach am Neckar 1985, S. 317.
126 EB an Max Niedermayer, 17. 1. 1965, DLA Marbach.
127 Iwan der Pelzhändler, Frankfurt am Main 1929, S. 25.
128 Karlheinz Deschner: Talente, Dichter, Dilettanten, Wiesbaden 1964, S. 267.
129 EB an Bruno E. Werner, 4. 11. 1962, DLA Marbach. Die erwähnten Zeilen finden sich im achten Bild der Oper. Vgl.: Bertolt Brecht: Gesammelte Werke in 20 Bänden, Band 2 (Stücke 2), Frankfurt am Main 19682, S. 518-519.
130 Erich Kästner: Ein neuer Lyriker: Emil Belzner, Das deutsche Buch 10, 1930, H. 1, S. 28.
131 Boris Silber: Emil Belzner, Iwan der Pelzhändler, Die literarische Welt 5, 1929, Nr. 1, S. 5; Rudolf Kayser: Die Welt in Büchern, Die Neue Rundschau 39, 1928, Bd. 2, S. 735-744, S. 742-743; Hanns Martin Elster: Bücherschau, Die Horen 5, 1928/29, 813-821, bes. S. 815f.; Oskar Maurus Fontana: Emil Belzner: Iwan der Pelzhändler, Der Querschnitt 9, 1929, S. 895.
132 Alfred Kantorowicz: Deutsches Tagebuch, Zweiter Teil, München 1961, S. 90. Auch in der von Richard Drews und Alfred Kantorowicz erstmals 1947 herausgegebenen Dokumentation "Verboten und verbrannt. Deutsche Literatur 12 Jahre unterdrückt"

wird Emil Belzner als "bedeutender Kritiker und Essayist" erwähnt (München 1983, S. 259).

133 Udo Leuschner: Zeitungs-Geschichte. Die Entwicklung einer Tageszeitung über zwei Jahrhunderte: vom "Intelligenzblatt" zum Kabelfernsehprojekt am Beispiel Mannheims. Ein Buch über das Geschäft mit Zeitungen, Berlin 1981, S. 97.

134 Karl Laux: Nachklang. Autobiographie, Berlin 1971, S. 118.

135 Udo Leuschner: Zeitungs-Geschichte (wie Anm. 133), S. 97.

136 EB an Gretl Oechsner, 6. 10. 1966, DLA Marbach.

137 Vgl. die Briefe Cohns an EB, DLA Marbach.

138 Karl Laux: Nachklang (wie Anm. 134), S. 128.

139 Die Kolonne. Zeitschrift für Dichtung 2, 1931, S. 33-36 (Stellungnahmen von Otto Merz, Jürgen Eggebrecht, Georg Winter und Hermann Kasack).

140 Hermann Kasack: Emil Belzner, Marschieren – nicht träumen, Die literarische Welt 7, 1931, Nr. 21, S. 5.

141 Ossip Kalenter: Marschieren – nicht träumen, Das Tagebuch 12, 1931, S. 1152-1153; K.H. Ruppel: Bericht über einige Bücher, Die Neue Rundschau 42, 1931, Bd. 2, S. 550-561 (Marschieren – nicht träumen: S. 558-561); Horst Lange: Emil Belzner: Marschieren, nicht träumen, Schlesische Monatshefte 8, 1931, S. 542-543.

142 Kolumbus vor der Landung 1934, S. 7.

143 Nach der Erstausgabe bei Rütten & Loening im Jahre 1934 erschien nach dem Krieg eine Ausgabe bei Blanvalet in Berlin (1949). Eine erweiterte Fassung kam 1956 bei Kurt Desch unter dem vom Autor ungeliebten Titel "Juanas großer Seemann" heraus. Desch edierte dann 1956 eine Volksausgabe des Bandes in seiner Reihe "Welt im Buch" in 100.000 Exemplaren, von denen nur gut die Hälfte abgesetzt wurden. Die verbliebenen Rohbogen wurden daraufhin mit einem neuen Einband versehen und 1961 unter dem ursprünglichen Titel "Kolumbus vor der Landung" als billige "Volksausgabe" verkauft.

144 Hiltrud Häntzschel: Kolumbus vor der Landung. Eine Legende, in: Walter Jens (Hrsg.): Kindlers Neues Literatur Lexikon, Bd. 2, München 1996, S. 457.

145 Walther G. Oschilewski: Emil Belzner: Kolumbus, Die literarische Welt 10, 1934, Nr. 10, Beiblatt: Das lebendige Buch, S. 1-2.

146 (R. Ga.): Kolumbus vor der Landung. Zu dem Buch von Emil Belzner, Frankfurter Zeitung, 18. 2. 1934, S. 6.

147 Hilda Westphal an EB, 5. 11. 1933 ,Staatsbibliothek zu Berlin. Vgl. die Darstellung des Vorgangs bei Carsten Wurm: 150 Jahre Rütten & Loening. Mehr als eine Verlagsgeschichte. 1844-1994, Berlin 1994, S. 125-126.

148 EB an Hilda Westphal, 7. 11. 1933, Staatsbibliothek zu Berlin.

149 Gustav Radbruch: Kolumbus vor der Landung. Zu der Neuausgabe von Emil Belzners gleichnamigem Buch, RNZ, 25. 5. 1949.

150 Herbert Hoffmann: Im Gleichschritt in die Diktatur? Die nationalsozialistische "Machtergreifung" in Heidelberg und Mannheim 1930 bis 1935, Frankfurt am Main, Bern, New York 1985, S. 86ff.

151 Keine Parallelen – doch gewisse Ähnlichkeiten. Die Linke gehört zur Republik / Erlebnisse in der Weimarer Zeit, Frankfurter Rundschau, 10. 7. 1971, S. 3.

152 Zwischen Gefahren. Zur geistigen Situation der Weimarer Republik, RNZ 11. 8. 1949, S. 2.

153 Gespräch mit Hilde Kuntz und Brigitte Wenger, 19. 1. 2001.

154 Herbert Hoffmann: Im Gleichschritt in die Diktatur? (wie Anm. 150), S. 131ff.

155 EB an Will Vesper, 17. 2. 1933, DLA Marbach.

156 Vgl. EB an Gerhard Storz, 13. 5. 1971, DLA Marbach.

157 Vgl. Norbert Frei und Johannes Schmitz: Journalismus im Dritten Reich, München 1989, S. 59ff.

158 Vgl. Michael Caroli und Sabine Pich: Machtergreifung, in: Jörg Schadt und Michael Caroli (Hrsg.): Mannheim unter der Diktatur. Ein Bildband, Mannheim 1997, S. 13-30, hier S. 28.

159 Vgl. Lebenslauf vom 17. 9. 1946, DLA Marbach.

160 Vgl ebd. sowie EB an Emil Staiger, 28. 8. 1959, DLA Marbach.

161 EB an Kurt Pinthus, 9. 1. 1967, DLA Marbach.

162 Gespräch mit Wolfgang Belzner, 5. 1. 2002.

163 Udo Leuschner: Zeitungs-Geschichte (wie Anm. 133), S. 98-99.

164 Ebd., S. 99.

165 Anfang und Ende, Tageblatt, 16./17. 12. 1972, S. 39.

166 EB an Walther G. Oschilewski, 28. 2. 1934, Staatsbibliothek zu Berlin.

167 Abschied vom Theater, Neue Badische Landeszeitung, 28. 2. 1934, S. 3.

168 Vgl. Robert Müller: Stuttgart zur Zeit des Nationalsozialismus, Stuttgart 1988, S. 115.

169 Erich Pfeiffer-Belli: Junge Jahre im alten Frankfurt und eines langen Lebens Reise, Wiesbaden, München 1986, S. 257.

170 Im Lebenslauf vom September 1946 gibt Belzner seine Mitgliedschaft in der Reichspressekammer mit 1935-1941 an (DLA Marbach). Es erscheint kaum glaublich, dass Belzner erst zu einem so späten Zeitpunkt Mitglied der Reichspressekammer wurde, der jeder publizierende Journalist seit dem 1. 11. 1933 angehören musste. (Vgl. z. B.: Peter de Mendelssohn: S. Fischer und sein Verlag, Frankfurt am Main 1970, S. 1278.) Im Verlauf des Jahres 1934 veröffentlichte Belzner mehrere Artikel, im Januar und Februar noch in der Neuen Badischen Landeszeitung, später u. a. in der Frankfurter Zeitung. Auch die Mitgliedschaft in der Reichsschrifttumskammer war für alle Schriftsteller obligatorisch und Ende 1933 war immerhin der Kolumbus-Roman erschienen. Joseph Wulf (Literatur und Dichtung im Dritten Reich. Eine Dokumentation, Frankfurt am Main-Berlin 1989, S. 202.) weist am Fall von Elisabeth Frenzel auf die Möglichkeit eines Befreiungsscheins bei geringer Produktion hin. Leider gibt es offenbar keine Dokumente, die diese Frage endgültig klären könnten.

171 Zit. n. Hildegard Brenner: Die Kunstpolitik des Nationalsozialismus, Reinbek 1963, S. 57.

172 Juana vom Garten. Aus der Kindheit des großen Seefahrers [Aus der Legende "Kolumbus vor der Landung"], Stuttgarter Neues Tagblatt, 2. 10. 1935 (Beiblatt "Die Frau in Haus, Beruf und Gesellschaft"); Unterweisung in der Liebe, Stuttgarter Neues Tagblatt, 24. 12. 1935 (Weihnachtsbeilage "Deutsches Wesen und deutsche Gestalt"); Zug der Arbeitenden, Stuttgarter Neues Tagblatt, 1. 5. 1936 (Morgen-Ausgabe), S. 3.

173 Vgl.: Otto Borst: Stuttgart. Die Geschichte der Stadt, Stuttgart und Aalen 1973, S. 387.

174 EB an Hedda und Heinz-Jörg Ahnert, 18. 10. 1972, DLA Marbach. Eine "Süddeutsche Zeitung. Morgenblatt für nationale Politik und Volkswirtschaft" erschien in Stuttgart von 1913-1934.

175 Zum Stuttgarter Hotel Silber als Sitz der Gestapo vgl. u. a. Ursula Krause-Schmitt u. a. (Red.): Heimatgeschichtlicher Wegweiser zu Stätten des Widerstandes und der Verfolgung 1933-1945, Band 5 (Baden-Württemberg I, Regierungsbezirke Karlsruhe und Stuttgart), Frankfurt am Main 1991, S. 310.

176 Schriftliche Auskunft des Hauptstaatsarchivs Stuttgart, 21. 11. 2001. Auch in den Beständen des Bundesarchivs in Berlin sind keine Akten mit Belzners Namen im Titel erhalten (Briefe vom 27. 8. und 13. 11. 2001 sowie vom 7. 1. 2002).

177 EB an Ludwig Marcuse, 13. 9. 1960, DLA Marbach.
178 EB an Georg Kurt Schauer, 13. 1. 1974, DLA Marbach.
179 EB an Carl Mumm, 3. 4. 1936, DLA Marbach.
180 EB an Carl Mumm, 8. 4. 1936, DLA Marbach.
181 EB an Carl Mumm, 26. 8. 1936, DLA Marbach.
182 EB an Carl Mumm, 13. 1. 1937, DLA Marbach.
183 Vgl. EB an Rudolf Majut, 4. 7. 1957, DLA Marbach.
184 Das erste Wunder, Berliner Tageblatt, 21. 4. 1935 (4. Beiblatt) und Heidnische Prozession ("Aus einem unveröffentlichten Roman"), in: Wolfgang Weyrauch (Hrsg.): 1940. Junge deutsche Prosa, Berlin 1940, S. 12-26.
185 EB an Alfred Belzner, 27. 8. 1937, Nachlass A. Belzner.
186 EB an Alfred Belzner, 31. 8. 1937, Nachlass A. Belzner.
187 EB an Alfred Belzner, 13. 12. 1937, Nachlass A. Belzner.
188 Vgl. EB an Alfred Belzner, 2. 1. 1938, Nachlass A. Belzner.
189 Vgl. z.B. EB an Alfred Belzner, 28. 1. 1938, Nachlass A. Belzner.
190 EB an Alfred Belzner, 17. 11. 1937, Nachlass A. Belzner.
191 EB an Alfred Belzner, 9. 1. 1938, Nachlass A. Belzner.
192 EB an Alfred Belzner, 28. 1. 1938, Nachlass A. Belzner.
193 EB an Alfred Belzner, 3. 2. 1938, Nachlass A. Belzner.
194 Alfred Belzner an EB, 5. 2. 1938, Nachlass A. Belzner.
195 EB an Alfred Belzner, 8. 2. 1938, Nachlass A. Belzner.
196 EB an Alfred Belzner, 4. 4. 1938, Nachlass A. Belzner.
197 EB an Alfred Belzner, 6. 4. 1938, Nachlass A. Belzner. Vgl. auch den Brief der Franckhschen Verlagshandlung an EB, 2. 4. 1938, DLA Marbach.
198 Vgl. z.B. Karl Korn (Lange Lehrzeit. Ein deutsches Leben, München 1979, S. 220), der für das Berliner Tageblatt schrieb und insbesondere Margret Boveri: Wir lügen alle. Eine Hauptstadtzeitung unter Hitler, Olten, Freiburg im Breisgau 1965. Karl Otto Paetel beschrieb das Phänomen bereits 1946 in seinem Buch: Deutsche Innere Emigration. Anti-Nationalsozialistische Zeugnisse aus Deutschland, New York 1946, S. 69-70: "Es ist schwer, fast unmöglich, Menschen, die in der freien Luft eines nicht-terroristischen Systems leben, die Zweigleisigkeit einer Selbstdarstellung in der ‚Sklavensprache' deutlich zu machen. Das Kennzeichnende daran ist wohl, dass jeder, der in Wort für Wort abgewogener Sprache seinen Sätzen eine doppelte Bedeutung zu geben versucht, sich im Grunde an einen relativ begrenzten Kreis wendet, nämlich an Menschen, die die gleichen erlebnismäßigen oder geistigen Erfahrungen mitbringen."
199 Zur Geschichte der Frankfurter Zeitung in den Jahren 1933 bis 1943 vgl. z.B.: Günther Gillessen: Auf verlorenem Posten. Die Frankfurter Zeitung im Dritten Reich, Berlin 1987. Außerdem Wolfgang Schivelbusch: Intellektuellendämmerung. Zur Lage der Frankfurter Intelligenz in den zwanziger Jahren, Frankfurt am Main 1985, S. 53-76 und die Erinnerungen von Franz Taucher (Frankfurter Jahre, Wien, München, Zürich 1977) und Fritz Sänger (Verborgene Fäden. Erinnerungen und Bemerkungen eines Journalisten, Bonn 1978, S. 47-51).
200 EB: Anfang und Ende, Tageblatt, 16./17. 12. 1972, S. 39.
201 Zit. nach Franz Taucher: Frankfurter Jahre, Wien, München, Zürich 1977, S. 34.
202 EB an Alfred Belzner, 25. 7. 1938, Nachlass A. Belzner.
203 EB an Alfred Belzner, 28. 7. 1938, Nachlass A. Belzner.
204 EB an Alfred Belzner, 11. 11. 1938, Nachlass A. Belzner.
205 Alfred Belzner an EB, 4. 10. 1938, Nachlass A. Belzner.
206 Vgl. u.a. EBs Briefe an Alfred Belzner, 11. 11. 1939, 9. 7. 1940, 2. 11. 1940 und 19. 12. 1940, Nachlass A. Belzner.

207 EB an Alfred Belzner, 15. 1. 1939, Nachlass A. Belzner.
208 EB an Alfred Belzner, 1. 2. 1939, Nachlass A. Belzner.
209 EB an Alfred Belzner, 1. 4. 1939, Nachlass A. Belzner.
210 EB an Alfred Belzner, 15. 4. 1939, Nachlass A. Belzner.
211 EB an Alfred Belzner, 11. 11. 1939, Nachlass A. Belzner.
212 (dt.): Die Welt eines Scharlatans. Betrachtung zu einem Strafverfahren vor der Stuttgarter Strafkammer, NS-Kurier, 3. 8. 1940, S. 5.
213 EB an Alfred Belzner, 1. 9. 1940, Nachlass A. Belzner.
214 Ich bin der König, Hamburg 1954, S. 95.
215 Lebenslauf vom 17. 9. 1946, DLA Marbach.
216 Ich bin der König, Hamburg 1954, S. 172 (Nachwort: Kleine historische Variation).
217 Vgl. Lebenslauf vom 17. 9. 1946. Ein Dokument für den Ausschluss existiert offenbar nicht.
218 EB an Alfred Belzner, 8. 10. 1940, Nachlass A. Belzner.
219 EB an Alfred Belzner, 21. 10. 1940, Nachlass A. Belzner.
220 Telegramm von Hans Holz an Alfred Belzner, 8. 1. 1941, Nachlass A. Belzner.
221 Die Fahrt in die Revolution 1988, S. 132-136.
222 EB an Alfred Belzner, 9. 2. 1941, Nachlass A. Belzner.
223 EB an Alfred Belzner, 6. 3. 1941, Nachlass A. Belzner.
224 EB an Alfred Belzner, 30. 3. 1941, Nachlass A. Belzner.
225 EB an Alfred Belzner, 5. 2. 1941, Nachlass A. Belzner.
226 EB an Alfred Belzner, 10. 4. 1941, Nachlass A. Belzner.
227 Vgl. Belzners Lebenslauf vom 17. 9. 1946, DLA Marbach.
228 Gespräch mit Dr. Judith Belzner, 21. 12. 2001.
229 EB an Alfred Belzner, 2. 6. 1941, Nachlass A. Belzner.
230 EB an Alfred Belzner, 16. 6. 1941, Nachlass A. Belzner.
231 EB an Alfred Belzner, 8. 6. 1941, Nachlass A. Belzner].
232 Vgl. Verfügung des Oberstaatsanwaltes in Stuttgart, 12. 5. 1941, Nachlass A. Belzner.
233 Vgl. Briefe von F. H. Staerk an Rechtsanwalt Dr. Wacker vom 12. 6. und an Familie Heilmann vom 18. 6. 1941, Nachlass A. Belzner.
234 F.H. Staerk an Karl Rödelstab, 6. 7. 1941, Nachlass A. Belzner
235 EB an Alfred Belzner, 13. 7. 1941, Nachlass A. Belzner.
236 EB an Alfred Belzner, 25. und 26. 8. 1941, Nachlass A. Belzner.
237 EB an Alfred Belzner, 30. 8. 1941, Nachlass A. Belzner.
238 EB an Alfred Belzner, 6. 9. 1941, Nachlass A. Belzner.
239 EB an Alfred Belzner, 18. 9. 1941, Nachlass A. Belzner.
240 Vgl. Lebenslauf vom 17. 9. 1946, DLA Marbach.
241 EB an Hans Schallinger (Heimeran Verlag), 18. 4. 1963, DLA Marbach. Auch Oda Schäfer erwähnt Eggebrechts Tätigkeit beim Oberkommando der Wehrmacht (OKW) in ihren Erinnerungen (Auch wenn Du träumst, gehen die Uhren. Lebenserinnerungen, München 1970, S. 286): "Wir trafen Eggebrecht in Uniform mit Breeches und kurzem Cape im Romanischen Café und beredeten mit ihm, daß Horst [Lange] ihn im OKW aufsuchen solle, wo er als Heereskriegsrat im Rang eines Majors die Truppenbüchereien auch mit verbotenen Büchern betreute, Feldpostausgaben herausgab und außerdem bei der Zensur mitarbeitete, die in stetem Streit und Widerspruch zur Partei und zum Promi [Propagandaministerium] stand."
242 Schriftliche Mitteilung von Johanna Kleinert und Jürgen Heilmann, 21. 8. 2001.
243 EB an Alfred Belzner, 6. 11. 1941, Nachlass A. Belzner.
244 EB an Alfred Belzner, 10. 11. 1941, Nachlass A. Belzner.

245 EB an Alfred Belzner, 8. 11. 1941, Nachlass A. Belzner.
246 EB an Alfred Belzner, 19. 11. 1941, Nachlass A. Belzner.
247 EB an Alfred Belzner, 24. 1. 1942, Nachlass A. Belzner.
248 EB an Alfred Belzner, 26. 12. 1941, Nachlass A. Belzner.
249 EB an Alfred Belzner, 2. 1. 1942, Nachlass A. Belzner.
250 EB an Alfred Belzner, 12. und 20. 2. 1942, Nachlass A. Belzner.
251 Stabsarzt Dr. Rathscheck an Alfred Belzner, 26. 2. 1942, Nachlass A. Belzner.
252 Zit. nach. EB an Alfred Belzner, 1. 3. 1942, Nachlass A. Belzner.
253 Vgl. Lebenslauf vom 17. 9. 1946, DLA Marbach.
254 Die Fahrt in die Revolution 1988, S. 136-137.
255 EB an Judith Belzner, 3. 11. 1943, Nachlass A. Belzner.
256 Vgl. Lebenslauf vom 17. 9. 1946 und schriftliche Mitteilung der Dienststelle für die Benachrichtigung der nächsten Angehörigen von Gefallenen der ehemaligen Deutschen Wehrmacht, 6. 3. 2001.
257 Gespräch mit Margarete Krieger, 29. 1. 2001. Im April 1941 hatte Belzner für den Fall seines Ablebens Krieger dazu ausersehen, an seinem Grabe "ein paar Worte über die Unsterblichkeit der Seele und das Walten einer ewigen Liebe, an welche ich unerschütterlich glaube", zu sagen (EB an Alfred Belzner, 24. 4. 1941, Nachlass A. Belzner).
258 Gespräch mit Dr. Judith Belzner (12. 2. 2001) und Prof. Dr.-Ing. Helmut Zahn (15. 2. 2001). Zu Hermann Wolfgang Zahn vgl.: Robert N. Bloch und Bettina Twrsnick (Hrsg.): Hermann Wolfgang Zahn. Narrenbühne Welt – Leben und Werk des Schriftstellers und Nervenarztes, Gießen 1999.
259 Schriftliche Mitteilung von Johanna Kleinert und Jürgen Heilmann, 21. 8. 2001.
260 EB an Alfred Belzner, 15. 9. 1944, Nachlass A. Belzner.
261 EB an Alfred Belzner, 20. 9. 1944, Nachlass A. Belzner.
262 EB an Alfred Belzner, 25. 10. 1944, Nachlass A. Belzner.
263 EB an Alfred Belzner, 28. 1. 1945, Nachlass A. Belzner.
264 EB an Alfred Belzner, 10. 3. 1945, Nachlass A. Belzner.
265 Das Unzerstörte und das Unzerstörbare, in: Ingeborg Drewitz (Hrsg.): Städte 1945, Düsseldorf und Köln 1970, S. 130-137, hier S. 131.
266 Eine vorab erschienene "Nullnummer" trägt das Datum vom 29. 8. 1945.
267 Rüdiger Liedtke: Die verschenkte Presse. Die Geschichte der Lizensierung von Zeitungen nach 1945, Berlin 1982, S. 155ff. und Birgit Pape: Kultureller Neubeginn in Heidelberg und Mannheim 1945-1949, Heidelberg 2000, S. 152-153.
268 Karl Ackermann, zit. nach: Rüdiger Liedtke: Die verschenkte Presse (wie Anm. 267), S. 162.
269 Birgit Pape: Kultureller Neubeginn (wie Anm. 267), S. 102. Im Dezember 1946 war die Auflage bereits auf 105.700 zurückgegangen (ebd., S. 151).
270 ebz. [d. i. EB]: Stuttgarter Überblick, RNZ, 27. 10. 1945, S. 2.
271 ebz. [d. i. EB]: Stuttgarter Umschau. Schwäbische Volksjugend beginnt die Arbeit - Kleiner journalistischer Zwischenfall, RNZ, 17. 11. 1945, S. 2.
272 Zu Glaeser vgl. u. a. Ulrich Becher: Der Fall Ernst Glaeser, Die Weltbühne 2, 1947, S. 105-108; Volkmar Stein: Ernst Glaeser. Ein Fall, Büdinger Geschichtsblätter 14, 1991/92, S. 233-248, Lutz Weltmann: Ernst Glaeser, in: Dietz-Rudiger Moser (Hrsg.): Neues Handbuch der deutschsprachigen Gegenwartsliteratur seit 1945, München 1993, S. 392-393.
273 Vgl. z. B.: Friedemann Berger u. a. (Hrsg.): In jenen Tagen. Schriftsteller zwischen Reichstagsbrand und Bücherverbrennung, Leipzig und Weimar 1983, S. 283ff.
274 Siehe dazu auch Carl Zuckmayer: Was kostet die Heimkehr? Der Schriftsteller Ernst Glaeser (Auszug aus dem Dossier von 1943/44), FAZ, 28.1.2002, S. 43.

275 Vgl. Hermann Glaser: Kulturgeschichte der Bundesrepublik Deutschland. Bd. 1: Zwischen Kapitulation und Währungsreform 1945-1948, München, Wien 1985, S. 139ff.

276 Vgl. Claas Nordau: Emil Belzner (wie Anm. 2), S. 39-40.

277 EB an Werner Richter, 15. 7. 1947, DLA Marbach.

278 Gespräch mit Dr. Judith Belzner, 12. 2. 2001.

279 Schriftliche Auskunft des Heidelberger Stadtarchivs, 11. 4. 2001.

280 Gespräch mit Dr. Judith Belzner, 15. 1. 2001).

281 EB an Peter Schünemann, 21. 8. 1976, DLA Marbach.

282 Franz Böning: Die Wohnungsnot in Heidelberg, RNZ, 19. 9. 1945, S. 3.

283 EB an Heidelberger Wohnungsamt, 8. 2. 1949, DLA Marbach.

284 Vgl. Heine-Preis an Emil Belzner und Analyse des Preisrichters Gerhart Pohl, Der Autor 3 (1949/1950), Heft 3/4, S. 3-5.

285 Gerhart Pohl: Begegnungen mit Emil Belzner, Die Neue Zeitung, 5. 7. 1949, S. 3.

286 C.F.W. Behl: Zwiesprache mit Gerhart Hauptmann. Tagebuchblätter, München 1948, S. 261.

287 Analyse des Preisrichters Gerhart Pohl, Der Autor 3 (1949/1950), Heft 3/4, S. 4.

288 EB an Hedda und Heinz-Jörg Ahnert, 18. 10. 1972, DLA Marbach.

289 EB an Rudolf Majut, 4. 7. 1957, DLA Marbach.

290 Gerhart Pohl: Begegnungen mit Emil Belzner, Die Neue Zeitung, 5. 7. 1949, S. 3.

291 Elisabeth Langgässer: Briefe 1924-1950. Bd. 2, hrsg von Elisabeth Hoffmann, Düsseldorf 1990, S. 942-943.

292 Kolumbus vor der Landung, Berlin (Lothar Blanvalet Verlag) 1949. Diese Ausgabe war den ehemaligen Verlagsleitern von Rütten & Loening gewidmet, die den Roman 1934 erstmals publiziert hatten: "Den Freunden Adolf Neumann und Wilhelm E. Oswalt zum Gruß und Gedenken".

293 EB an Friedrich Burschell, 25. 2. 1963, DLA Marbach.

294 EB an Karlheinz Deschner, 24. 11. 1963, DLA Marbach.

295 Zit. n. Karlheinz Deschner: Talente, Dichter, Dilettanten, Wiesbaden 1964, S. 231.

296 Vgl. hierzu Michael Assmann und Herbert Heckmann (Hrsg.): Zwischen Kritik und Zuversicht. 50 Jahre Deutsche Akademie für Sprache und Dichtung, Göttingen 1999, S. 344-347.

297 Warum nicht Brentano? Kritik am Büchner-Preis, RNZ, 19. 8. 1958.

298 Zit. n. Assmann/Heckmann: Zwischen Kritik und Zuversicht (wie Anm. 296), S. 346-347.

299 EB an Frank Thiess, 10. 8. 1956, DLA Marbach.

300 Historie und Dichtung, in: Jahrbuch der Akademie der Wissenschaften und der Literatur, Mainz 1956, S. 297-302.

301 Brief Kreuders an Jahnn vom 23. 7. 1953, in: Hans Henny Jahnn – Ernst Kreuder. Der Briefwechsel 1948-1959, herausgegeben und bearbeitet von Jan Bürger, Mainz 1995, S. 140.

302 EB an Ernst Kreuder, 25. 3. 1963, DLA Marbach.

303 EB an Ernst Kreuder, 3. 5. 1966, DLA Marbach.

304 EB an Ernst Kreuder, 7. 10. 1968, DLA Marbach.

305 Ernst Kreuder: Die Gesellschaft vom Dachboden. Erzählung, Stuttgart, Hamburg 1946, S. 226 und ders.: Herein ohne anzuklopfen, Hamburg 1954, S. 127.

306 Ernst Kreuder: Inmitten der Niemandszeit, in Hans Rauschning (Hrsg.): Das Jahr ´45. Dichtung, Bericht, Protokoll deutscher Autoren, München 1985, S. 161-169, hier: 164.

307 Angela Huß-Michel: Literarische und politische Zeitschriften des Exils 1933-1945, Stuttgart 1987, S. 73-77.

308 Manfred George an Marianne Belzner, 28. 4. 1951, DLA Marbach.
309 Manfred George an EB, 13. 12. 1950, DLA Marbach.
310 EB an Manfred George, 22. 8. 1949, DLA Marbach.
311 EB an Manfred George, 29. 3. 1951, DLA Marbach.
312 Briefe von und an Ludwig Marcuse, herausgegeben und eingeleitet von Harold von Hofe, Zürich 1975, S. 343.
313 Ludwig Marcuse an EB, 18. 5. 1946, DLA Marbach.
314 Ludwig Marcuse an EB, 2. 2. 1948, DLA Marbach.
315 EB an Ludwig Marcuse, 21. 1. 1948, DLA Marbach.
316 Ludwig Marcuse an EB, 27. 4. 1948, DLA Marbach.
317 Ludwig Marcuse an von Hofes und Townsends, 9. 7. 1949, zit. nach: Briefe von und an Ludwig Marcuse (wie Anm. 311), S. 74.
318 Ludwig Marcuse an von Hofes und Townsends, 16. 7. 1949, zit. n. ebd., S. 80.
319 EB an Manfred George, 30. 6. 1952, DLA Marbach.
320 Ludwig Marcuse an EB, 12. 1. 1957, DLA Marbach.
321 EB an Ludwig Marcuse, 28. 4. 1957, DLA Marbach.
322 Ludwig Marcuse an EB, 12. 8. 1950, DLA Marbach.
323 Vgl. hierzu Wolfgang Schivelbusch: Intellektuellendämmerung. Zur Lage der Frankfurter Intelligenz in den zwanziger Jahren, Frankfurt am Main 1985, S. 67.
324 Gespräch mit Heide Seele, 15. 1. 2001.
325 Zeitgenosse Heine, RNZ, 16. 2. 1946, S. 8 und Rechtes Wort zur rechten Stunde: Georg Lukács: "Deutsche Literatur während des Imperialismus", RNZ, 9. 2. 1946, S. 4.
326 Ernst Wiecherts Zeugnis. Zu seiner "Rede an die deutsche Jugend", RNZ, 2. 3. 1946.
327 Selbst schlechte Knittelverse sind zu gut für sie, RNZ, 9. 3. 1946, S. 8.
328 Verbotene Kunst - verbotenes Leben, RNZ, 30. 3. 1946, S. 8 und Ein Bild fragt uns: Gehängt wer weiß wofür?, RNZ, 23. 3. 1946, S. 6.
329 Unterm Strich – laufende Rechnung und Zwischenbilanz, RNZ, 5. 9. 1946, S. 2.
330 Drohende Verkitschung. Notwendige Betrachtung zu Wolfgang Borcherts: "Draußen vor der Tür", RNZ, 13. 12. 1947, S. 2.
331 Ganz einfach, RNZ, 9./10. 3. 1968, S. 2.
332 EB an Manfred George, 28. 12. 1950, DLA Marbach.
333 EB an Hans Habe, 16. 1. 1965, DLA Marbach.
334 Trüber Herbsttag – heiter gemacht, RNZ, 18. 11. 1949, S. 2.
335 Vgl. den Briefwechsel im Deutschen Literaturarchiv in Marbach. In den Briefausgaben Thomas Manns sind nur einzelne Briefe abgedruckt worden.
336 Vgl.: Wolfgang Beutin u. a.: Deutsche Literaturgeschichte. Von den Anfängen bis zur Gegenwart, Stuttgart, Weimar 19945, S. 431.
337 EB an Thomas Mann, 14. 3. 1950, DLA Marbach, A: Belzner.
338 Thomas Mann an EB, 7. 10. 1950, zit. n. Thomas Mann: Briefe 1948-1955 und Nachlese, hrsg. von Erika Mann, Frankfurt am Main 1965, S. 167-168.
339 Thomas Mann: Tagebücher 1953-1954, hrsg. von Inge Jens, Frankfurt am Main 1995, S. 118.
340 Thomas Mann an EB, 14. 12. 1953, DLA Marbach.
341 EB an Wolfgang Lohmeyer, 28. 7. 1974, DLA Marbach.
342 Vgl. EB an Hedda und Heinz-Jörg Ahnert, 18. 10. 1972, DLA Marbach.
343 Ludwig Marcuse an EB, 23. 1. 1954, DLA Marbach.
344 Wolfgang Schwerbrock: Sterbendes Messina, Frankfurter Allgemeine Zeitung (Literaturblatt der "Bilder und Zeiten"), 19. 3. 1955.
345 (a.g.) [d.i. Arianna Giachi]: Erdbeben, Die Gegenwart 9, 1954, S. 503-504.

346 Hans Mayer an EB, 22. 6. 1966, DLA Marbach.
347 EB an Peter Schünemann, 13. 8. 1974, DLA Marbach.
348 EB an Hans Habe, 3. 12. 1958, DLA Marbach.
349 H.M. Ledig-Rowohlt an EB, 8. 5. 1961, Archiv des Rowohlt-Verlages.
350 EB: "Ich arbeite zur Zeit an einem neuen Roman ..." Aus der Werkstatt des Schriftstellers, Die Kultur (München), 15. 3. 1959, S. 4.
351 EB an Karl Bachler, 25. 4. 1961, DLA Marbach.
352 EB an Ludwig Marcuse, 16. 3. 1961, DLA Marbach.
353 Kurt Desch an EB, 18. 10. 1960, DLA Marbach.
354 Kurt Desch an EB, 22. 11. 1960, DLA Marbach.
355 EB an Ludwig Marcuse, 3. 4. 1966, DLA Marbach, A: Belzner.
356 EB an Ernst Kreuder, 9. 1. 1967, DLA Marbach, A: Belzner.
357 EB an Kurt Desch, 28. 3. 1966, DLA Marbach, A: Belzner.
358 Vgl. z. B.: Deutsches Literatur-Lexikon. Das 20. Jahrhundert, hrsg. von Konrad
Feilchenfeldt, 2. Bd., Bern, München 2001, S. 212 sowie Kürschners Deutscher Litera-
tur-Kalender Nekrolog 1971-1998, München, Leipzig 1999, S. 44.
359 Gerhard Marx-Mechler: Begegnungen, Esslingen am Neckar 1983, S. 66.
360 EB an Kurt Pinthus, 29. 6. 1962, DLA Marbach.
361 EB an Rudolf Majut, 4. 7. 1957, DLA Marbach.
362 Sommerabende in Maloja, RNZ, 26. 5. 1962.
363 Griechische Stunde im Engadin, RNZ, 17. 8. 1957, S. 2.
364 EB an Manfred George, 9. 8. 1957, DLA Marbach.
365 EB an Ludwig Marcuse, 5. 5. 1960, DLA Marbach.
366 EB an Gertraud Hartung, 16. 8. 1977, DLA Marbach.
367 EB an Alfred Belzner, 13. 4. 1967, DLA Marbach.
368 EB an Karl Kindermann, 9. 2. 1961, DLA Marbach.
369 EB an Ulla Albert, 30. 12. 1964, DLA Marbach.
370 EB an Alfred Belzner, 9. 5. 1962, DLA Marbach.
371 Schriftliche Mitteilung von Heinz Ohff, 6. 1. 2001. Vgl. auch H.O. [d. i. Heinz Ohff]:
Briefe aus dem Fenster. Zum Tode von Emil Belzner, Der Tagesspiegel, 11. 8. 1979.
372 Gespräch mit Dr. Martina Thielepape, 24. 1. 2001.
373 Gespräche mit Fritz Quoos, 15. 1. 2001, sowie Hilde Kuntz und Brigitte Wenger
19. 1. 2001.
374 Frank Thiess: Wie entstand der 2. Weltkrieg?, RNZ, 21./22. 7. 1962.
375 Gespräch mit Hilde Kuntz und Brigitte Wenger, 19. 1. 2001.
376 Polly Ester: Unterm Strich. Ein ganz lokaler Beitrag über einen Heidelberger Feuilletonisten, forum academicum 14, 1963, H. 2, S. 8-10.
377 EB an Hans Habe, 2. 2. 1966, DLA Marbach.
378 EB an Kurt Desch, 9. 1. 1967, DLA Marbach.
379 Mündliche Mitteilung von Manfred Wetzel, 12. 2. 2001.
380 Dr. Hermann Knorr: AStA bedroht RNZ, RNZ, 6. 12. 1968, S. 3.
381 Als man nicht mehr daran dachte, kam die Polizei, RNZ, 11./12. 1. 1969, S. 3.
382 Vgl. Wolfgang Kiwus: Ein toter Autor sucht einen Verlag, Kürbiskern 22, 1986, H.
2, S. 72-79 und Michael Buselmeier: Auch ein Stück Pressegeschichte. Zum Tod von
Emil Belzner, Heidelberger Rundschau, 11. 9. 1979, S. 2-3.
383 Verba terrent!, RNZ, 18./19. 1. 1969, S. 2.
384 So in der "Verlagsnachrichten" betitelten Notiz, die am 24. 2. 1969 auf S. 2 der
RNZ erschien.
385 EB an Hans Habe, 2. 2. 1969, DLA Marbach.
386 EB an Ludwig Marcuse, 8. 2. 1969, DLA Marbach.

387 Worte schrecken, Der Spiegel vom 22. 12. 1969, S. 68-70 und Horst Reuter: Redakteur mußte gehen. Eine Affäre, die im Dunkeln blieb, Die Zeit, 21. 3. 1969, S. 18. Vgl. auch Robert Neumann an Ludwig Marcuse, 6. 3. 1969, in: Briefe von und an Ludwig Marcuse (wie Anm. 311), S. 249.

388 Gespräch mit Brigitte Wenger, 5. 2. 2001.

389 Verba terrent. Aktuelle Heidelberger Erinnerungen, Tageblatt, 30. 4./1. 5. 1969, S. 33.

390 Kotzebues "Nullität", Erfolg und Sibirienreise, Tageblatt, 15./16. 1. 1972, S. 22; "Sie geht oder sie badet". Ein Garbo-Bildband, Tageblatt, 24. 3. 1972, S. 28; Von Worpswede nach Moskau, Tageblatt, 9. 6. 1972, S. 22; Der andere Graf Keyserling: Eduard, Tageblatt, 25./26. 8. 1973, S. 26-27; Die künftige Armut der Papier-Reichen, Tageblatt, 6./7. 10. 1973, S. 27; Spätes literarisches Fest. Eine Ausgabe der Gesammelten Werke des Schweizer Diplomaten und Schriftstellers Carl Jacob Burckhardt, Tageblatt, 30. 3. 1972, S. 21; November, Alter, Tod, Tageblatt,11./12. 11. 1972, S. 57.

391 Brockhaus-Enzyklopädie wächst heran, Tageblatt, 21./22. 10. 1972, S. 38.

392 Der Sechzigjährige Krieg, Tageblatt, 9./10. 9. 1972, S. 35; Friedloser Frieden, Tageblatt, 21.-23. 4. 1973 (Ostern), S. 10; Die Fehlspekulation einer Zeit und einer Schicht, Tageblatt, 12./13. 2. 1972, S. 21; Anfang und Ende, Tageblatt, 16./17. 12. 1972, S. 39.

393 Im richtigen Augenblick, Tageblatt, 5./6. Mai 1973, S. 50.

394 Solschenizyn hier ... Solschenizyn dort, Tageblatt, 1. 9. 1972, S. 24.

395 Die großen Schizophrenen, Tageblatt, 10. 8. 1973, S. 21; Natürlich – keine Heine-Universität, Tageblatt vom 8./9. 7. 1972, S. 20; Lärm, Gestank, Abgase und "Verfichtung", Tageblatt, 7./8. 7. 1973, S. 52.

396 Vgl. die brieflichen Verhandlungen mit dem Diederichs-Verlag im Marbacher Nachlass.

397 EB an Kurt Desch, 12. 9. 1967, DLA Marbach.

398 EB an Heinrich-Maria Ledig-Rowohlt, 22. 2. 1969, DLA Marbach.

399 EB an Helmut Kindler, 8. 7. 1968, DLA Marbach.

400 EB an Peter Schünemann, 13. 8. 1974, DLA Marbach.

401 Ich habe Lenin gesehen (Auszug aus bisher unveröffentlichten Aufzeichnungen), Süddeutsche Zeitung, 16./17. 12. 1967, S. 64-65.

402 EB an Hedda und Heinz-Jörg Ahnert, 18. 10. 1972, DLA Marbach.

403 Vgl. Heinz Friedrich an EB, 28. 10. 1969, DLA Marbach.

404 Reis naar de revolutie. Een aide-mémoire. Vert. uit het Duits van Maurits Mok, Hoorn, West-Friesland 1970.

405 Le train de la révolution, traduit de l'allemand par Frank Straschitz, Paris 1974.

406 EB an Karl Laux, 16. 3. 1974, DLA Marbach.

407 Rudolf Majut an EB, 19. 10. 1969, DLA Marbach.

408 EB an Konrad Duden, 19. 10. 1972, DLA Marbach.

409 Erasmus Schöfer: Von der Muse der Revolution geküßt (Emil Belzner: Die Fahrt in die Revolution), Süddeutsche Zeitung, 8. 10. 1969 (Beilage Buch und Zeit, S. 2).

410 Georg Schneider: Emil Belzner. Die Fahrt in die Revolution, Die Tat (Zürich), 1. 11. 1969, S. 34.

411 Arnold Künzli: Mit Lenin auf der Fahrt. Emil Belzners ungewöhnliches Aide-memoire, Frankfurter Rundschau, 13. 12. 1969, Beilage "Zeit und Bild".

412 EB an Oskar Köhler, 27. 9. 1969, DLA Marbach.

413 EB an Ingeborg Drewitz, 7. 5. 1970, DLA Marbach.

414 EB an Heinz Friedrich (dtv), 13. 5. 1975, DLA Marbach.

415 EB an Frank Scheffer (Bertelsmann), 29. 11. 1975, DLA Marbach.

416 EB an Helmut Kindler, 7. 9. 1976, DLA Marbach.

417 Vgl. u.a. den Briefwechsel zwischen EB und Kurt Desch vom Juli 1977, DLA Marbach, sowie den Nekrolog von Edwin Kuntz: Zum Tode Emil Belzners, RNZ vom 11./12. 8. 1979.
418 EB an Peter Diederichs, 31. 1. 1970, DLA Marbach.
419 EB an Frau Naporowski (Hoffmann und Campe), 13. 4. 1978.
420 EB an Gertraud Hartung, 12. 3. 1978, DLA Marbach.
421 Glück mit Fanny, S. 22.
422 Ebd, S. 25.
423 EB an Hans Habe, 26. 1. 1974, DLA Marbach.
424 Ich bin der König 1954, S. 58.
425 Lizenz als Zauberstab. Zum 70. Geburtstag des Verlegers Kurt Desch, Tageblatt, 2./ 3. Juni 1973, S. 28. Am gleichen Tag auch Die Tat (Zürich) und unter dem Titel "Kurt Desch zum 70. Geburtstag", Börsenblatt für den Deutschen Buchhandel (Frankfurter Ausgabe), Nr. 45, 8. 6. 1973, S. 895-896.
426 Bernd R. Gruschka: Der gelenkte Buchmarkt. Die amerikanische Kommunikations-politik in Bayern und der Aufstieg des Verlages Kurt Desch 1945-1950, Archiv für Ge-schichte des Buchwesens 44, 1995, S. 1-186, hier insbesondere S. 3-5.
427 Kurt Desch an EB, 15. 2. 1977, DLA Marbach.
428 EB an Kurt Desch, 15. 7. 1977, DLA Marbach.
429 EB an Peter Diederichs, 29. 12. 1974, DLA Marbach.
430 EB an O. K. Albert, 2. 12. 1965, DLA Marbach.
431 EB an F. Herrmann Baumann, 17. 3. 1978, DLA Marbach.
432 EB an Karl Ackermann, 24. 3. 1975, DLA Marbach.
433 Mit der Feder – mit dem Herzen. Zum Tode von Karl Gerold, Tageblatt, 2. 3. 1973, S. 23.
434 EB an Heinz Kimpinsky, Redaktionsleiter des Tageblatt, 24. 3. 1975, DLA Marbach.
435 EB an Heinz Dietrich Kenter, 13. 8. 1978, DLA Marbach.
436 EB an Harold von Hofe, 16. 5. 1976, DLA Marbach.
437 EB an Alfred Kantorowicz, 29. 12. 1974, DLA Marbach.
438 EB an Harold von Hofe, 7. 7. 1975, DLA Marbach.
439 EB an Kurt Desch, 20. 2. 1978, DLA Marbach.
440 Gespräch mit Hilde Kuntz und Brigitte Wenger, 19. 1. 2001.
441 EB an Alfred Kantorowicz, 31. 12. 1970, DLA Marbach.

Zeittafel

1901   Am 13. Juni wird Emil Belzner als Sohn des Messerschmieds Wilhelm August Belzner (1868-1948) und seiner Frau Albertine Amalie, geb. Lentmaier (1872-1929), in der Pfarrstraße 3 in Bruchsal geboren, zwei Geschwister folgen: Alfred (1904-1997) und Johanna (geb. 1913).

1907   Besuch der Volksschule in Bruchsal.

1911   Großherzoglich Badisches Gymnasium in Bruchsal.

1917   Belzner fährt möglicherweise mit Lenin von Rastatt nach Frankfurt im "plombierten" Waggon, Stoff für den späteren Roman *Die Fahrt in die Revolution*. Er verlässt die Schule mitten im Schuljahr (Untertertia) und reist nach Leipzig.

1918   Erste Buchveröffentlichungen: *Heimatlieder* (Gedichte) und *Letzte Fahrt* (Prosadichtungen) im Verlag von B. Volger in Leipzig.

1920   Als Gasthörer Studium an der Universität Heidelberg, u. a. bei Karl Jaspers und Friedrich Gundolf.

1922   März: Heirat mit Emilie Schildecker (1899-1982) und Geburt des Sohnes Wolfgang.

1923   Geburt der Tochter Judith.

1924   Feuilletonchef bei der Badischen Presse in Karlsruhe. Das Versepos *Die Hörner des Potiphar. Groteskes Mysterium* erscheint bei Paul Steegemann in Hannover.

1925   Beiträge für das Berliner Tageblatt und die Frankfurter Zeitung.

1929   Als Feuilletonchef zur Neuen Badischen Landeszeitung nach Mannheim. Das Versepos *Iwan der Pelzhändler oder Die Melancholie der Liebe* erscheint bei Rütten & Loening in Frankfurt.

1931   Belzners erster Roman *Marschieren – nicht träumen!* erscheint im Verlag der Gebrüder Enoch in Hamburg.

1933   Mai: Bücherverbrennung. Auch Bücher Belzners liegen auf dem Scheiterhaufen. Repressionen durch die NS-Presse.

1934   28. Februar: Die NBL muss ihr Erscheinen einstellen. Belzners Ehe zerbricht. Umzug nach Stuttgart. Arbeitslosigkeit. Die Legende *Kolumbus vor der Landung* erscheint bei Rütten & Loening in Frankfurt/M.

1935   Herbst: Feuilletonschriftleiter am Stuttgarter Neuen Tagblatt.

1936   Geburt des unehelichen Sohnes Veit.

1937   1. November: Wechsel zur Kölnischen Zeitung (Schriftleiter der Sonntagsbeilage).

1938   Februar: Kündigung der Kölner Stelle.

1939 1. Juli: Chef vom Dienst der Zeitschrift Kosmos bei der Franckhschen Verlagshandlung in Stuttgart. Scheidung von Emilie.

1940 Im Stuttgarter Beleidigungsprozeß verurteilt (5 Monate). *Ich bin der König* erscheint im Buchwarte-Verlag / L. Blanvalet.

1941 Januar: In Stuttgart zu einer Flak-Einheit (Aschersleben) eingezogen. Zusammenbruch noch vor dem Abtransport (Angina pectoris). Laza rettaufenthalte. 1. Mai Selbstmordversuch in Baden-Baden. Lazarett aufenthalte in Baden-Baden, Freiburg, Aschersleben, Stuttgart, Iser lohn.

1942 Zu sechswöchiger Arreststrafe begnadigt. Kaum Lebenszeugnisse.

1944 10. Januar: aus der Armee entlassen. Häufiger Ortswechsel aus Furcht vor neuerlicher Einberufung.

1946 15. Januar: Feuilletonchef der Heidelberger "Rhein-Neckar-Zeitung", später auch stellvertretender Chefredakteur.

1947 Heirat mit Marianne Graff (1918-1982).

1949 Heinrich-Heine-Preis (Berlin). Wahl in den P.E.N.-Club. *Kolumbus vor der Landung* erscheint in unveränderter Fassung bei Blanvalet.

1950 Wahl in die Deutsche Akademie für Sprache und Dichtung in Darm stadt (Austritt 1958).

1953 *Der Safranfresser* erscheint als Taschenbuch bei Rowohlt.

1954 *Ich bin der König!* kommt als rororo-Taschenbuch heraus. Aufnahme in die Akademie der Wissenschaften und der Literatur in Mainz.

1956 Unter dem von Belzner ungeliebten Titel *Juanas großer Seemann* er scheint der erweiterte Kolumbus-Roman bei Desch (100.000 Stück).

1961 "Volksausgabe" von *Kolumbus vor der Landung* bei Desch.

1966 Neuausgabe von *Marschieren nicht träumen!* im Limes-Verlag

1969 Entlassung Belzners bei der RNZ. Von nun an wöchentliche Kolumne beim Heidelberger Tageblatt. *Die Fahrt in die Revolution* erscheint im Verlag von Kurt Desch (Übersetzungen ins Holländische und Französi sche).

1972 *Die Fahrt in die Revolution* kommt als dtv-Taschenbuch heraus.

1973 Das Katzenbuch *Glück mit Fanny* erscheint bei Kurt Desch.

1979 8. August: Emil Belzner stirbt in Heidelberg nach kurzer Krankheit. Beisetzung auf dem Bergfriedhof.

1988 2. Auflage der *Fahrt in die Revolution* bei dtv.

Dank

Bei der Arbeit an diesem Buch haben mich zahlreiche Menschen maßgeblich unterstützt. Zunächst möchte ich Dr. Judith Belzner danken, die in mehreren langen Telefongesprächen mein Bild ihres Vaters reicher und bunter gemacht hat. Wolfgang Belzner hat mich mit Leihgaben unterstützt und regen Anteil an meinen Forschungen genommen. Michael Belzner war ein selbstloser und eifriger Förderer, der mir nicht nur den Briefnachlass seines Vaters Alfred zur Verfügung gestellt hat, sondern meine Arbeit mit tätigem Interesse begleitete. Johanna Kleinert, geb. Belzner, und Jürgen Heilmann danke ich für transozeanische Informationen.

Manfred Bosch und Meinhard Glitsch haben mir freundlicherweise ihre Materialien über Emil Belzner überlassen. Margarete Krieger hat im wahrsten Sinne des Wortes einen wesentlichen Beitrag für mein Belznerbild geleistet. Else Herbert, Hilde Kuntz und Brigitte Wenger danke ich für gewinnbringende Gespräche.

Folgende Personen sollen darüber hinaus dankbar erwähnt werden:
Dr. Klaus Anschütz, Nick Bolli, Margrit Csiky, Linde Fischer-Stein, Hans Gercke, Dr. Helmut Goetz, Otto Ihle, Renate Keicher, Ingeborg Klinger, Winfried Knorr, Prof. Dr. Dr. h. c. Helmut Kreuzer, Prof. Dr. Gerhard Marx-Mechler, Heinz Ohff, Fritz Quoos, Heide Seele, Anna Sprenger, Dr. Martina Thielepape, Rainer Wesch, Klaus Wetzel, Joachim Winkler, Prof. Dr.-Ing. Helmut Zahn

Ein besonderer Dank gilt auch den Mitarbeitern des Deutschen Literaturarchivs in Marbach, deren außergewöhnliche Hilfsbereitschaft meine Aufenthalte stets ertragreich gestaltet hat. Der Stadtbibliothek Mainz verdanke ich viele Stunden in angenehmer Arbeitsatmosphäre.

Folgenden Archiven und Institutionen danke ich für Auskünfte, Leihgaben und anderweitige Unterstützung:
Archiv des S. Fischer Verlags Frankfurt am Main, Archiv der Frankfurter Rundschau, Archiv der Humboldt-Universität zu Berlin, Archiv des Reclam Verlags Leipzig, Archiv der Rhein-Neckar-Zeitung, Archiv des Rowohlt-Verlages, Archiv des Schwäbisches Tagblatts, Badische Landesbibliothek Karlsruhe, Bundesarchiv Berlin, Bundespräsidialamt, Deutsche Bibliothek, Deutsches Rundfunkarchiv, Generallandesarchiv Karlsruhe, Hauptstaatsarchiv Stuttgart, Heidelberger Kunstverein, Historisches Archiv des Bayerischen Rundfunks, Historisches Archiv der Stadt Köln, Historisches Archiv des Westdeutschen Rundfunks, Innsbrucker Zeitungsarchiv, Institut für Zeitgeschichte München, Institut für Zeitungsforschung Dortmund, Kurpfälzisches Museum Heidelberg, Landes-

archiv Berlin, Landschaftsamt Heidelberg, Literaturarchiv Sulzbach-Rosenberg, Monacensia Literaturarchiv München, Österreichisches Literaturarchiv, Österreichischer Rundfunk, Oper Leipzig, Schönborn Gymnasium Bruchsal, Staatsarchiv Freiburg, Staatsarchiv Ludwigsburg, Staatsbibliothek zu Berlin - Preußischer Kulturbesitz (Handschriftenabteilung und Zentralkartei der Autographen), Stadtarchiv Baden-Baden, Stadtarchiv Bad Urach, Stadtarchiv Braunschweig, Stadtarchiv Bruchsal, Stadtarchiv Hannover, Stadtarchiv Heidelberg, Stadtarchiv Karlsruhe, Stadtarchiv Leipzig, Stadtarchiv Mannheim, Stadtarchiv Maulbronn, Stadtarchiv Münster, Stadtarchiv Philippsburg, Stadtarchiv Rastatt, Stadt- und Universitätsbibliothek Frankfurt, Südwestrundfunk (Dokumentation und Archive), Thomas-Mann-Archiv Zürich, Universitätsarchiv Heidelberg, Universitätsbibliothek Heidelberg, Universitätsbibliothek Mainz, Völkerkundemuseum Heidelberg, Wilhelm-Fraenger-Archiv Potsdam, Württembergische Landesbibliothek Stuttgart.

Ein wesentlicher Dank geht an meine Eltern, die in vielfältigster Form hilfreich tätig waren. Manuela Berwanger war am Entstehungsprozess dieses Buches unmittelbar beteiligt. Ihre Ideen und ihre nimmermüde Unterstützung waren mir sehr wertvoll. Danke.

Literaturverzeichnis

Buchveröffentlichungen Emil Belzners

Heimatlieder. Aus der Schatulle eines toten Freundes, Leipzig (B. Volger) 1918.
Letzte Fahrt, Leipzig (B. Volger) 1918.
Die Hörner des Potiphar. Groteskes Mysterium, Hannover (Paul Steegemann) 1924.
Iwan der Pelzhändler oder Die Melancholie der Liebe, Frankfurt am Main (Rütten & Loening) 1929 [eigentlich 1928].
Marschieren – nicht träumen. Zerstörte Erinnerung. Roman, Hamburg (Gebrüder Enoch) 1931. Weitere Ausgabe: Wiesbaden (Limes) 1966.
Kolumbus vor der Landung. Eine Legende, Frankfurt am Main (Rütten & Loening) 1934 [eigentlich 1933]. Weitere Ausgaben: Berlin (Blanvalet) 1949 / Erweiterte Ausgabe unter dem Titel "Juanas grosser Seemann", Wien-München-Basel (Kurt Desch) 1956 (auch in der Reihe "Welt im Buch"). / Wieder unter dem Titel "Kolumbus vor der Landung", Wien-München-Basel (Kurt Desch) 1961.
Ich bin der König. Roman, Berlin (Buchwarte-Verlag, L. Blanvalet) 1940. 2. Auflage (7.-11. Tausend) 1940, 3. Auflage (12.-16. Tsd.) 1941 / Weitere Ausgabe, erweitert um eine "Kleine historische Variation", Hamburg (Rowohlt) 1954 (Rororo Taschenbücher 125).
Der Safranfresser, Hamburg (Rowohlt) 1953. (Rororo Taschenbücher 95)
Die Fahrt in die Revolution oder Jene Reise. Aide-mémoire, München, Wien, Basel (Kurt Desch) 1969.
Weitere Ausgaben und Übersetzungen: München (dtv) 1972, 2. Auflage (11.-17. Tausend) 1988 / Reis naar de revolutie. Een aide-mémoire. Vert. uit het Duits van Maurits Mok, Hoorn, West-Friesland 1970. / Le train de la révolution, traduit de l'allemand par Frank Straschitz, Paris (Hachette) 1974.
Glück mit Fanny. Ein Katzenbuch (Mit Zeichnungen von Gerhard Oberländer), München (Kurt Desch) 1973.

Literatur über Emil Belzner (Auswahl)

Bender, Hans: Nachruf auf Emil Belzner, in: Jahrbuch der Akademie der Wissenschaften und der Literatur 1979, Wiesbaden 1979, S. 75-76.
Buselmeier, Michael: Auch ein Stück Pressegeschichte. Zum Tod von Emil Belzner, in: Heidelberger Rundschau 5 (1979), H. 13-15 vom 11. Sept, S. 2-3.
Bosch, Manfred: Emil Belzner, in: Baden-Württembergische Biographien, hrsg.

von Bernd Ottnad, Band II, Stuttgart 1999, S. 33-35.

Deschner, Karlheinz: Talente, Dichter, Dilettanten, Wiesbaden 1964, S. 231-267.

Glitsch, Meinhard: Emil Belzner. Umriss seines literarischen Werkes, Freiburg (Unveröffentlichte Magisterarbeit) 1980.

Kiwus, Wolfgang: Ein toter Autor sucht einen Verlag, Kürbiskern 22, 1986, H. 2, S. 72-79

Kuntz, Edwin: Die überdimensionale, beängstigende Fähigkeit. Der Chagall unter den Dichtern – Zum 75. Geburtstag von Emil Belzner, RNZ vom 12. 6. 1976.

Nordau, Claas: Emil Belzner – Schriftsteller und Journalist (Unveröffentlichte Magisterarbeit), Berlin 1983.

Schneider, Georg: Emil Belzner (Das literarische Porträt), Merian 20, 1967, H. 2 (Heidelberg), S. 76

Schöfer, Erasmus: Von Bruchsal in die Phantasie. Emil Belzners Nachrichten-Belletristik – ein ungehobener Schatz, Allmende 18/19 (1987), S. 158-171.

Schütz, Hans J.: Emil Belzner, in ders.: "Ein deutscher Dichter bin ich einst gewesen". Vergessene und verkannte Autoren des 20. Jahrhunderts, München 1988, S. 34-39.

Bildnachweise

Archiv der Rhein-Neckar-Zeitung
56, 65

Badische Landesbibliothek Karlsruhe
15

Deutsches Literaturarchiv Marbach am Neckar
13, 16, 19, 22, 29, 43, 44, 46, 47, 50, 61, 63

Staatsbibliothek zu Berlin, Handschriftenabteilung
24

Stadtarchiv Bruchsal
1, 3, 7, 8

Stadtarchiv Heidelberg
39, 40

Stadtarchiv Karlsruhe
17

Stadtarchiv Mannheim
28

Stadtarchiv Rastatt
17

Universitätsarchiv Heidelberg
12

Universitätsbibliothek Heidelberg
14, 33

Universitätsbibliothek Mannheim
25

Paul Sauer: Württemberg in der Zeit des Nationalsozialismus, Ulm 1975.
38

Alle übrigen Abbildungen stammen aus Privatbesitz.

Personenregister
Das Personenregister nimmt aus den Anmerkungen lediglich die Briefpartner Belzners auf.